U0756412

土库曼斯坦 文化政策研究

Studies on Turkmenistan's Cultural Policy

秦屹　　许峰　　何家雯 ◎著
Qin Yi　Xu Feng　He Jiawen

华中科技大学出版社
http://press.hust.edu.cn
中国·武汉

图书在版编目 (CIP) 数据

土库曼斯坦文化政策研究 / 秦屹，许峰，何家雯著 . – 武汉：华中科技大学出版社，2023.1
ISBN 978-7-5680-8849-7

Ⅰ.①土⋯　Ⅱ.①秦⋯②许⋯③何⋯　Ⅲ.①文化事业－方针政策－研究－土库曼
Ⅳ.① G136.30

中国版本图书馆 CIP 数据核字 (2022) 第 239261 号

土库曼斯坦文化政策研究　　　　　　　　　　　　　　　　秦屹　许峰　何家雯　著
Tukumansitan Wenhua Zhengce Yanjiu

策划编辑：亢博剑　康　艳
责任编辑：康　艳
封面设计：李彦生
责任校对：李　琴
责任监印：朱　玢
出版发行：华中科技大学出版社 (中国·武汉)　　/ 电话：（ 027) 81321913
　　　　　武汉市东湖新技术开发区华工科技园　/ 邮编：430223
录　　排：华中科技大学惠友文印中心
印　　刷：湖北新华印务有限公司
开　　本：710mm × 1000mm　1/16
印　　张：16.5
字　　数：219 千字
版　　次：2023 年 1 月第 1 版第 1 次印刷
定　　价：48.00 元

本书若有印装质量问题，请向出版社营销中心调换
全国免费服务热线: 400-6679-118　竭诚为您服务
版权所有　侵权必究

前言

　　数千年前，土库曼斯坦科佩特山北麓的肥沃三角洲地带成了中亚文明的摇篮，孕育出了以马尔吉亚纳青铜时代为代表的灿烂人类文明，它们跨越了四千多年历史，迄今还保存着许多有着重要历史价值的文物古迹，是人类共同的宝贵财富。随着安息帝国的建立、丝绸之路的开通，土库曼斯坦这块古老的土地上留下了更多东西方文明共振、交融的证据。被誉为"世界城市之母"的塞尔柱帝国首都梅尔夫和花剌子模国国都乌尔根奇等响亮的名字在欧亚大陆上空回荡。

　　在几千年的历史进程中，土库曼民族的祖先们创造了绚烂多彩的民族文化，不仅在中亚五国中独树一帜，在世界文明史上也有着重要地位。独立后的土库曼斯坦将复兴其悠久灿烂的民族文化作为土库曼民族国家建构的基石之一，不遗余力地发掘、保护和推广民族文化遗产，不仅专门颁布了《土库曼斯坦文化法》，还率先在整个中亚区域推出了"复兴古丝绸之路"民族文化复兴和国家经济社会发展顶层战略，力图在新的历史条件下，利用古代丝绸之路丰富的政治经济与历史文化内涵，恢复其东西方商贸、交通与文化枢纽的地位，为土库曼斯坦的经济社会发展注入强大动力。

　　土库曼斯坦"复兴古丝绸之路"国家发展战略与我国的"一带一路"倡议具有共同的历史文化基础，两者精神高度契合。中土关系源远流长，我国《汉书》中就记载了土库曼民族与我国古代人民的友好交往史。两千多年前，我国西汉时期杰出的外交家、古代丝绸之路的开拓者张骞出使西域曾到达的大宛国就是今天的土库曼斯坦。此后，大宛国闻名于世的汗血宝马不远万里，穿越古老的丝绸之路来到中国，为悠久的中土交往史留下佳话。位于欧亚之心、文明十字路口的土库曼斯坦不仅见证了古丝绸之路上商业贸易的发展繁荣，也亲历了多元文明的互融交会。它在世界四大古文明之间架起的"交通走廊"，不仅促进了广阔的欧亚地区贸易经济的发展和跨文化的交流，同时也成为各国人民之间文明交融、友谊合作和相互理解的纽带。

今天，蜿蜒1800多公里的中土天然气管道也成了两国和两国人民彼此友好的象征，被誉为21世纪的"能源丝绸之路"，该管道沿线的我国普通居民每天天然气消费量的三分之一几乎都来自土库曼斯坦。中土天然气管道为推进"一带一路"绿色发展，促进我国能源结构转型与沿线国家和地区的经济社会发展持续做着巨大贡献。

文化是一个民族生存与发展的精神根基，也是一个国家安身立命的基础，民族文化起着维系社会生活、维持社会稳定的重要作用，也是推动社会经济发展和繁荣的重要力量。土库曼斯坦的悠久历史和灿烂文化在中亚国家中卓尔不群，其独立后所推行的各项文化政策夯实了土库曼民族国家建设的精神基础，延续和传承了土库曼历史文化和传统道德价值，也帮助土库曼斯坦巩固了其独立地位，加强了各部族与民族的团结，扩大了国家的软实力与文化影响力，增强了其在世界上的竞争力，提高了土库曼斯坦的国际地位。

当今世界，综合国力的竞争日趋激烈，文化越来越成为民族凝聚力和创造力的重要源泉。本书有助于帮助读者加深对中土文化交流的了解，熟悉土库曼民族与社会发展的内在动力。本书愿为夯实"一带一路"倡议的民意基础和社会根基，推动"一带一路"和"复兴丝绸之路"的伟大事业，构建中土命运共同体，造福两国和两国人民，略尽绵薄之力。

目录

第一章 土库曼斯坦社会与文化概况 /001

第一节 地理与气候 /001

第二节 政治制度 /002

第三节 自然资源 /004

第四节 外交关系 /005

第五节 国家大政方针 /006

第六节 人口与民族 /006

第七节 经济 /007

第二章 土库曼斯坦文化政策制定背景与宗旨 /009

第一节 土库曼斯坦文化政策制定背景 /010

第二节 土库曼斯坦文化政策制定原则与宗旨 /013

第三章 土库曼斯坦与文化相关的法律 /016

第一节 《土库曼斯坦文化法》及意义 /017

第二节 《土库曼斯坦国家历史文化遗产保护法》及意义 /023

第三节 《土库曼斯坦国家非物质文化遗产保护法》及意义 /028

第四节 土库曼斯坦文化配套法规建设 /033

第四章　土库曼斯坦国家文化发展总体战略 /039

第一节　复兴古丝绸之路战略 /039

第二节　复兴古丝绸之路战略动因探究 /051

第三节　恢复土库曼语地位 /054

第四节　纪念马赫图姆库里 /059

第五节　国家元首著书立说传统 /062

第六节　推行"文化外交"政策 /065

第七节　打造国宝文化名片 /068

第八节　历史文化遗迹和非物质文化遗产保护 /072

第九节　阿瓦扎国家旅游区建设 /073

第五章　土库曼斯坦主要文化政策 /076

第一节　国家文化节日和纪念日 /077

第二节　各种民俗、文化遗产"申遗" /081

第三节　年度文化周活动 /083

第四节　土库曼斯坦国际文化研讨会 /086

第五节　历史文化遗产国际推广 /087

第六节　文化遗产古迹修复 /088

第七节　文化遗产保护和推广相关法律 /089

第八节　国家文化基础设施建设 /092

第九节　文化服务管理工作 /093

第十节　与联合国教科文组织合作 /094

第十一节　世界土库曼人人文协会 /095

第六章　土库曼斯坦文化战略与政策制定动因 /097

第一节　国家认同与民族国家建构 /097

第二节　国家独立地位 /098

第三节　主体民族认同 /099

第四节　部族团结与国家统一 /100

第五节　国家软实力与国家竞争力 /102

第六节　中立国策 /103

第七节　文化传承与价值塑造 /104

第八节　人民精神 /105

第九节　文化主权 /106

第七章　马尔吉亚纳青铜时代文明 /108

第一节　马尔吉亚纳文明区的历史沿革 /110

第二节　马尔吉亚纳文明区与其他古文明的交流互动 /112

第三节　哥诺尔：卡拉库姆沙漠中的古代神秘文明 /114

第四节　马尔吉亚纳文明珍贵文物 /126

第五节　马尔吉亚纳文明保护和宣传举措 /129

第六节　马尔吉亚纳文明保护和宣传动因 /130

第八章　古丝绸之路文化 /133

第一节　土库曼斯坦境内丝绸之路上的古城 /134

第二节　古丝绸之路上的商队驿站 /152

第三节　古丝绸之路遗址的保护、研究和推广举措 /157

第四节　丝绸之路古城、驿站遗址保护和推广动因 /162

第九章　土库曼民族音乐与舞蹈 /165

第一节　土库曼传统民族音乐与舞蹈 /165

第二节　土库曼民族乐器、音乐与舞蹈保护政策 /172

第三节　土库曼斯坦保护民族音乐和舞蹈的动因 /174

第四节　土库曼斯坦著名巴赫希音乐家 /176

第十章　土库曼妇女发展 /181

第一节　提高妇女地位的举措 /182

第二节　提高妇女地位的动因 /186

第十一章　土库曼民族文化四大国宝 /189

第一节　阿哈尔捷金马——汗血宝马 /189

第二节　丝绸之路上的保护神——阿拉拜犬 /200

第三节　土库曼地毯 /210

第四节　土库曼甜瓜 /217

第十二章　土库曼斯坦节日中的民族文化蕴意 /220

第一节　土库曼春节——纳乌鲁斯节 /221

第二节　土库曼斯坦新年 /227

第三节　独立日 /230

第四节　丰收节 /231

第五节　古尔邦节 /232

第六节　文艺工作者日暨马赫图姆库里诗歌节 /233

第七节　睦邻节 /234

第八节　宪法和国旗日 /235

第十三章　土库曼斯坦珠宝艺术文化 /236

第一节　土库曼珠宝首饰中的银饰 /237

第二节　土库曼斯坦红玉髓首饰 /239

第十四章　土库曼斯坦服饰文化 /241

第一节　土库曼传统服饰与民族文化渊源 /242

第二节　土库曼塔哈帽 /243

第三节　土库曼杜伊佩莉头巾 /244

第四节　土库曼妇女民族包袋 /246

第十五章　土库曼传统民俗文化 /247

第一节　土库曼孩子的第一颗牙 /247

第二节　土库曼人的名字 /248

第三节　骆驼刺——土库曼人的植物护身符 /250

第四节　白色帐篷——团结的象征 /251

后记 /253

第一章
土库曼斯坦社会与文化概况

第一节　地理与气候

土库曼斯坦位于中亚西南部、里海东岸，北邻哈萨克斯坦，东北部与内陆国乌兹别克斯坦接壤，西濒里海，与阿塞拜疆和俄罗斯相望，南邻伊朗，东南与阿富汗交界，位于北纬 35.08—42.48 度、东经 52.27—66.41 度之间，为内陆国家。该国国土面积 49.12 万平方公里，在中亚五国中仅次于哈萨克斯坦，全世界排名第五十二。土库曼斯坦约 80％ 的国土被世界最大沙漠之一的卡拉库姆沙漠覆盖，全国划分为阿哈尔、巴尔坎、达绍古兹、列巴普和马雷五个州，首都阿什哈巴德为单列市。土库曼斯坦濒临里海的海岸线长达 1768 公里。该国目前正致力于建设贯穿里海的欧亚大陆交通运输系统。

土库曼斯坦是中亚五国中地形最为平坦的国家，平均海拔仅 100—200 米。北部和中部大部分地区处于图兰平原，南部为丘陵和科佩特山前地带，东南部是帕鲁帕米苏斯山前地带。西部为盐沼地和松散沙地，其间坐落着大小巴尔汉山脉。土库曼斯坦位于欧亚大陆的中心，属典型温带大陆性气候，主要特点为炎热和少雨，昼夜和冬夏的温差很大，是世界上最干旱的地区之一。全国各地年平均气温均在0℃以上，一月平均气温4.4℃，七月平均气温高达37℃，年度平均温度为14℃—16℃。降水一般集中在冬末春初，年降水量从北部沙漠地区的80毫米向东南部山区的240—300毫米逐步递增，科佩特山脉年降水量可达400毫米，是该国降水量最大的地区。

土库曼斯坦的地理风景、自然环境很大程度上是由卡拉库姆沙漠和南方的科佩特山脉塑造的。科佩特山脉北麓的狭长绿色地带也是中亚文化及文明的摇篮。几千年前，湍急的穆尔加布河的水流从兴都库什山脉的山麓流向北方，滋养了诸如马尔吉亚纳和马古什等一个个古老文明和国家。随着穆尔加布河河床不断移动，水源逐渐减少，人们也不得不离开这些旧城，去附近有水源的地方建设新城。而这些保留了原貌的古城则慢慢被卡拉库姆沙漠淹没。干旱的气候和沙漠环境使得该国境内的众多古文明遗址得以保存。以梅尔夫古城为例，它是中亚地区丝绸之路沿线保存最完好、最古老的绿洲城市。在这座城市中，不同时期的分层遗迹被完整地保留下来，这是世界考古史上的奇观，让全世界的考古学者惊叹不已。

第二节　政　治　制　度

1991年10月27日，土库曼斯坦宣布独立。1992年5月18日，土库曼斯坦通过独立后的第一部宪法，规定土库曼斯坦为民主、法制和世俗的国家，为总统制共和国，实行立法、行政和司法三权分立的政治制度。总统为国家元首、最高行政首脑和武装部队最高统帅，由全民直接选举产生。人民委员会为国家最高权力代表机关。立法权和司法权分属国民会议和法院。1995 年 12 月，土库曼斯坦修改宪法，将永久中立国地位写入宪法。2016 年 9 月，土库曼斯坦再次修改宪法，取消总统候选人年龄上限，将总统每届任期由 5 年延长至 7 年。2020 年，土库曼斯坦通过了组建两院制立法机构的宪法修正案。两院由人民委员会和国民会议组成。其中，人民委员设 56 个席位，成员通过选举和总统任命两种方式产生，国民会议由选举产生的 125 名议员组成。立法机构的两院制改革旨在夯实独立的土库曼斯坦政治发展的法律基础，为提高政府权力机构的工作效率创造更加有利的条件。土库曼斯坦政府（又称内阁）由总统直接领导，现设有 10 位副总理和 50 余个部委，主要经济部门包括财政经济部、土库曼天然气康采恩和土库曼石油康采恩、贸易和对外经济联络部、农业和水利部、工业部、铁道部、通信部、电力部等。

鉴于土库曼斯坦总统在国家权力机关体系中占据着特殊的地位，土库曼斯坦形成以总统为权力中心的政府体制。土库曼斯坦的领导层认为政治制度要把维护政治稳定、社会和谐与民族团结作为基本出发点，并充分考虑本国的民族文化传统、风俗习惯和具体国情，尊重本民族的历史和人民的精神遗产。土库曼斯坦历史上有浓厚的部族主义的传统，在农村地区也有着深厚的宗法思想，比如土国建国后按照社会传统设立了长老委员会，旨在借鉴部族长老们丰富的生活经验，为国家制定重大政策、解决国家建设面临的紧迫问题服务。尽管该委员会于 2017 年改组为人民委员会，但部族长老和首领在土国政治和社会生活中仍然有很大的影响力。独立 30 多年以来，土库曼斯坦坚定地、目标明确地走自己的路，既借鉴那些经过艰难探索而站稳脚跟的国家的宝贵经验，又结合土

库曼斯坦自身国情特点和民族传统精神，保持了国家政治和社会的总体
稳定[①]。

第三节　自　然　资　源

　　土库曼斯坦油气资源丰富，天然气远景储量约为 24.6 万亿立方米，位
居中亚第一位，世界第四位，约占世界总储量的 13%。石油探明远景储量
约 208 亿吨，土库曼斯坦计划近年内实现天然气年产量 1800 亿立方米、
出口 1300 亿立方米的目标。该国其他储量较大的资源还有碘、溴、硝、
锶、钾盐、芒硝、食用盐和硫酸钠等，有色及稀有金属也较为丰富。土库
曼斯坦天然气主要蕴藏在国土东部，卡拉库姆盆地东南拗陷带内、马雷州
捷詹河和穆尔加布河之间的中生代地层中。目前该国已发现 127 个天然气
田，其中 39 个正在开采。石油主要蕴藏在该国西部里海水域和沿岸地区。
里海盆地边缘低地和哈扎尔附近海底的上新世地层也出产石油。目前已发
现 28 个油田，其中 18 个已在开采。[②]

　　土库曼斯坦生产的大部分天然气都用于出口，目前已建有中央—中亚
（土俄）天然气管道、中国—中亚天然气管道、土伊天然气管道，正在筹
建跨里海天然气管道（TCGP）、土库曼斯坦—阿富汗—巴基斯坦—印度天
然气（TAPI）管道。土库曼斯坦是我国最大的管道天然气进口来源国。自
2009 年中土天然气管道开通以来，土库曼斯坦已累计向我国输送天然气超

---

　　① 赵常庆，《对中亚国家独立 30 年的回顾与反思》，《欧亚新观》。https://www.essra.org.
cn/view—1000—2473.aspx.

　　② 数据源自中华人民共和国驻土库曼斯坦大使馆经济商务处。

3000 亿立方米，惠及沿线约 5 亿居民。

第四节 外 交 关 系

土库曼斯坦奉行永久中立外交政策。1995 年 12 月 12 日，第 50 届联大一致通过决议，承认土库曼斯坦的永久中立国地位。土库曼斯坦成为第二次世界大战后首个、迄今为止仅有的以联大决议方式被国际社会予以认可的永久中立国。土库曼斯坦也将 12 月 12 日定为国家的"永久中立日"。在获得永久中立国地位后，土库曼斯坦于同年 12 月 27 日通过了永久中立国宪法。该宪法这样写道："土库曼斯坦拥有永久中立国地位，永久中立是土库曼斯坦内外政策的基础。"自此，"永久中立"成为土库曼斯坦一直坚持奉行的一项基本国策。2017 年 2 月 2 日，联合国大会通过决议，将每年的 12 月 12 日定为"国际中立日"，彰显了对土库曼斯坦中立国地位的支持。作为目前全亚洲唯一的中立国，土库曼斯坦奉行积极中立、和平友好的外交政策，依据各国平等、互相尊重、互不干涉内政的原则，致力于发展同其他国家的关系。土库曼斯坦极度重视中立国的法律地位，将绝对中立的政治政策视作立国之本，土库曼斯坦的国歌名就叫《独立、中立、土库曼斯坦国歌》。土库曼斯坦特别重视深化和发展与联合国、独联体、欧盟、上海合作组织等国际组织及世界各国在政治、经济、文化等各方面的合作，致力于巩固其作为主权国家和永久中立国家在国际舞台上的地位。截至 2021 年底，土库曼斯坦已与世界上 142 个国家建立了外交关系，签署多个国际协定和条约。2017 年土库曼斯坦通过了《2017—2023 年中立的土库曼斯坦外交政策路线方案》。该方案称土国将坚持宪法关于永久中立的条款和原则，实行开放和友好的外交政策，和所有国家开展国际合作和友好交往。

第五节　国家大政方针

独立后，土库曼斯坦始终捍卫独立、主权和领土完整，将发展经济、保持社会稳定作为基本国策，积极探寻适合本国国情的发展道路。土库曼斯坦独立 30 余年来，国家政治与社会保持了总体稳定。受益于油气等自然资源带来的收益，国内经济稳步发展。土库曼斯坦现阶段执行的主要国家大政方针为：奉行永久中立的外交政策，复兴本民族文化与精神，加强部族、民族团结与和睦，大力发展油气及其上下游产业，推进油气化工产业与油气转电力工业，推动阿瓦扎国家旅游区建设，推动天然气出口管线多元化，推动以里海沿岸土库曼巴什港为中心的欧亚过境交通枢纽建设，发展以棉花为主要经济作物的农业及畜牧业，推动里海沿岸国家、地区经济一体化等。

第六节　人口与民族

土库曼斯坦的主要民族有土库曼族（94.7%）、乌兹别克族（2%）、俄罗斯族（1.8%），此外，还有哈萨克族、亚美尼亚族、鞑靼族、阿塞拜疆族等 120 多个少数民族（1.5%）。土库曼斯坦总人口 600 多万，人口密度低，约 12 人 / 平方公里。首都阿什哈巴德人口最多，约 100 多万人，其他如土库曼纳巴德、马雷、达绍古兹等城市的人口也较为集中。[①] 土库曼斯坦官方语言为土库曼语，英语和俄语为土库曼学校教育体系中的主要外语。

第七节 经 济

20 世纪，土库曼斯坦曾是苏维埃社会主义共和国联盟中最贫穷的国家。1991 年独立后，土库曼斯坦凭借境内丰富的石油和天然气资源，迅速发展经济，进行了从传统到现代社会的转型，在城市建造和基础设施建设方面取得了长足的进步。在首都阿什哈巴德，土国政府投入巨资，用白色大理石建造了该市的宫殿、机场、政府大楼、博物馆、纪念碑、喷泉、雕像、现代住宅区、酒店、购物和娱乐中心，使其城市面貌焕然一新，被称为"白色大理石之城"。

目前土国主要产业为石油和天然气开采及加工、化工、电力、纺织、建材、地毯、机械制造和金属加工等，其中油气相关产业在土库曼斯坦工业体系中占有突出位置，是土库曼斯坦的经济支柱产业。土库曼斯坦正大力发展油气化工和油气电力等产业，并期待逐步实现本国工业化。

土库曼斯坦大量出口棉花及其制品，所以所涉及的农业与纺织工业也是土库曼斯坦的重要经济部门。2019 年土库曼斯坦农业产值增长 5%，主要经济作物棉花产量达 100 万吨。

---

① 数据源自中华人民共和国驻土库曼斯坦大使馆。

土库曼斯坦经济虽然受国际油价波动影响，但自2000年到2018年，年平均增长7.9%。2018年，其国内生产总值（GDP）增长6.02%。[①]独立之初，土国国内生产总值只有134.32亿美元，2019年达到466.74亿美元。2019年，该国人均国内生产总值达到8200美元，同比增长6.3%，在中亚国家中仅次于哈萨克斯坦，远远高于乌兹别克斯坦、塔吉克斯坦和吉尔吉斯斯坦。2019年，该国工业产值增长4.1%；牧业产值增长14.2%；交通通信业产值增长10.1%；出口约25.8亿美元，同比增长4.6%。2019年8月，土库曼斯坦召开了首届里海经济论坛，旨在推动环里海区域经济合作与一体化，大力发展欧亚间过境运输，建设交通枢纽。今后，欧亚间货物贸易与过境运输将成为土库曼斯坦经济发展的重点之一。

---

① 国际货币基金组织，2019年。

第二章
土库曼斯坦文化政策制定背景与宗旨

　　土库曼斯坦位于古丝绸之路中心，是东西方交通要道和古丝绸之路的必经之地，曾作为古代安息国、阿拉伯哈里发帝国、塔希尔王朝、萨曼帝国、蒙古帝国、花剌子模汗国、塞尔柱王朝及希瓦汗国、布哈拉汗国的组成部分[①]。由于连接着中国、古印度、美索不达米亚和近东文明，土库曼斯坦成为一个兼具东西方文明特色的、复杂的文化中心。20 世纪 70 年代，苏联考古学家维克托·萨阿亚尼迪发现了距今约 4000 多年的马尔吉亚纳古青铜时代文明，该文明遗址迄今还保存着许多有着重要历史价值的文物古迹，是人类共同的宝贵财富。公元前 4 世纪，马其顿亚历山大大帝曾占领过这片土地；公元 2 世纪，安息帝国（西方称帕提亚王国——Parthian Empire）定都尼萨（Nisa）——毗邻土库曼斯坦现在的首都阿什哈巴德；再往北，另一个重要的文化中心、穆尔加布河绿洲的梅尔夫（Merv）后来成为古塞尔柱帝国首都，被誉为"世界城市之母"。在数千年的历史进程中，这片土地上的人们创造了悠久灿烂的文化，在世界文明史和文化宝库中有着不可替代的位置。近年来，土库曼斯坦历史文化名城尼萨、梅尔夫以及古花剌子

---

① 胡振华：《丝绸之路经济带背景下的民族文化交流——中国与土库曼斯坦国的历史交往》，《青海民族大学学报》，2015 年第 2 期。

模国国都库尼亚 – 乌尔根奇被联合国教科文组织列入世界遗产名录；土库曼民族文化的代表——地毯编织艺术、库什德普提歌舞、吉奥罗格雷史诗等也被列入世界非物质文化遗产代表作名录。目前，土库曼斯坦人民的骄傲和荣耀——闻名于世的"汗血宝马"——阿哈尔捷金马以及 2017 年第五届亚洲室内与武道运动会吉祥物、以古丝绸之路上商队保护神著称的土库曼阿拉拜犬的育种培育技术也正在申报世界非物质文化遗产代表作名录。

第一节　土库曼斯坦文化政策制定背景

一、民族文化复兴的现实需求

独立后的土库曼斯坦将本国的立国基础设定为独立、中立与民族和部族团结。矗立在该国首都中心总统府广场的中立柱纪念碑（Arch of Neutrality）的三个柱体撑脚分别代表了这三个不可分割的部分。独立前，俄罗斯文化是当地文化的主流，莫斯科当局试图通过在加盟共和国进行统一的"苏维埃人民"身份建构来强化土库曼人对苏联统一国家的认同，大力推广不符合土库曼本土民族文化与价值观的语言和文化。苏联政府还禁止土库曼民众参与土库曼民族主义相关的任何科学研究活动和民族文化运动。[1]土库曼斯坦获得独立地位后，俄罗斯文化在土库曼社会的影响力明显下降，但土库曼斯坦也面临着文化真空和社会不稳定的局面。外来文化相互竞争，彼此排斥，严重损害了土库曼国家独立的精神文化基础。而里

---

[1] 胡振华：《丝绸之路经济带背景下的民族文化交流——中国与土库曼斯坦国的历史交往》，《青海民族大学学报》，2015 年第 2 期。

海地区丰富油气资源的发现进一步加剧了世界大国与区域强国对土库曼斯坦资源的抢占，不断激化的国际能源竞争所带来的地缘政治博弈严重阻碍了土国经济社会的稳定发展，也动摇了土库曼人的发展决心。为此，独立后的土库曼斯坦急需制定能够抵制国外文化影响、巩固土库曼斯坦国家独立与主权的文化政策，以维护社会的基本稳定，强化本国的经济基础。

中立柱纪念碑

二、民族文化的指引作用

土库曼民族文化是土库曼人精神的重要载体，在弘扬和复兴民族精神、发挥土库曼人向心力、建构土库曼人身份认同等方面发挥着不可替代的作用。在土库曼人心中，土库曼斯坦有着可媲美世界四大古文明的马尔吉亚纳文明。该国境内古丝绸之路沿线众多的文化遗址、各式各样的文化遗产与历史悠久的非遗文化是该国人民永远的骄傲。土库曼斯坦绚烂多彩的民族文化在中亚五国中独树一帜，是土库曼人独特的文化符号。汗血宝马是土库曼斯坦国宝，是国家间友好交往的使者，自古以来都被土库曼人视为最珍贵的国礼；阿拉拜犬是最古老的世界名犬，堪称古丝绸之路商队保护神，其历史可以追溯到 4000 年以前；土库曼白小麦孕育于被称为中亚农作物摇篮的阿哈尔绿洲，它的出现丰富了世界粮食品种，在悠久的历史中具有特殊意义。这些民族文化遗产，不仅属于土库曼人民，更是全人类文明的重要组成部分，受到世人的普遍肯定。而如何保护和传承民族文化遗产，并让其在独立的、中立的土库曼国家建构方面发挥基础性作用，促进民族意识的养成，成为独立后的土库曼斯坦政府和领导人最为关注的中心议题和优先考虑的头等大事。历史上土库曼人与不同文化背景的各族人民的商贸往来和文化交流，为现代独立的、中立的土库曼斯坦所奉行的主权独立、睦邻友好、和平交往的外交理念与国家间的人道主义联系提供了最好的历史见证和文化基础。独具本国特色的文化政策，将为土库曼民族意识的养成与独立、中立的国家政策奠定坚实的文化基石。

土库曼白小麦博物馆

三、国家复兴的软实力——文化

土库曼人的祖先曾在这片土地上建立了强大的古安息和塞尔柱等帝国，中世纪从印度半岛到地中海范围内包括强盛的黑羊王朝和白羊王朝等 70 多个国家都被认为与土库曼斯坦有千丝万缕的联系。这些国家曾为世界舞台添光增彩，对世界文明史产生过重大影响，东方因而流传着关于土库曼人善于建立国家的谚语"想建国就请土库曼人来"。[①] 这些熠熠生辉的历史让土库曼人引以为荣，因此独立后的土库曼斯坦以"民族复兴"而非"国家建设"为己任，将民族国家复兴最重要基石之一的文化复兴摆在了重中之重的地位。且作为中立国，土库曼斯坦奉行和平的外交政策，排斥通过战争和冲突等传统方式来增强国家实力和扩大国际影响力。为了在世界舞台上获得更多的政治和经济利益，在本区域发挥更大的影响力，中立的土库曼斯坦聚焦国家实力建设，强调在其丰富的历史文化遗产、中立的意识形态等方面扩大"软实力"，强调借助文化、和平外交等手段树立良好的国家形象，营造有利于自身发展的国际舆论环境，力图发挥民族文化在国家复兴过程中的巨大能量，为其经济社会的发展开拓更加有利的局面。

第二节 土库曼斯坦文化政策制定原则与宗旨

土库曼人的祖先们在千百年生活实践中创造和积累了丰富的文化，

---

① 王四海、秦屹：《中亚国家在建设丝绸之路经济带中的重要作用——以土库曼斯坦为例》，《俄东欧中亚研究》，2016 年第 5 期。

在漫长的历史长河中，它们是土库曼斯坦的精神根基和发展动力。土库曼文化有着深邃的文化内涵，在世界文明和人类价值观体系中也有着自己独特的位置，对土国国家建设和经济社会发展具有十分重要的意义。土库曼人意识到传统文化的消亡会大大削弱国家的创造力和凝聚力，会更深层次地影响社会经济的和谐与进步。土库曼斯坦首任总统尼亚佐夫就曾强调，不了解一个民族的民俗、历史、文学和文化，不太注意民族服饰、习俗和语言，都有可能使一个民族在世界舞台上面临消失的危险。[①]土库曼斯坦现任总统别尔德穆哈梅多夫总统也指出，历史经验和文化传统是土库曼现代经济增长和社会进步的可靠基础。因此，独立伊始，在奠定和加强土库曼斯坦的政治和经济基础时，土库曼斯坦政府就为土库曼社会拟定了复兴民族传统文化和巩固民族精神基础的国家战略。民族文化被土库曼斯坦领导层视为一种意识形态，可以提升人们的道德水平，可以增强人们建设现代土库曼社会的精神力量，它对于一个刚独立的年轻国家尤为重要。

根据 2010 年颁布的《土库曼斯坦文化法》，土库曼斯坦制定文化政策遵循下列原则：

一、支持、保障和保护土库曼斯坦公民开展文化活动和参与文化生活的权利；

二、保护土库曼斯坦民族文化的复兴和发展；

三、促进文化产品和各类文化服务的普及；

四、保障公民在文化领域创作自由；

五、保障公民在创造、复兴、保存、发展、传播和使用文化产品方面的平等权利和机会；

六、发挥文化产品对个人进行精神和道德教育的作用；

七、保护国家历史文化遗产；

---

① 萨帕尔穆拉特·土库曼巴什：《鲁赫纳玛》（汉语版），土库曼斯坦国家出版局，2005 年。

八、通过教育手段使青年人了解民族和世界文化的精神和道德价值观；

九、发展与海外同胞的文化联系，以维护土库曼民族文化的完整性和互补性；

十、推动文化领域的国际交流；

十一、营造文化产业在市场条件下发展的有利条件。

土库曼斯坦文化政策的宗旨如下：

一、复兴民族优秀传统文化，宣传土库曼民族的价值观和精神遗产，增强民众对本民族国家认同意识，夯实土库曼国家建设的精神基础，延续和传承土库曼历史文化精神和传统道德价值；

二、保护本国传统文化，维护文化主权，有效抵御外来强势文化对本土文化的侵蚀，保持民族文化的独立性、自主性与特殊性，巩固土库曼斯坦的独立与中立地位；

三、实施积极主动的文化发展战略，利用全方位、多层次的文化外交向世界宣传推广土库曼文化，增强土库曼民族文化吸引力，提高国家软实力，增强在世界政治和经济舞台上的竞争力；

四、塑造中立国家热爱和平、睦邻友好的国家形象，在国际交往与国际传播过程中营造良好的国际舆论环境，提高土国在国际上的声誉和国际地位；

五、增强土库曼斯坦各部族、民族的凝聚力，树立文化自信，巩固各部族、民族间团结，促进土库曼人在精神上走向统一；

六、为"积极中立、经济开放"的政治和经济发展国策提供文化与意识形态方面的支撑。

第三章

土库曼斯坦与文化相关的法律

文化作为国家软实力的重要组成部分，越来越成为当前国际竞争力和国家影响力的重要内容。文化代表了一个民族的生命力、创造力和凝聚力，文化建设因此也成为经济社会发展和进步中不可或缺的重要一环。21世纪的今天，经济科技全球化迅猛发展，各种思想文化相互碰撞，竞争日趋激烈。一些国家试图在文化上推行"单边主义"，威胁到土库曼斯坦文化主权和文化安全。土库曼斯坦自独立后开展了文化领域的立法工作，把健全文化法律制度，保护和发展本国文化，保障本国的国家文化安全作为一项重要国策来执行。

1992年，土库曼斯坦在独立伊始就颁布了《土库曼斯坦历史和文化古迹保护法》，1996年颁布了《土库曼斯坦文物和博物馆事业经营法》，2000年颁布了《土库曼斯坦书籍和图书馆管理法》，2003年颁布了《土库曼斯坦档案法》，2010年制定了专门的《土库曼斯坦文化法》。此后，土国政府不断完善文化领域的法律法规。2012年，土库曼斯坦废止了1992年的《土库曼斯坦历史和文化古迹保护法》，在其基础上进行修订，通过了新的《土库曼斯坦国家历史文化遗产保护法》。2013年，土国政府颁布了新的《土库曼斯坦档案法》，2015年颁布了《土库曼斯坦国家非物质文化遗产保护法》。2017 年土国政府又制定了一批新的法律法规，如促进公益文化事业发展的《土库曼斯坦图书馆法》和《土库曼斯坦博物馆法》，同时废止了 1996 年的博物馆旧法和 2000 年的图书馆旧法。文化相关的立法作为土库曼斯坦国家法律建设的一个分支，形成了自身的体系和框架。

土库曼斯坦通过建立这些符合民族文化特点和要求的法律制度，确立了文化领域的最高规范和准则，确保了土库曼斯坦的民族文化、传统社会价值观在经济社会发展中的牢固地位，在全社会培育和践行了传统文化价值观，有效防范和抵制了外来文化的影响，掌握了思想文化领域的主导权。这些法律制度的制定还保障了土库曼人民的基本文化权益，维护了国家的文化安全，为保护、传承和弘扬土库曼民族优秀传统文化提供了充分的法律支撑。土国历届政府在文化领域立法的最终目标是要让全体土库曼人民意识到文化在实现土库曼民族复兴、维护地区和世界和平事业中所扮演的重要角色。

第一节 《土库曼斯坦文化法》及意义

2010 年，根据土库曼斯坦宪法，土库曼斯坦政府颁布了《土库曼斯坦文化法》。全文共 8 章 38 个条款。该法规范了土库曼斯坦人民在文化创造、复兴、保护、发展、传播和使用过程的公共准则；旨在保障和保护土库曼斯坦公民参与文化生活和获得文化产品的权利，它确定了土库曼斯坦国家文化政策的法律基础。

第一章的一般性条款中定义了文化的基本概念，文化是人类创造的物质和精神价值的集合，它关乎人格的健康发展、爱国主义教育、崇高的道德、精神品德培育和公民审美需求的满足。该条款还对文化价值观、艺术、土库曼人民的文化遗产、土库曼斯坦国家文化遗产、土库曼斯坦国家文化遗产名录、国家文化遗产的特殊制度、文化活动、文化组织（企业、机构、组织）、文化工作者、文化创造性活动、文化创意工作者的基本概念做了详细的界定。

《土库曼斯坦文化法》的立法目标：保障和保护土库曼斯坦公民在文化活动领域中的宪法权利；确定国家文化政策的原则；确保公民自由享有文化产品；确定文化活动主体关系的原则和法律规范；建立保护和发展土库曼斯坦人民文化的法律基础和国家支持文化的规范化手段。

《土库曼斯坦文化法》确立了文化立法适用的范围，包括保护、复兴、使用、普及土库曼人民的文化遗产——文学、戏剧、音乐、视觉和马戏艺术、建筑和设计、摄影艺术及其他艺术类型和流派；电视、电影、广播和其他形式的视听手段；民间艺术创作、民俗、俱乐部活动；民间工艺美术；博物馆藏品、书籍、档案文件；图书馆馆藏和图书馆业务的信息资源；文化传播与创造的载体、设备和其他手段；美育、艺术和音乐教育、教研活动和国际文化交流等。

国家保障公民文化权利和自由，不论肤色、性别、财产、地位、住所、语言、政治信仰；国家保障公民有权参与文化活动、参加文化组织、享受国家文化产品；国家保障公民从事各种文化创造性活动的权利；公民可以专业或业余从事文化创作活动；国家鼓励媒体和文化组织对土库曼斯坦人民的文化遗产进行宣传。

《土库曼斯坦文化法》规定土库曼斯坦文化艺术品和国家文化遗产包括：1）考古发现；2）具有收藏价值的物品，包括古币、勋章、奖章、印章等；3）文学和艺术作品，包括绘画、版画、石版画、雕塑作品、民间乐曲、个人音乐创作、乐谱、戏剧剧本、戏剧布景、电影、电视和广播作品等；4）工艺美术和手工艺品，包括地毯、金银制品和其他贵金属制品、古代装饰品和艺术品、刺绣等；5）建筑实体和建筑设计；6）古代（稀有）手稿、亲笔签名、历史文献、信件、书籍和印刷藏品；7）与国内外著名文化人物或重大历史事件以及国家和社会杰出人物生活有关的建筑古迹、陵墓、公园及自然景观设施；8）古老而独特的乐器；9）档案和珍贵资料，包括照片、视频、电影、广播、电视档案和科研资料；10）民族志、民族学和人类学资料；11）动植物、矿物学、解剖学和古生物学珍稀收藏品和标本；12）其他具有历史、艺术、科学或文化意义的物品，以及国家保护的历史和文化古迹。

该法规定了土库曼斯坦国家文化遗产和文化艺术品的统计、分级、登记、入册等实施流程。其重点有：1）登记程序由土库曼斯坦内阁批准，具有特殊价值的物品被列入土库曼斯坦国家文化遗产名录和文化艺术品保护清单。该名录和清单由土库曼斯坦内阁指定的行政当局管理。被列入土库曼斯坦国家文化遗产国家登记册的国家文化遗产，未经文化部门授权执行机构的特别许可，不得对其进行毁坏、移动、改变、复制或修复；2）土库曼斯坦国家文化遗产不允许私有化；为保护历史、考古、城市规划、建筑和纪念性古迹等，土国政府在人文景观上建立保护区；3）除法律规定的临时展览、科学研究和国际文化交流等活动，禁止将国家文化遗产出口到土库曼斯坦境外；4）被偷运至土库曼斯坦境外和（或）被偷进土库曼斯坦境内的文化艺术品财产必须归还，被归还的非法出口文物和法院没收的文物需移交国家博物馆等。

该法有关文化组织的条款明确规定了在文化领域具有特殊国家和社会意义的国家文化组织、个别职业艺术创作团体可以被授予"国家"称号，且不得私有化；对民族文化艺术的形成、发展和宣传做出重大贡献的业余艺术团体可授予"人民"称号。在其领域处于领先地位的国家文化组织、个别职业艺术创作团体因对民族文化和艺术的发展和推广作出重大贡献，可被授予"学术"地位。上述称号的授予程序和条件均由土库曼斯坦总统批准。

《土库曼斯坦文化法》还对文化组织系统做了详细的说明，它包括：1）戏剧和音乐会；2）图书馆——国家图书馆，青年和儿童图书馆，个体机构图书馆，科学图书馆，州、城市、乡镇和农村公共图书馆，盲人和聋哑人图书馆等；3）博物馆——艺术博物馆，历史和地方志博物馆，文学、戏剧和音乐博物馆，纪念文物馆，人文历史博物馆，工业博物馆，校史馆；4）美术馆、展览馆、艺术中心；5）动物园、水族馆、天文馆、植物园；6）文化和历史档案、休闲组织机构；7）文娱设施建设——城市、农村和城镇文化之家，文化休闲公园，休闲中心；8）教育机构——基础、高等和研究生教育机构，儿童艺术学校，音乐艺术舞蹈，以及其他成人艺术中心、继续教育机构；9）文化研究所——博物馆、博物馆藏品修复科学中心等；10）文化促进和传播机构——出版社、报纸和杂志编辑部，电影院，电影制片厂，电视和广播中心，国外影像审批机构，文化信息中心。

《土库曼斯坦文化法》在文化组织的有偿活动和商业活动相关条款中特别说明了土库曼斯坦婚礼和其他庆祝活动的文化服务受到国家监管。

该法规定国家文化监管机构包括土库曼斯坦内阁、文化部、文化管理行政机构、地方文化行政机构和文化部门。土库曼斯坦内阁和文化部的职权范围主要包括制定国家文化政策，确保公民对文化活动的宪法权利得到落实和保护；对国家文化发展进行管理，促进文化活动的开展，同外国进行文化交流等。

文化管理行政机构的职权包括执行国家文化政策，制定和实施有针对性的文化发展和改善方案；复兴、保存、发展和传播民族文化产品；建立国家统一的文化活动信息交流系统；为美育、艺术教育和文化教学活动创造条件；为文化活动提供信息、技术支持与跨部门协调；参与制定土库曼斯坦文化领域的国家预算；发展和加强文化组织的物质和技术基础；为开展创造性文化活动创造条件；开展文化领域培训，提高文化从业人员技能；

发现、研究、保护历史和文化古迹；修复历史古迹、物质和精神文化遗址；纪念土库曼斯坦杰出的文化人物；管理土库曼斯坦国家文化遗产名录；协调国际文化领域合作；制定"国家""学术""人民"文化荣誉称号的授予标准；完善土库曼斯坦文化立法；制定和通过文化领域的规范性文件、法律等。

地方文化行政机构和文化部门的职权包括：执行国家文化政策；为民族文化的创造、保存、复兴和发展提供后勤保障和组织安排；支持各级文化机构组织戏剧、音乐、艺术、文娱、民间创作、图书馆和博物馆活动；组织参加和观看节日活动和比赛；组织登记、保护、修复历史古迹、物质和精神文化载体；纪念土库曼斯坦文化的杰出人物；促进民间工艺和手工艺的发展，创造新的就业机会；组织历史文化遗产保护工作，促进历史、民族、文化传统习俗的发展。

《土库曼斯坦文化法》明确国家鼓励和支持文化工作者以高超的艺术技巧、丰富的思想、充实的内容表现土库曼民族的心理特征；用生动的方式描绘土库曼人民的真实生活；提高人民思想艺术水平，进一步发展民族文化；巩固土库曼社会的道德基础和精神财富；反映土库曼新文艺复兴时期重大变革的基本特征；鼓励公民从事各种劳动，提高土库曼斯坦的经济潜力；培养青年一代高尚的道德情操；激励公民积极参与社会和国家各方面改革，提高土库曼人民的福祉。

《土库曼斯坦文化法》肯定文化创意工作者在文化活动中的重要作用，保障其自由、道德、经济和社会权利，鼓励其开展提高人民生活质量、保护和发展民族文化的活动。该法律的实施为创意工作者提供了更多工作岗位和就业机会，促进了社会对文创产品的需求，完善了文创工作者的社会保障制度和优惠税收制度，协助文创工作者扩大了国际文化联系，增加了妇女和青年参与文化创作活动的机会等。文化工作者的劳务关系、权利和义务、职业培训、职业发展和资格认证、组织关系、物质保障和社会保护也在该法律中有详细规定。

《土库曼斯坦文化法》规定国家文化组织所需的资金和文化领域活动经费来源于土库曼斯坦国家预算。为了吸引更多资金支持土国文化的发展，该法律规定国家为非营利文化组织提供税收优惠和其他福利，鼓励国内外法人和自然人以慈善、赞助和其他形式支持和投资文化领域。优惠的条件和程序根据土库曼斯坦法律条文确定。

关于国际文化活动，该法强调了土库曼斯坦在文化领域的国际合作重点是旅游与展览，文化工作者培训与实习，历史文化古迹修复，文化活动新技术、新设备引进，文化课程与宣传手册交流。土国政府鼓励扩大文化领域国际合作的主体范围，鼓励个体和文化组织开展国际文化合作，鼓励在国外开设土库曼斯坦国家文化中心，鼓励与土国境外同胞的文化合作；通过与境外同胞及其后代保持联系，促进土库曼文化在国外的发展；为境外的民族文化中心、民族协会、同胞协会和其他同胞文化组织提供物质和法律上的帮助和支持。土库曼斯坦流落在国外的文化艺术品被认为是土库曼斯坦国家文化遗产的非法出口文物，根据该法案和国际法，应归还土库曼斯坦。

纵观该法律全文，可见土库曼斯坦政府极为重视民族文化对土库曼斯坦人心理的引导作用，将文化作为巩固土库曼社会道德基础和精神财富的重要手段。土国政府认为优秀的民族文化是土库曼斯坦复兴征途上的助推器，可切实提高土库曼斯坦的经济实力和人们的创造力；培养青年一代高尚的道德情操，关乎全体土库曼人的福祉。《土库曼斯坦文化法》还确立了政府对文化工作者的社会保障制度，完善了文艺工作者特殊的税收制度，并为其职业培训和职业发展提供支持和帮助。土库曼斯坦政府在国家预算中设立专项文化建设资金，向非营利文化组织提供税收优惠和其他福利，设置优惠条件吸引更多的国内外资金支持投资土国文化产业，以促进该国文化发展。该法鼓励开设国外土库曼国家文化中心、推动与土国境外同胞的文化合作等条款，反映了土国欲在国际社会扩大自身影响力和文化软实力的意图。《土库曼斯坦文化法》的颁布展示了土国政府对民族文化保护和发展的重视，不仅将文化看作促进人民全面发展，享受更丰富、更优质的物质与文化生活的手段，还将其视为促进经济社会发展，实现民族复兴的最强引擎之一。

第二节 　《土库曼斯坦国家历史文化遗产保护法》及意义

2012 年 10 月 19 日，土库曼斯坦通过了《土库曼斯坦国家历史文化遗产保护法》。该法共 11 章，59 个条款。它规范了土库曼斯坦国家历史文化遗产的发现、保护、使用、推广和国家权责之间的关系，确保本国人民有权维护和发展其文化和民族特性，保护、恢复其历史文化遗迹，追溯土国境内文化起源，记录整理历史文化信息资料。该法建立于宪法、《土库曼斯坦文化法》和土库曼斯坦其他现行法律基础上，是一部国家历史文化遗产保护领域的专门性法律。该法案将国家历史文化遗产保护定义为利用法律、组织、金融、信息等多元系统，采取综合措施来发展、保护、使用和推广国家历史文化遗产。

《土库曼斯坦国家历史文化遗产保护法》对文化遗产监管的各级主体都有着明确的权责分工，对历史文化遗产保护区有具体的保护细则，对发现、鉴定、保护和修复国家历史文化遗产进行了充分的说明，对遗产保护的经费来源也有详细规定。

该法首先诠释了国家历史文化遗产的概念：1）从历史、文化或艺术角度看，具有突出普遍价值的建筑或建筑群体、雕塑、绘画、考古遗址、装饰和实用艺术等；2）具有突出普遍价值的人工物品或人与自然共同创造的物品和工程。它们对土库曼斯坦的历史和文化具有特殊意义，不得将其转让给其他国家。在土库曼斯坦，被列入国家历史文化遗产名录的历史文化遗产区域属于历史文化领土，是受到特别保护的。

土库曼斯坦境内的国家历史文化遗产为：1）单独古迹，单独的建筑体、构筑物以及相关的绘画、雕塑作品，装饰和实用艺术作品；具有历史、科学或艺术价值的科技（包括军事）设施、考古遗址等。2）综合古建筑群，在历史上形成的建筑防御工事等建筑，饰有绘画、雕塑等佳作的宫殿、住宅、建筑、人类聚落等。3）在考古、历史、城市规划、美学等方面有价值的区域，涉及民间工艺、古代仪式等的场所；与古迹有关的自然景观、杰出历史人物的生活场所等。

按照历史文化遗产的意义，该法将土库曼斯坦国家历史文化遗产分为以下几类：1）具有国际意义的国家历史文化遗产——具有特殊的历史、科学、建筑意义，已被列入联合国教科文组织世界遗产名录和拟列入世界遗产名录，对了解国家人民的历史和文化具有重要意义的历史文化遗产；2）具有国家意义的历史文化遗产——对土库曼斯坦历史、科技、建筑、艺术、文学的发展做出一定的贡献并具有纪念价值的历史文化遗产；3）具有地方意义的国家历史文化遗产，对各州、市、城镇和村庄的发展具有艺术和纪念价值的历史文化遗产。

该法确立了土库曼斯坦国家历史遗产保护管理和监管主体，即土库曼斯坦内阁、土库曼斯坦文化部和从事国家历史遗产保护、研究和修复相关工作的各级机构。

对于国家历史和文化遗产的保护和监管，各部门的职权如下：

政府内阁职权包括制定国家历史和文化遗产的发现、登记、保护、修复、使用和普及政策；管理国家历史文化遗产；领导国家历史文化遗产保护行政机关活动；制定关于拥有、使用和处置国家历史文化遗产的规则；与外国伙伴和国际组织合作保护国家历史文化遗产等。

文化部职权包括参与制定国家文化遗产保护、利用和普及方案；协调有关行政机构、科学和教育机构、公共协会在遗产发现和保护问题上的关系；禁止危害国家历史文化遗产和区域安全的活动；审核土库曼斯坦国家历史文化遗产登记流程；制定国家历史文化鉴定章程等。

国家历史文物保护、研究和修复机构职权包括：监督法人和自然人遵守《土库曼斯坦国家历史文化遗产保护法》；实施国家保护、修复和宣传国家历史文化遗产方案；发现、登记、保护、普及和使用国家历史文化遗产；收纳整理土库曼斯坦国家历史文化遗产国家登记册；组织和实施国家历史文化遗产实体的国家历史文化鉴定；根据土库曼斯坦法律规定的程序签发设计、勘测、修复和保护工程的许可证等。

地方行政机构和地方政府职权包括：维护《土库曼斯坦国家历史文化遗产保护法》；协助确认、登记、保护、修复和使用国家历史文化遗产；在地方经济和社会发展计划中拟定具有地方意义的国家历史文化遗产保护和修复方案；研究和修复国家历史文化遗产；明确国家历史文化遗产保护义务，并监督所有人和相关组织履行该义务。

科研机构、高等教育机构和博物馆有义务参与国家历史文化遗产的鉴定、研究和普及工作；在研究和教育计划中规划研究和教授保护国家历史文化遗产的内容；就国家历史文化遗产提供科学咨询。社会团体和公民应协助公共部门与机构对国家历史文化遗产的保护工作。土国公民有权依照该法规定的程序参观国家历史文化遗产，获取国家历史文化遗产的信息等。

为保护国家历史文化遗产在其历史环境中的完整性，法律规定设立国家历史文化遗产保护区和其周边经济活动限制和管制区（缓冲区）、建筑禁止区，制定保护区内现有建筑和设施改造标准、土地使用制度和城市规划条例，确保保护区内河谷、水体、山麓和空地等自然景观，与国家历史文化遗产区域内历史建筑和谐统一。相关部门每五年对国家登记入册的历史文化遗产状况进行调查和记录，制定保护国家历史文化遗产的动态方案，监督遗产保护领域立法的执行情况，签发历史文化遗产研究和保护工作许可证。历史文化遗产登记册由国家授权的国家文物保护、研究和修复机构及委托机构保存。

国家历史文化古迹鉴定的目的是确定国家历史文化遗产的历史文化意义；确定国家历史文化遗产保护区项目与城市规划设计文件和条例是否相符；确定建筑、土壤改良等项目是否符合国家历史文化遗产保护对象的规范要求；确定是否将国家历史文化遗产申报列入世界文化遗产名录等。该法规定，具有突出历史、考古、建筑、艺术、科学、美学、民族学或人类学价值的国家历史文化遗产可申报世界文化遗产名录——按照联合国教科文组织世界遗产委员会的要求，依照土库曼斯坦合法程序，提交土库曼斯坦国家教科文组织委员会。

该法规定的保护和修复国家历史文化遗产措施包括：保护遗迹历史文化价值、进行相关的科学研究活动、保持与修复其外形与样貌、防止其老化与破损、维持其特性。在历史文化古迹保护区内进行考古发掘和勘探，须经土库曼斯坦内阁批准，由文化部下属的历史文化古迹考古研究科学委员会颁发许可证。具有历史、科学、文化或其他价值的物品，经专业处理和记录归档后，移交土库曼斯坦国家博物馆，禁止将其出口境外。除历史文化遗址的保护工程外，禁止在古建筑群内进行土地利用和土壤改良等项目。听取专家意见后，土库曼斯坦内阁按规定程序将具有特殊考古、历史、科学、建筑、艺术、城市规划、美学或其他社会文化价值的特殊历史和文化古迹综合体、人类古聚落、古老的中心城市和街区、建筑群所在地以及对维护土库曼民族特性和对世界文明有重大贡献的区域宣布为国家历史文化保护区。

土库曼斯坦从法律上确立了国家对文化设施的所有权。位于土库曼斯坦境内的国家历史文化遗产都是国家公共财产。各级管理机构，比如文化部及其下属机构、地方行政机构，代表国家落实历史文化遗产管理与维护。国家历史文化遗产向儿童公共协会、残疾人协会等社会弱势团体免费开放。国家历史文化遗产保护活动资金来源于土库曼斯坦国家预算资金、预算外收入、法人与自然人的捐款等。此外，不论何种体制的企业，如果其生产经营活动对国家历史文化遗产地的状况产生不利影响，都有义务将其收入的 0.1% 至 3.0% 分配给国家历史文化遗产地方保护机构作为补偿与修复资金。遗产损害程度和缴纳比例由各级管理机构与当地设施保护机构协商确定。

土库曼历史文化遗产是先辈们留下的宝贵财产，也是现代土库曼人生存环境的重要组成部分。历史文化遗产作为一个国家、一个民族文明程度的客观载体，代表着这个国家的历史和底蕴，彰显着这个民族的文化渊源和风采。土库曼斯坦境内的考古发现展现了这块土地历史文化的源远流长，是土库曼人的祖先和先民们对中亚文明的进步作出过巨大贡献的有力证明。这些历史文化遗产都是土库曼斯坦政府进行爱国主义和传统文化教育的第一手资料，起着不可代替的作用。保护历史文化遗产就是稳固土库曼斯坦人民思想道德和文化素质的历史根基。此外，文化遗产作为历史的见证，还具有独特的旅游价值。土库曼斯坦政府非常重视土国文化遗产在对外交流、人文外交、发展文化旅游产业和促进当地经济发展中所起到的作用。

历史文化遗产是土库曼斯坦先民们智慧的结晶，它直观地反映了土库曼斯坦先民们的历史活动轨迹，是土库曼斯坦社会发展不可或缺的物证，也是土库曼斯坦国家和民族身份的象征。在土库曼人心目中，文化遗产是不可再生的珍贵资源。随着经济全球化趋势和现代化进程的加快，区域生态环境问题的恶化，土国历史文化遗产及其生存现状也受到威胁。土国不少历史文化古迹和遗址的整体风貌受到中亚荒漠化、沙漠化的侵蚀，许多重要文化遗产正走向消亡。为此，该法的出台，对保护发展、推广土库曼斯坦国家历史文化遗产有着重大意义。

第三节 《土库曼斯坦国家非物质文化遗产保护法》及意义

2015 年 2 月 28 日，土库曼斯坦通过了《土库曼斯坦国家非物质文化遗产保护法》。该法是在宪法、《土库曼斯坦文化法》和土库曼斯坦其他现行法律基础上制定的有关非物质文化遗产保护的专门性法律。该法确定了土库曼斯坦人民与国家非物质文化遗产保护的关系，规定了土库曼斯坦团体、公民等在国家非物质文化遗产保护方面的相关权利和义务。该法还详细阐述了土库曼斯坦国家非物质文化遗产名录的形成过程、遗产维护程序，确立了国家保护非物质文化遗产对象的一般原则。该法以土库曼斯坦宪法为基础，并与其他法律组成了土库曼斯坦文化领域的规范性法律文件。

该法一般性条款中对国家非物质文化遗产概念进行了界定：国家非物质文化遗产是指土库曼社会、民族或群体固有的传统文化表现形式。从社会、文化、历史、美学角度来看，非物质文化遗产是以人为本的活态文化遗产，它强调的是以人为核心的技艺、经验、精神，满足当代人的自然需求、社会需求和精神需求。土国珍贵的非物质文化可帮助独立后的土库曼人民树立统一的精神信仰与追求，凝聚人心，为土国人民提供持续的认同感，是土库曼民众信心的重要来源。国家非物质文化遗产最大的特点是不脱离民族特殊的生活生产方式，是民族个性、民族审美习惯的"活"的显现。它依托于人本身而存在，以声音、形象和技艺为表现手段，通过身口相传得以延续，最核心的传承载体就是具有独特创造能力的人。

制定该法的目的是：1）保护国家非物质文化遗产作为国家文化遗产的一部分；2）培养社会、团体和个人对民族非物质文化遗产的尊重；3)推动地方、国家和国际社会对本国国家非物质文化遗产的价值的认可。制定该法的宗旨为：1）保护和恢复蕴藏着土库曼人民文化原生状态的国家非物质文化遗产；2）保护所有公民平等欣赏体验国家非物质文化遗产的权利；3）推广国家非物质文化遗产的最佳保护实践经验；4）发展保护国家非物质文化遗产的组织、法律和财政机制；5）培训国家非物质文化遗产保护领域人才；6）为保护国家非物质文化遗产提供法律保护；7）提高地方、国家和国际社会对土库曼斯坦国家非物质文化遗产重要性的认识。

土库曼斯坦国家非物质文化遗产可存在于以下领域：1）口头传统和表现形式，包括作为非物质文化遗产媒介的语言；2）表演艺术；3）社会实践、仪式、节庆活动等民俗；4）与传统手工艺相关的知识和技能；5）有关自然界和宇宙的知识和实践。

口头传统和表现形式包括口头民间传说、德斯坦、史诗、童话、仪式性和非仪式性歌曲、贺语、谜语、谚语、俗语等。

表演艺术主要指由表演艺术家完成的直接诉诸人的视觉、听觉的艺术，主要包括：1）以声音为物质媒介的音乐（声乐、器乐、其他旋律、融合语言的音乐形式），比如摇篮曲、哭泣曲、仪式婚礼歌曲、仪式日历周期歌曲、乐器伴奏歌曲、清唱歌曲等；2）通过人体动作表达的舞蹈艺术及其重要组成——配乐，如巴赫希艺术，其表达手段融合了语言、音乐与动作。

社会实践、仪式、节庆活动等民俗主要包括民族传统仪式、庆祝活动、传统节日、传统组织形式——长老理事会、集体援助会等。

与传统手工艺相关的知识和技能包括：地毯制作，缝纫，刺绣，珠宝设计与加工，陶艺，木艺，丝绸、棉花、羊毛、皮革加工，民族菜肴制作，服装制作，传统建筑技术，乐器制造技术等。

与自然界和宇宙有关的知识和实践包括：狩猎、渔业、农业经验，包括因地制宜的农作物种植；畜牧业经验，包括饲养马、羊、牛、骆驼、狗和其他动物的经验；依托自然界的化工业，例如从当地植物原料中提取颜料的方法；世代相传的生活智慧，如药用植物的使用方法、收集和节约用水的方法、天气解释方法等。

该法将保护国家非物质文化遗产行为定义为在确立的法律、组织、财政、物质和技术框架内，国家权力和行政机关在其职权范围内采取各种措施，确保国家非物质文化遗产的原始形式具有生命力，促进国家濒危非物质文化遗产的复兴，对国家非物质文化遗产进行鉴定、记录、研究、保护、保存，加强其作用并促进其传承和传播。

保护国家非物质文化遗产的国家政策遵循以下准则：1）清楚认识国家非物质文化遗产是维护土库曼人民特性的一个重要因素，也是土库曼文化多样性和可持续发展的重要保障；2）关注国家非物质文化遗产与国家历史文化遗产之间的密切关系；3）发挥社会、团体以及个人在创造、保存、传承和振兴国家非物质文化遗产方面的重要作用；4）提高土库曼人民，特别是年轻一代对国家非物质文化遗产及其保护的重要性的认识；5）借助国家非物质文化遗产，促进土国人民和世界人民之间的和睦相处和相互了解。

土库曼斯坦政府支持非物质文化遗产保护的主要措施包括：1）制定政策，加强国家非物质文化遗产所发挥的社会作用，将保护非物质文化遗产纳入土库曼斯坦社会经济发展方案；2）采取必要的法律、行政、物质、技术和财政措施，保护土库曼斯坦现有的国家非物质文化遗产；3）在社会、团体和相关公共机构的共同参与下，发现与探索土库曼斯坦现有的国家非物质文化遗产；4）编制土库曼斯坦国家非物质文化遗产名录及定期更新；5）促进科学、技术和艺术研究，制定有效的保护国家非物质文化遗产的技术手段，特别关注国家濒危非物质文化遗产；6）审定国家保护非物质文化遗产的特别授权机构；7）发展国家非物质文化遗产保护的相关培训；8）确保公民享有国家非物质文化遗产的机会；9）提高公民，特别是年轻人对保护国家非物质文化遗产的认识；10）在教育系统中引入保护国家非物质文化遗产的相关课程；11）开展提高国家非物质文化遗产保护能力的管理、研究活动；12）推进国家非物质文化遗产保护的相关教育；13）确保社会、团体和个人尽可能广泛地参与和保护国家非物质文化遗产。

该法还规定了土库曼斯坦公民保护国家非物质文化遗产的各项权利和义务，比如公民有权在不违反土库曼斯坦法律的前提下，出于个人意愿参与研究、保存、转让、复兴、普及国家非物质文化遗产的活动；有权依照本法规定的程序获得国家非物质文化遗产的信息，并使用国家非物质文化遗产；协助国家非物质文化遗产保护机构，参与保护、使用和推广国家非物质文化遗产。

土库曼斯坦保护国家非物质文化遗产的主要手段有：1）制定研究、保存、保护、转让、复兴、推广和使用国家非物质文化遗产的政策；2）设立国家保护非物质文化遗产特别管理机构；3）制定和更新土库曼斯坦国家非物质文化遗产名录；4）制定列入、移除土库曼斯坦国家非物质文化遗产名录的程序；5）负责国家非物质文化遗产的保护和使用；6）强调国家非物质文化遗产的杰出代表，并赋予其特殊意义；7）向联合国教科文组织人类非物质文化遗产代表作名录推荐土国非物质文化遗产；8）制定国家非物质文化遗产鉴定程序；9）开展保护国家非物质文化遗产国际合作；10）推广先进的保护国家非物质文化遗产的科学方法；11）缔结和执行保护人类非物质文化遗产国际条约。

土库曼斯坦对国家非物质文化遗产的主要保护措施包括：1）监督保护《土库曼斯坦国家非物质文化遗产法》的遵守情况；2）对国家非物质文化遗产代表进行登记；3）对国家非物质文化遗产对象进行鉴定；4）厘

清国家非物质文化遗产损坏或毁坏责任。

《土库曼斯坦国家非物质文化遗产保护法》详细介绍了该国非物质文化遗产名录准入标准与申请程序。自然人或法人向国家非物质文化遗产保护特别授权国家机构提交申请，通过国家非物质文化遗产鉴定后，方可列入土库曼斯坦国家非物质文化遗产名录。自然人或法人将具有文化、历史、艺术、科学或审美价值的代表性非物质文化遗产，按照联合国教科文组织颁布的《保护非物质文化遗产公约》规定程序提交给土库曼斯坦国家教科文组织委员会，并由该委员会向联合国教科文组织提交申报世界非物质文化遗产名录的申请。

土库曼斯坦保护国家非物质文化遗产的资金来源有：土库曼斯坦国家预算资金、预算外收入以及土库曼斯坦法律未禁止的其他手段，如基金、捐款等。

对保护国家非物质文化遗产的奖励措施包括：根据土库曼斯坦法律规定的程序，在保护国家非物质文化遗产领域做出特殊贡献的自然人或法人可获得国家奖励。根据《土库曼斯坦国家奖励法》，国家非物质文化遗产传承人可获得非物质文化遗产领域国家荣誉称号等。

土库曼斯坦国家非物质文化遗产蕴含着丰富的土库曼民族特有的精神价值、思维方式、想象力，体现其民族的生命力和创造力，是民族智慧的结晶，也是全人类共同的文化财富。保护土库曼斯坦非物质文化遗产就是对土库曼民族文化的传承，也是维系人民民族自豪感的有效手段。

《土库曼斯坦国家非物质文化遗产保护法》充分展示了土库曼斯坦对非物质文化遗产保护重要性的认识。该国的非物质文化遗产不仅体现了土库曼民族文化的特点，同时也丰富了世界文化。该法律的条款中清晰地指明了非物质文化遗产在维护土库曼民族特性、土库曼文化多样性以及土库曼经济社会的可持续发展方面的重要作用。对于土库曼人民而言，保护非物质文化遗产就是在保护并传承土库曼文化，培植社会文化的根基，维护文化的多样性和创造性。保护国家非物质文化遗产还有助于促进土国人民和世界人民之间和睦相处和相互了解，为奉行中立和平外交政策的土库曼斯坦文化外交做出积极贡献。

第四节　土库曼斯坦文化配套法规建设

一、《土库曼斯坦档案法》

2013 年 5 月 4 日，土国政府颁布了《土库曼斯坦档案法》。该法是在宪法、《土库曼斯坦文化法》和土库曼斯坦其他现行法律基础上制定的档案管理与收集法律。该法是土库曼斯坦国家档案文件的编制、储存、登记、使用的法律依据，包含为维护国家、社会和公民利益有效地保护和利用档案的细则。《土库曼斯坦档案法》制定了档案管理行为的规范，从法律层面明确了土库曼斯坦内阁、档案管理总局、地方档案行政机构和地方政府档案管理部门的行为责任，凸显了社会历史在国家发展中的重要推动作用。《土库曼斯坦档案法》的颁布与实施，对加强土库曼斯坦社会精神文明基础，保护土库曼斯坦社会历史文化的优秀成果，推动社会进步具有积极意义。

该法规定对国家和社会具有重大意义，反映土库曼人民物质和精神生活，在历史、科学、社会、经济、政治、文化等领域具有持久影响力的国家历史文化遗产信息资源应收入土库曼斯坦国家档案馆永久保存。在该法国际合作的条款中还规定土国政府鼓励、支持和资助将反映土库曼人民价值观的珍贵历史文化档案文件收归国有，并由土库曼斯坦档案管理总局负责执行和协调归还土库曼斯坦档案文件的相关事宜。档案事务的资金和后勤保障由土库曼斯坦国家预算提供，也可接受慈善捐赠、赞助和援助。

档案是人类活动的真实记录，是生产活动的参考依据，是科学研究的基础和前提条件，是文艺创作的基础，是对大众进行历史和传统教育的生动材料，是人类社会历史文化的最终表现形式之一。在现代社会中，做好档案工作是一个社会、国家健康发展的需要，档案管理是每一个单位管理工作的重要部分，是提高单位工作效率的重要条件。档案是历史的真凭实据，可为科学发展提供第一手资料，是进行科学管理、制定发展规划的好教材，为科学发展奠定坚实基础。《土库曼斯坦档案法》的颁布是以国家法律的形式对国家机关、地方行政部门、公共团体和公民涉及的档案事务行为的积极规范和最高规定，它有效保护档案财富的完整与安全，成为开发档案资源的有力武器；是国家机关、团体、企事业单位和其他组织与个人从事档案事务的行为准则；它将促进土库曼斯坦社会历史文化的多元化和传播，拓展历史文化遗产信息的内涵，优化信息质量。

《土库曼斯坦档案法》的实施形成了保护档案权利与义务的准确定位，最大限度地调动了人民保护、传承和弘扬其历史文化的积极性、主动性与创造性，为丰富社会历史文化的内涵、繁荣土国的文化事业、夯实土国人民的传统道德基础注入了新的活力。

二、《土库曼斯坦图书馆法》

2017 年 3 月 20 日，土库曼斯坦正式颁布了《土库曼斯坦图书馆法》。该法是在宪法、《土库曼斯坦文化法》和土库曼斯坦其他现行法律基础上，为较好地保障人民群众的公共阅读权利而制定的法律。该法确定了土库曼斯坦图书馆事业的法律、组织、经济和社会基础，规范了土国图书馆系统的建立和运作，确保了每个公民都有权自由地获取信息和知识，为公民享受文化服务和开展图书馆事业各项工作提供了法律保障。该法还保证国家对图书馆的经费投入，并规定了图书馆用户的权利和义务。

该法对图书馆的概念进行了界定。图书馆是一个法人或法人单位，满足图书馆用户对信息、科学、教育、文化等的需求，促进社会的智力和道德潜力发展。图书馆事业以满足社会文化信息需求为目标，达到一定数量规模，具有一定的组织形式，并对社会发展产生影响。图书馆活动包括图书馆系统的建立、发展与形成，图书馆馆藏管理，图书馆用户服务组织，专业培训，图书馆工作人员培训和发展，图书馆系统运作科学方法支持等。

土库曼斯坦国家图书馆为国家总书库，是先进的文化、教育和科学的公共信息机构，旨在满足国家、社会和人民对普遍信息和知识的需求，为土国公民组织各种文化活动提供信息支持，保存土库曼人民的历史记忆，发展土国民族文化、科技和教育。该图书馆建造在首都阿什哈巴德，是阿什哈巴德的文化中心。建筑物为框架结构，线条简洁，平面呈矩形（90 米 × 75 米），高三层。底层外墙缩进，露出柱子；上面两层有固定的垂直遮阳装置，并把这两层连成一体。土库曼斯坦国家图书馆是土库曼人民文化事业的一个组成部分，受国家保护。

《土库曼斯坦图书馆法》同时也支持非国有图书馆向公众免费提供公共借阅服务。该法规定国家在图书馆领域的主要责任还包括保障土库曼斯坦国家文化遗产手稿、印刷品和其他文件的安全和使用；确保暂存境外的土库曼斯坦国家文化遗产的珍本和手稿顺利归还土库曼斯坦。

图书馆的职责包括：1）保障公民获取文化、信息和科学知识等不可剥夺的权利，为个人发展和自我实现、科学认知、教育和自我教育、文化和休闲活动创造条件；2）按照《土库曼斯坦历史文化遗产保护法》的要求，确保历史文化相关的贵重的古籍、手稿、珍品和稀有印刷藏品的存储安全，并及时将其申请列入土库曼斯坦国家文化遗产名录。对于已经被列入土库曼斯坦国家文化遗产名录的文化典籍，制定特别的保护、储存和使用制度，并按照文化行政当局的规定，制作备份的副本。如果一个图书馆不能确保文化典籍安全，可由文化行政当局移交给满足条件的图书馆。

文化典籍包括具有突出的精神和物质价值，具有特殊历史、文化和科学价值的文字手稿或印刷品，它们是土库曼斯坦图书馆系统中珍贵的组成部分。根据其历史文化价值的高低，典籍分为以下几类：1）具有国际意义的文化典籍，对全人类具有宝贵的历史、文化、科学和艺术价值，被列入或拟列入联合国教科文组织世界遗产名录，有助于了解国家的历史和文化的典籍；2）对土库曼斯坦的发展具有历史、文化、科学和艺术价值的国家文化典籍；3）对土库曼斯坦各州、城市、城镇以及村庄的发展具有历史、文化、科学和艺术价值的地方文化典籍。

《土库曼斯坦图书馆法》的颁布和实施为土国图书馆事业的发展提供了法律保障，它以法律的形式确立了图书馆的社会地位，保证国家与各级行政机构对图书馆事业的领导和图书馆事业发展的正确方向；保证广大群众享有图书馆的权利和对图书馆的监督权；保证图书馆的社会地位和发展图书馆事业所必需的经费、人力、建筑设备及其合法性；保证图书馆收藏民族文化遗产的完整性。该法还有助于调节图书馆的内外关系，促进图书馆网络建设，加强图书馆的统一管理，保证图书馆的正常秩序，推动图书馆事业的发展。《土库曼斯坦图书馆法》突出强调了图书馆作为公共文化设施所具有的功能，是土库曼斯坦民族文化建设领域一部具有里程碑意义的法律。

三、《土库曼斯坦博物馆法》

2017年8月26日土库曼斯坦通过了《土库曼斯坦博物馆法》。该法是在宪法、《土库曼斯坦文化法》和土库曼斯坦其他现行法律基础上制定的有关博物馆内部和外部各种行为规则的法律。该法确定了土库曼斯坦博物馆政策的基本原则，以法律的形式向人们提供最佳的博物馆模式、管理标准和行为规范等，以促进博物馆事业科学、蓬勃地发展。

博物馆是法人实体或法人组织，负责收集、典藏、研究、陈列和向公众展示有关自然科学、历史、文化、艺术、技术等方面的文物或标本的场所。博物馆对馆藏物品分类管理，为公众提供知识、教育和欣赏服务。博物馆是非盈利的永久机构，对公众开放，为社会提供服务，以学习、教育、娱乐为目的。《土库曼斯坦博物馆法》的立法目标是：1）促进博物馆事业发展，发挥博物馆功能；2）保障公民基本文化权益，提高公民科学文化素质和社会文明程度，传承人类文明，坚定文化自信；3）确保博物馆向社会公众免费开放，收集、整理、保存文物或标本信息，提供查询、借阅及相关服务；4）制定博物馆事务领域关系的行业规范，加强行业自律；5）为土库曼斯坦博物馆的发展和国家对博物馆事业的支持奠定法律基础。

博物馆按照所有权形式分为以下几类：1）国家机构设立的博物馆；2）民营博物馆。根据博物馆藏品的内容，博物馆又分为以下几类：1）历史博物馆（地方志博物馆、文化历史博物馆、人类学博物馆等）；2）艺术博物馆（文学博物馆、戏剧和音乐博物馆等）；3）科学博物馆（自然历史博物馆、行业博物馆等）；4）特殊博物馆（纪念博物馆、记忆博物馆、公共和学校博物馆等）。

根据该法律条款，被指定为特别历史文化保护的区域可设立历史文化保护区博物馆。作为国家历史文化保护区的重要组成部分，保护区博物馆是系统地研究、梳理和公开展示土库曼珍贵历史文化遗产和物质文化遗存的综合聚集区，它也是加强历史文化资源的保护，延续土库曼人民精神价值的重点场所，具有文化教育和文化旅游价值。

法律还规定了土库曼斯坦境内所有博物馆必须在公共文化领域的行政管理当局登记。土库曼斯坦国家博物馆的馆藏是土库曼斯坦国家历史文化遗产的一部分，具有独特的科学、历史、艺术或文化意义，被列入土库曼斯坦国家文化遗产名录。

现代博物馆的功能以教育推广为重要目标，它作为一个国家文化事业的重要组成部分，是文化基础设施建设的重要组成内容，也是公共文化服务体系建设的重要内容。《土库曼斯坦博物馆法》的颁布不仅保障了土库曼人民基本的文化权益，还有助于丰富土库曼人民的精神生活，完善公共文化服务保障体系。

土库曼斯坦所制定的与文化相关的法律，有助于提高国民的道德修养和科学文化素质，对弘扬土库曼民族优秀传统文化，提升土库曼斯坦的文化软实力和竞争力，扩大土库曼斯坦在国际社会的影响具有重要意义。

第四章

土库曼斯坦国家文化发展总体战略

    土库曼斯坦文化丰富多彩，源远流长，凝结着其民族精神和民族情感，承载着民族血脉和思想精华，是巩固国家独立、维系国家统一、增强民族团结和促进社会和谐的重要精神纽带，也是土库曼斯坦国家凝聚力、创造力和生命力的源泉。通过复兴古丝绸之路、恢复土库曼语地位、纪念马赫图姆库里运动、实行文化外交和打造国宝文化名片等国家文化发展战略，土库曼斯坦的国家文化软实力得以进一步增强。土库曼斯坦国家文化发展战略对其融入国际社会，增进与世界各国友谊，扩大在全球政治与经济舞台上的影响力，促进本国经济的持续发展，实现其国家发展的长远目标具有重要推动作用。

第一节　复兴古丝绸之路战略

    土库曼斯坦地处欧亚大陆中心，自古以来就是古丝绸之路的中心地带和重要交通枢纽，在东西方两大文明交流中发挥了重要的作用。土库曼斯坦独立后的两任元首都将复兴古丝绸之路作为土库曼斯坦国家经济社会发展和民族文化复兴的国家顶层战略，利用政策制定、外交宣传、民众动员、文化推广等不遗余力地推动该战略的落地实施。2017 年 10 月，土库曼斯坦元老理事会会议一致通过国家元首的提议，将 2018 年确立为"土库曼斯坦：伟大丝绸之路中枢年"。2019 年，总统别尔德穆哈梅多夫总统出版新著《土库曼斯坦——丝绸之路的中枢》，再次展示了土库曼斯坦为研究和弘扬伟大丝绸之路的历史意义而做出的重大努力，传达了土库曼斯坦在第三个千年中复兴古丝绸之路这一国家战略的强烈意志和坚定决心。

《土库曼斯坦——丝绸之路的中枢》

土库曼斯坦复兴丝绸之路的国家战略具有重要的政治、经济、文化内涵。土库曼斯坦想借助这一有着古老历史、连接东西方文明的商贸之路，恢复其东西方商贸、交通与文化枢纽的核心地位，为土库曼斯坦的经济、社会发展注入强大动力，推动政治、外交、经贸、文化和人道主义等各领域的国际合作与交流，促进土国在该区域经济一体化进程中发挥核心作用，增强该国作为目前亚洲唯一的中立国在国际政治和经济舞台上的竞争力与影响力。

一、跨境交通能源网络建设

近年来，土库曼斯坦多次成为联合国大会可持续交通建设多项决议的提倡者。土库曼斯坦政府愿意利用其丰富的资源潜力、境内基础设施和优越的地理位置为经济、贸易和投资伙伴提供便利，促进形成新的合作模式与发展格局，以满足现代交通与物流发展的客观要求。在土库曼斯坦政府的对外经济筹划中，陆上运输工业的发展，跨大陆、跨区域、跨国家的各级项目的实施以及海运事业占有重要的地位。土库曼斯坦现阶段坚定地执行《内陆发展中国家2014—2024年十年维也纳行动纲领》，支持建立可靠的运输—跨境走廊和稳定的跨国贸易路线，推动运输互联互通，发挥内陆发展中国家的经济潜力，推进区域和全球经济一体化。2014年9月，阿什哈巴德成功举办世界首届"可持续交通全球大会"，助力发展可持续的多边运输和过境走廊，有力推动了交通运输的国际合作及运输业的稳定和可持续发展。

土库曼斯坦也用实际行动展示了所倡导的推动地区的互联互通和跨境交通运输走廊建设重要成果。为提高里海和黑海之间的过境运输能力，该国在中亚和里海盆地沿线各国地区建设广泛的运输基础设施，使其有效地融入全球经济体系，发挥巨大的经济潜力，从而促进地区和平、稳定、安全、可持续发展。土库曼斯坦顺利建成并运营现代化的土库曼巴什国际港口、阿什哈巴德国际机场及跨阿姆河铁路公路桥等具有重要战略意义的基础设施。里海岸边的土库曼巴什国际海港位于欧亚货物运输的十字路口，是中亚地区的"海门"。土国政府制定了"土库曼巴什国际海港和土库曼斯坦海运货物运输 2020 总体规划"，新港有望成为未来几十年平等高效、互利合作的大门，成为丝绸之路经济带的重要交通纽带。

连接土库曼斯坦东西部的主要公路、总长度超过一千公里的"阿什哈巴德—土库曼巴什—法拉比"公路仍在建设中。这条公路是土库曼斯坦规划中的国际运输系统中的重要一环，它不仅可以改善土库曼斯坦各州之间的交通现状，也会极大增加过境车辆在土库曼斯坦境内的流量，提高交通安全水平。土库曼斯坦目前还积极推进和筹备以阿富汗为代表的南亚地区到欧洲的货运线路——"青金石走廊"[①] "里海—黑海" "阿富汗—土库曼斯坦—阿塞拜疆—格鲁吉亚—土耳其" "中亚—中东"（乌兹别克斯坦—土库曼斯坦—伊朗—阿曼）等国际运输和过境走廊项目建设，力争吸引更多希望进入亚洲、欧洲和中东市场的国际物流大公司，沿着土库曼斯坦的东西和南北过境走廊路线，组织区域间的运输项目。铁路方面，建设中的"新乌兹别克斯坦—吉兹加亚—贝雷特—古尔根埃特里克"铁路为欧洲和亚洲国家提供了通往南亚和波斯湾港口的经济便捷路径，能够满足进出口货物运输、沿海运输和过境运输的需要，而"中国—哈萨克斯坦—土库曼斯坦—伊朗"铁路集装箱班列的开通运行使运距和时间成本都大幅降低。此外，"土库曼斯坦—阿富汗—塔吉克斯坦"铁路也在建设中。

能源基础设施的互联互通方面，以土库曼斯坦为主要气源地的中国—中亚天然气管道 A/B/C 线多年来稳定运营。该天然气管线也被称为新时期的能源丝绸之路。该国现阶段还在大力推进土库曼斯坦—阿富汗—巴基斯坦电力线路和光纤通信线路（TAP）、土库曼斯坦—阿富汗—巴基斯坦—

---

① 青金石走廊是指通过铁路网和公路网将阿富汗、土库曼斯坦、阿塞拜疆、格鲁吉亚和土耳其相连，走廊通过铁路和公路连接阿富汗赫拉特省图尔衮迪与阿什哈巴德，而后向西至里海沿岸土库曼巴希港，经里海抵达巴库，再到第比利斯，经格鲁吉亚波季和土统两条支线延伸至安卡拉，最终自安卡拉抵达伊斯坦布尔，将南亚国家与中亚、高加索和欧洲国家相连，大幅减少货物运输的时间和费用。走廊之所以以青金石命名，是因为青金石是古代中亚向中东、欧洲和北非出口的主要商品之一。有关各方自 2012 年起就运输走廊项目进行磋商。项目预算约 20 亿美元。

印度（TAPI）天然气管道项目等，力图通过这些能源设施的互联互通，将土库曼斯坦丰富的天然气资源出口或通过电力的方式变相出口到多国，保障周边国家对土库曼斯坦的能源需求安全，以实现其经济的可持续发展。

土库曼斯坦主要天然气管道示意图

新的交通干线和能源网络，无论是航空或海运，公路或铁路，还是油气管道或电力系统的建设，都有力促进了中亚西部"南北""东西"交通运输走廊的形成，推动了沿线地区的互联互通，深化了运输、物流、能源领域的国际合作，有利于沿线各国建立更大规模和更深层次的伙伴关系，对大区域的可持续发展产生了积极影响，成为 21 世纪丝绸之路上连接欧亚大陆两个世界经济极的重要桥梁。它不仅显著降低了跨境物流的运输成本，也为土库曼斯坦更有效利用自然资源，为土库曼斯坦经济可持续发展和实现复兴古丝绸之路的宏伟目标创造了必要的条件。

二、积极开展"跨国丝绸之路""申遗"工作

国际社会很早就关注到了丝绸之路的文化遗产价值。早在 1998 年，

联合国教科文组织就启动了"对话之路：丝绸之路全面研究"项目，提出丝绸之路申报世界文化遗产的想法。2011 年底，世界遗产中心对丝绸之路跨国联合"申遗"进行重大策略调整，采用了"跨国廊道"的方法来准确识别丝绸之路的各个路段。2014 年 6 月在卡塔尔多哈进行的第 38 届世界遗产大会宣布中哈吉三国联合申报的古丝绸之路的东段："丝绸之路：长安—天山廊道"成功申报世界遗产，成为首例跨国合作、成功"申遗"的项目。而处于廊道不同区域的土库曼斯坦并没有被包含在该申遗项目里。此后，土库曼斯坦政府、土库曼斯坦文化部、土库曼斯坦外交部、土库曼斯坦联合国教科文组织事务全国委员会努力申办和承办了 2018 年 12 月在土库曼斯坦首都阿什哈巴德举行的"丝绸之路跨国申报世界遗产协调委员会第五次会议"，这次会议也作为当年土库曼斯坦"丝绸之路之心脏——土库曼斯坦"年主题活动的特殊环节。该会议汇集了来自 13 个国家的专家与代表，其中 11 个国家是丝绸之路国际协调委员会的成员国，包括阿富汗、中国、伊朗、日本、哈萨克斯坦、吉尔吉斯斯坦、尼泊尔、巴基斯坦、土耳其、土库曼斯坦与乌兹别克斯坦；2 个合作伙伴国家：阿塞拜疆与俄罗斯。联合国教科文组织世界遗产中心、国际古迹遗址理事会西安国际保护中心（IICC）、国际中亚研究中心（IICAS）以及伦敦大学学院等国际组织和研究机构的官员和专家都出席了该会议。会议达成了一项重大成果——欢迎土库曼斯坦加入"丝绸之路：片治肯特—撒马尔罕—颇肯特廊道"申报项目。自此，土库曼斯坦通过举国上下多年的不懈努力，使该项目成功延伸至土库曼斯坦境内的卡拉库姆"阿姆—梅尔夫"段，使得土库曼斯坦境内古丝绸之路道路段成为世界遗产的可能性大大增加。

三、定期举办国际合作论坛

土库曼斯坦通过定期举办大型"复兴古丝绸之路"相关的国际合作论

坛，推动沿线各国在政治、经济、人道主义等领域进行广泛而密切的合作，促进来自不同文化背景的学者、科学家、权威专家和研究人员之间的对话交流，推进对古丝绸之路的全面研究，以期实现古丝绸之路在现代的复兴。近几年，土库曼斯坦先后主办或联合其他国家的科学院、联合国教科文组织共同举办"21世纪伟大丝绸之路前景""力量与幸福时代——伟大丝绸之路的复兴：深厚的根基与现代的机遇""丝绸之路的本源、现代特征及其在新时代下复兴前景""伟大的丝绸之路外交：从历史走向未来""土库曼斯坦：伟大丝绸之路的中枢""伟大的丝绸之路：迈向新的发展前沿"等大型国际合作论坛，主题包括：丝绸之路区域的安全与可持续发展、现代条件下丝绸之路的复兴、丝绸之路与经贸关系、伟大的丝绸之路与丰富欧亚大陆的文化和文明、全球科研工作者的互利合作、土库曼斯坦在世界一体化进程中的作用、伟大丝绸之路复兴的现代机遇、复兴伟大丝绸之路的关键途径及其研究、伟大的丝绸之路与土库曼人物质文化的发展、伟大的丝绸之路与土库曼人精神文化的发展、伟大的丝绸之路——复兴建设性传统的途径、土库曼斯坦在古丝绸之路上的历史作用和在复兴丝绸之路进程中的现实意义等。土库曼斯坦总统别尔德穆哈梅多夫多次在这些论坛上进行了主旨发言，充分彰显了土国对营造有利于本国复兴古丝绸之路战略的国际合作舆论的高度重视。

在土国举办的"丝绸之路的重要性：现在与未来的发展"2019国际会议中，来自约50个国家的部长、高级代表和专家出席会议，与会代表来自阿富汗、亚美尼亚、阿塞拜疆、文莱、柬埔寨、中国、埃及、格鲁吉亚、希腊、印度、印度尼西亚、伊朗、约旦、肯尼亚、伊拉克、意大利、日本、朝鲜、韩国、科威特、马来西亚、蒙古、莫桑比克、尼泊尔、菲律宾、卡塔尔、西班牙、斯里兰卡、俄罗斯、沙特阿拉伯、苏丹、叙利亚和阿联酋等，会议旨在展示丝绸之路对地区可持续发展的重要性，阐释这条传奇之路对加强跨文化对话的作用，并讨论其对联合国可持续发展目标的重要贡献。与会代表讨论了这条古老的商道在现代复兴的路径，包括铁路、公路、桥梁等运输和物流基础设施的大规模建设，创新的技术和方法在发展沿线国家间贸易和合作中的应用，以及各国制定的复兴古丝绸之路的各种政策和最佳实践案例等。

四、宣扬古丝绸之路文化价值

在土库曼人心中，始于中国古都西安的古丝绸之路，横贯土库曼斯坦，在许多个世纪里一直是一个伟大的跨国商品贸易大动脉与跨种族文化交流大平台。作为古代东西方最长的国际交通线路，这条横跨欧亚大陆的陆上贸易通道的开辟是人类文明史上的一个伟大创举。它不仅是古代商贸的代名词，而且也成为历史上沿线欧亚大陆各国文化交流的符号。商品贸易和人员交往促进了沿线各国间广泛的文化、科学、艺术和人道主义的交流，对各国的相互了解发挥了至关重要的作用，为人类文明传播做出了重大贡献。作为古丝绸之路中转站，土库曼斯坦曾是东西方经济文化的重要桥梁，连接了中华文化、印度文化、波斯文化、阿拉伯文化、古希腊文化和古罗马文化，对促进东西方文明交流做出了突出贡献。

古丝绸之路是建立在经贸文化交流，而非寻求领土扩张、使用暴力和追求霸权的基础上，古丝绸之路通过和平手段使沿线不同文明团结在一起，消弭了冲突与战争，营造了和谐的政治氛围和融洽的民族关系，由古丝绸之路沿线多民族共同创造的古丝绸之路又被称为友谊、和平与繁荣之路。今天的土库曼斯坦将古丝绸之路的文化内涵归结为和平友谊、交流合作、文化繁荣与经济发展，而它独立建国后所制定的"积极中立、经济开放"的国策，正是建立在和平、稳定、友谊与发展的基础上。土库曼斯坦借用丝绸之路这个具有深厚的历史积淀的文化符号，就是要向世界传递土库曼斯坦现代民族国家的建设理念——"和平友谊、互利合作与可持续发展"。

土库曼斯坦力图借助丝绸之路的复兴，对内实现经济社会发展，对外深化与国际社会的交往，积极融入世界主流发展进程。可以说古丝绸之路蕴含的精神内核正是当代土库曼斯坦进步繁荣的密码，它为土库曼斯坦今天的发展提供了崭新的历史视角和强大的精神动力，为其中立的国策营造了和谐融洽的人文环境，具有重要的实践价值。

五、发展古丝绸之路文旅产业

悠久的民族历史和灿烂的古代文明给土库曼斯坦留下了 2000 多处各类古迹和遗址，深深吸引着世界各地的游客们。近年来土库曼斯坦旅游发展的主要目标之一是将其位于穆尔加布河古河谷区域的马尔吉亚纳古文明遗址与古丝绸之路文化遗产纳入国际旅游产业规划，扩大其全球知名度，以增强土库曼斯坦在世界范围内的文化影响力。1975 年由苏联考古学家揭开神秘面纱，距今 4000 多年的人类青铜时代的马尔吉亚纳文明遗址是古丝绸之路上一颗闪亮的明珠，其出土的精美文物可媲美四大文明古国同时期的文物，不仅成为历史学家、人类学家、考古学家们关注的圣地，也是极具潜力、富有文化内涵的旅游胜地。古丝绸之路上值得游客拜访的土库曼斯坦境内胜地还有马雷、古梅尔夫、尼萨古城、库尼亚－乌尔根奇这些被联合国教科文组织列为世界遗产名录的绿洲古城，哥诺尔、阿尔丁德佩、帕兹德佩、德希斯坦等古文化遗址，以及土库曼传奇建筑——苏丹桑贾尔陵墓、齐兹卡拉城堡、埃尔克城堡等。此外，土库曼斯坦特有的自然环境，如科佩特山麓、卡拉库姆沙漠、阿姆河河岸、科伊腾山等西南部的亚热带地区，以及被认为具有治疗功效的里海沿岸和诸多疗养地，都具有生态旅游和康养旅游的巨大潜力，可与世界上最好的度假胜地媲美。

同时，土库曼斯坦丰富的民族美食、绚烂的民族风情和悠久的历史文化习俗，比如被列入联合国教科文组织非物质文化遗产代表作名录的库什德普提歌舞、吉奥罗格雷史诗、纳乌鲁兹节庆典传统，以及土库曼斯坦的四大国宝——汗血宝马、阿拉拜犬、土库曼地毯和甜瓜也使其成为中亚地区文化旅游的首选地。

古丝绸之路路线图

十几个世纪以来，丝绸之路促进了沿线各国的人文交流，促进了不同文化和文明的相互影响。今天，联合国世界旅游组织也将丝绸之路列为世界上最具影响力的旅游品牌之一。土库曼斯坦试图借助丝绸之路这一古老的文化名片，发掘国际旅游市场的巨大潜力，通过引入生态、康养、娱乐、运动和马术旅游等文化旅游新业态，扩大国际合作，吸引创新技术，推进国家法制、经济和现代旅游基础设施建设，促进现代民族旅游业大发展，传播土库曼人的价值观，通过直观地兑现独立、中立的土库曼斯坦在友谊、博爱、人道主义原则方面所做出的承诺，提升土库曼斯坦的国际形象和国际威望。

六、争取国际认可与支持

土库曼斯坦奉行中立国策，是目前亚洲唯一的中立国。注重加强和发展与联合国及其专门机构及有信誉的国际组织的伙伴关系一直以来都是土库曼斯坦外交政策的关键方向。土库曼斯坦长期不懈的努力现已取得突出成效，在文化方面的国际合作已达到新的高度。早在该国独立之初，联合国教科文组织就将首批丝绸之路考察项目之一于阿什哈巴德启动。此后，土库曼斯坦成功当选了联合国教科文组织 2013—2017 年执行理事会成员和该组织体育运动委员会（CIGEPS）成员。土国的历史和文化遗迹，如古梅尔夫、库尼亚－乌尔根奇、尼萨古城均被列入联合国教科文组织世界遗产名录。土库曼民族的库什德普提歌舞、吉奥罗格雷史诗、地毯编织艺术等也被列入人类非物质文化遗产代表作名录。响应土国提出的复兴丝绸之路战略，联合国现任秘书长安东尼奥·古特雷斯曾在声明中呼吁全球共同探索丝绸之路遗产，并号召为了全球人民的利益将丝绸之路精神发扬光大。联合国驻土库曼斯坦协调员埃琳娜·帕诺娃也表示，联合国愿意向土国提供援助以增强其人文资源方面的国家实力，帮助土国建设可持续发展的基础设施，并为双方伙伴关系注入新的动力。联合国教科文组织总干事奥黛丽·阿祖莱表示，丝绸之路历史是已知的人类丰硕的文化交流和对话中一个鲜活的例子，21 世纪古丝绸之路的复兴具有重要意义。这些都充分彰显了联合国对土库曼斯坦复兴古丝绸之路战略的支持以及对土国在丝绸之路核心关键地区所扮演的重要角色的支持和认可。

七、开展多样丝绸之路体育活动

古丝绸之路不仅是一条横跨欧亚的贸易动脉，它还团结了不同文明，促进了不同文化和不同种族间的交流。今天的土库曼斯坦在复兴古丝绸之路战略框架下，也积极扩大各国间人文领域的国际对话、合作和交流，深化各国相互合作的伙伴关系，举办各种人文和体育活动。近年来，土库曼斯坦启动了许多国家级的国际人道主义合作项目，比如与多个国家互设"文化日"、举办各种历史文化遗产国际论坛、主办国际大型文化艺术表演活动等。

土库曼斯坦在体育领域促进丝绸之路人文交流方面的成就尤为突出。2017 年，土库曼斯坦主办了第五届亚洲室内与武道运动会，土国也因此跻身有能力承办世界级大型活动的国家行列，促进了体育外交，更有效地融入大区域共同发展的大家庭。别尔德穆哈梅多夫总统还亲自为运动会创作并演唱了主题曲。2018 年 4 月，第 72 届联合国大会在一个主题为"体育促进发展与和平：通过体育和奥林匹克理想建立一个和平的更美好的世界"的全体会议上一致通过了由土库曼斯坦等国倡议和提交的设立"世界自行车日"决议草案，将 6 月 3 日设定为世界自行车日，最大限度地发挥自行车在促进可持续发展目标及和平文化等方面的潜力。同年，土库曼斯坦还举行了"阿穆尔—哈扎尔 2018"国际丝绸之路汽车拉力赛。[①] 该大型体育赛事由土库曼斯坦总统别尔德穆哈梅多夫亲自发起，拉力赛沿着丝绸之路进行，起点为东部城市土库曼纳巴德，途经首都阿什哈巴德，穿过马雷州、阿哈尔州、达绍古兹州等地区，最终在土库曼斯坦西部、里海畔的阿瓦扎国家旅游风景区结束。比赛线路全长 1566 公里，穿越卡拉库姆沙漠，沿途将经过"地狱之门""黄金时代"人工湖等数十个土库曼斯坦著名景点，该赛事不仅有助于向世界推介土库曼斯坦的旅游资源，还成为促进丝绸之路沿线国家人文交流和民心相通的重要平台。

此外，土库曼斯坦还举办了 2018 年世界举重锦标赛，在短时间内高标准高质量地建设了一大批现代化体育场馆和基础设施。举办重大国际体育赛事在土库曼斯坦已被提升至国家级政策层面，它不仅标志着土库曼斯坦复兴古丝绸之路战略所取得的新成果，也代表了该国对复兴古丝绸之路的坚强意志力和强大行动力。

---

① 阿穆尔是土库曼纳巴德的旧称，是古丝绸之路上最重要的站点之一，"哈扎尔"即土库曼语中的"里海"。两地为本次汽车拉力赛的起止地，本次国际汽车拉力赛因此得名。

第二节 复兴古丝绸之路战略动因探究

一、古丝绸之路深厚的历史意义

伟大的丝绸之路有着几千年的历史，在人类历史上占有突出的地位。通过促进世界各国人民友好关系的发展，加强商贸之间的联系和合作，古丝绸之路把许多不同的民族团结在一起。土库曼斯坦境内众多古老的要塞城堡、商队旅舍和文化遗址记载着这条商队路线辉煌的历史篇章。土库曼斯坦极为重视对丝绸之路沿线历史遗迹和民间文化遗产的研究和保护，这些文化遗产蕴含的正是土库曼人自古以来继承于祖先的价值观，即人道主义、睦邻友好与和平繁荣。对伟大丝绸之路的研究和其所蕴含的历史意义和精神价值的广泛宣传，能够充分彰显土库曼斯坦这个独立的中立国所秉持的睦邻友好、人道主义以及在相互尊重、平等互利的基础上与世界所有国家开展广泛合作交流的外交原则。

伟大的古丝绸之路能在土库曼斯坦现代的政治文化背景下复兴，也是对土库曼斯坦所选择的有别于中亚其他国家的独特发展道路的认同，可充分彰显土库曼斯坦中立国策的政治正确性。

二、经济社会可持续发展的精神动力

土库曼斯坦是资源依赖型国家。作为全球第四大天然气储量国，土国经济状况在很大程度上取决于能源部门的表现，该部门收入主要来源于天然气生产和出口。2018 年，能源部门的收入占土库曼斯坦 GDP 的 35% 以上，占国家出口总收入的 90%，占土国财政收入的 80%。[①] 来自能源部门的收入

_____

① 世界银行，2021 年。

使土库曼斯坦政府能够为公民提供各种公共福利,对生活日常必需品:水、电、天然气、食盐、面粉等进行大幅度补贴。福利制度可以帮助维护社会稳定,提高民众对政府的支持度。得益于出售资源方面的收入,土库曼斯坦独立后维持了长期强劲的经济增长势头,2001年至2018年土国GDP年平均增长7.9%。[1]但与此同时,土库曼斯坦经济易受到世界市场天然气价格波动的影响,天然气价格的急剧下跌会对土国经济造成相当大的下行压力,影响国内经济发展,而各类生活补贴的削减也会危害土国社会的稳定。2008年和2014年国际天然气价格的大幅下跌就使得土库曼斯坦政府收入锐减,进而压缩了对社会福利的开支。

近年来土库曼斯坦政府一直在谋求摆脱对资源的过度依赖,实现经济社会的可持续发展。以和平、合作与互利为核心的丝绸之路精神与联合国《2030年可持续发展议程》高度契合,因此,土库曼斯坦坚决支持和拥护联合国《2030年可持续发展议程》,认为其也指明了土国社会经济发展方向。土国在多个国际场合承诺落实《2030年可持续发展议程》,支持执行《内陆发展中国家2014—2024年十年维也纳行动纲领》。可持续发展目标已经被纳入《土库曼斯坦2019—2025年社会经济发展计划》和土国政府各部门计划,并被列为土国国际合作的最优先目标之一。土库曼斯坦是联合国大会可持续交通等领域的多项决议的提倡者。2016年11月,土库曼斯坦承办的可持续交通全球大会于阿什哈巴德圆满落幕。复兴古丝绸之路战略所包含的众多交通、基建、能源、环境、文化投资和国际合作项目和倡议都有助于土库曼斯坦实现这一目标。土国希望通过发展交通运输、能源网络的互联互通,将自身打造成欧亚间交通、物流与商贸枢纽,推动在其周边形成稳固的利益共同体和责任共同体。此外,土国所推崇的深化环境问题的国际合作策略,包括履行《巴黎协定》、解决咸海危机和向绿色的可持续经济模式转型等,也将助力土国实现经济多元化和社会的可持

---

① 世界银行,2021年。

续发展。

三、古丝绸之路的现实意义

土库曼斯坦曾先后作为古代安息国、阿拉伯哈里发帝国、塔希尔王朝、萨曼帝国、蒙古帝国、花剌子模汗国、塞尔柱王朝及希瓦汗国、布哈拉汗国的一部分，处于东西方交通要道和古丝绸之路的中心和必经之地，历史上在东西方经济与文化交流中起过重要作用[①]，它在很大程度上影响了中亚的政治、经济和文化生活。

两千多年前，我国西汉时期杰出的外交家、古丝绸之路的开拓者张骞出使西域曾到达的大宛国首府就是今天土库曼斯坦的阿斯哈巴特。闻名于世的"汗血宝马"——阿哈尔捷金马是土库曼民族的骄傲和荣耀。中国人民喜爱汗血宝马，将之誉为"天马"。早在2000多年前，天马就穿越古老的丝绸之路，不远万里来到中国，也在悠久的土中交往史中留下一段佳话。今天，土库曼斯坦在中亚五国中率先明确地提出复兴丝绸之路口号，并确立其国家顶层发展战略的地位，就是要彰显土库曼斯坦在古丝绸之路的兴起和发展中所发挥的关键作用，从而为古丝绸之路在现代复兴、土库曼斯坦社会经济的发展奠定坚实的文化基石。

四、古丝绸之路传承的历史经验

古丝绸之路不仅展现了土库曼斯坦辉煌的历史，也为现代土库曼斯坦的发展增添了活力，为其应对域内外挑战提供了丰富的历史经验。中亚地区地处历史上多种文化交会之地，民族成分复杂，派别众多，面临着地缘

---

① 胡振华：《丝绸之路经济带背景下的民族文化交流——中国与土库曼斯坦国的历史交往》，《青海民族大学学报》，2015年第2期。

政治竞争、传统安全以及毒品走私等非传统安全问题。同时，该区域生态环境承载力差，土地荒漠化、盐碱化等环境问题极为突出。这些地区性和全球性挑战都将影响土国复兴古丝绸之路战略。而作为伟大的历史遗产，古丝绸之路上曾诞生过许多灿烂的文明，曾建立过辉煌一时的强大帝国，先辈传承下来的治国理政思想、民间智慧、人生哲理都可为国家和地区之间的互动提供宝贵的历史经验。基于古丝绸之路沿线国家和人民的共同历史经验，和平、繁荣、沟通的古丝绸之路为今天中立的土库曼斯坦在欧亚地区引入了新型伙伴关系，为土国在地缘政治、地缘经济和人文活动的关键领域奠定了坚实的理论基础。近年来，土库曼斯坦政府发布了一系列地区和国际问题治理的国际倡议，旨在让21世纪的丝绸之路成为现在和未来区域发展的有效平台，从而应对未来共同的地区性和全球性挑战。

第三节　恢复土库曼语地位

语言政策是国家政策的重要组成部分，它影响某一政体内语言或其变体的地位、权利、作用、功能和使用，以及社会组织和制度，故语言政策的变迁也是一种社会文化过程，它作用于社会，并导致社会变化。在独立后的土库曼斯坦民族国家建构中，该国以巩固国家独立和统一、增强主体民族国家认同感、创建有利国际环境、推动经济社会发展为目标，在语言政策上历经探索，不断调整后形成了以土库曼语为唯一国语，俄语和英语为主要外语，土耳其语、汉语及其他语种多元发展的语言图景。

语言与民族认同、国家认同密切相关，认同感通过语言来创建并表达出来。安德森具体阐释了民族国家通过发展本土语言、媒体宣传、历史书写、教育管理四种方式来构建国家和民族身份认同。波莱塞等认为发展土库曼语作为唯一国语的语言政策是土库曼斯坦民族国家建设的主要途径，是增强其民族国家认同感和巩固其统治基础的重要手段。

中世纪到 20 世纪初，土库曼民族使用的是曾流行于中亚地区的察合台文——一种以阿拉伯字母系统为基础的拼音文字。苏联成立后，土库曼斯坦成为其加盟共和国，自此中亚各国的语言政策也在联盟内不断调整与发展。1926 年 3 月，在阿塞拜疆首都巴库举行的首次全苏突厥学代表大会决议停止使用阿拉伯字母，改用拉丁字母，自此土库曼民族文字改革拉开了序幕。1928 年，土库曼标准书面语开始正式使用拉丁字母。20 世纪 20 年代斯大林当政初期，苏共中央在中亚地区仍然倡导列宁时期实行的民族文化平等政策，鼓励中亚各民族将本民族传统文化与社会主义相结合，形成了独具特色的"社会主义民族文化"。土库曼苏维埃社会主义共和国成立后举行的群众性大规模的文字扫盲运动也促进了土库曼人对本民族语言文字的掌握，使公共教育事业取得重大进展。

在 20 世纪 30 年代苏联高度集中的政治经济体制——即斯大林模式框架下，这一时期的政策重点由先前的反大俄罗斯民族主义转变为既反对大俄罗斯民族主义，又反对地方民族主义，最终定格为只强调反对地方民族主义。此时的苏联政府统一各民族语言的倾向愈发明显。20 世纪 30 年代末，苏共中央发布普及俄语的指令性行政命令。1938 年，俄语成为土库曼斯坦所有学校的必修课程。20 世纪 30 年代末至 40 年代初，全苏联的政治、经济、文化一体化趋势不断增强，中亚各民族的文字又经历了一次将拉丁字母替换为西里尔字母即斯拉夫字母的改革。

至 1940 年，土库曼语完成了由西里尔字母替代拉丁字母的改革进程。同一时期，土库曼苏维埃社会中的许多领域开始使用俄语，俄语被用作官方语言、高等教育和科学用语。大多数土库曼人从出生起就把俄语当作第二母语，这导致土库曼语中的大量词汇直接从俄语中借用。在此期间，苏联试图在中亚构建统一的苏维埃国家和"苏维埃人"认同以替代对其各自所属民族的认同，大力推广不符合土库曼人价值观的俄罗斯语言和文化，并禁止民族文化的研究和运动。在以后的赫鲁晓夫和勃列日涅夫时代，苏联政府的语言政策都始终坚持突出俄语主体地位、压制各民族语言使用的方针。这些政策对土库曼本土语言的发展造成极大影响。[①] 到 1991 年土库曼斯坦独立时，有相当一部分土库曼人不会说土库曼语。

A a	B b	Ç ç	D d	E e	Ä ä	F f	G g
a	be	çe	de	e	ä	fe	ge
[ɑ]	[b]	[ʧ]	[d]	[je/ɛ]	[æ]	[ɸ]	[g/ɢ/ʁ]
H h	I i	J j	Ž ž	K k	L l	M m	N n
he	i	je	že	ka	el	em	en
[h/x]	[i]	[ʤ]	[ʒ]	[k/q]	[l/ɫ]	[m]	[n]
Ň ň	O o	Ö ö	P p	R r	S s	Ş ş	T t
eň	o	ö	pe	er	es	eş	te
[ŋ/ɴ]	[o]	[ø]	[p]	[r/r]	[θ]	[ʃ]	[t]
U u	Ü ü	W w	Y y	Ý ý	Z z		
u	ü	we	y	yé	ze		
[u]	[y]	[β]	[ɯ]	[j]	[ð]		

土库曼语的拉丁字母

苏联解体之后，土库曼斯坦实行了主体民族政治地位建构背景下的民族意识强化和民族国家建构政策。语言政策上主要采取主体民族语言"国有化"、文字"拉丁化"、语言文化"去俄罗斯化"、外语"多元化"等一系列策略：确立土库曼语作为唯一国语的地位；放弃西里尔字母，完成土库曼文字拉丁化改革；降低俄语的法律地位，俄语不再作为土库曼斯坦官方语言，清除土库曼语中的俄语和国际词汇，关闭除《中立土库曼斯坦报》外的所有俄语媒体，改造或关闭俄语学校；将英语视为等

---

① 安蕾：《中亚突厥语国家独立后的语言政策调整及背景因素分析》，《中国社会科学院研究生院学报》，2011 年第 6 期。

同于俄语的外语，在国民教育阶段中普及和推广；在部分学校中逐步展开汉语、土耳其语等外语语言教育。这些语言政策的调整反映出土库曼斯坦的特有国情以及在迈向现代国家进程中该国所面临的政治、历史、经济和文化生态处境。

Аа	Бб	Вв	Гг	Дд	Ее	Ёё	Жж
а	бэ	вэ	гэ	дэ	е	ё	жэ
a	b	w	g	d	ye	yó	ž
[ɑ]	[b]	[β]	[g/ɑ/ʁ]	[d]	[je/ɛ]	[jo]	[ʒ]

Җҗ	Зз	Ии	Йй	Кк	Лл	Мм	Нн
җэ	зэ	и	й	ка	эл	эм	эн
j	z	i	ý	k	l	m	n
[ʤ]	[ð]	[i]	[j]	[k/q]	[l/ɫ]	[m]	[n]

Ңң	Оо	Өө	Пп	Рр	Сс	Тт	Уу
эң	о	ө	пэ	эр	эс	тэ	у
ň	o	ö	p	r	s	t	u
[ŋ/N]	[o]	[ø]	[p]	[r/r]	[θ]	[t]	[u]

Үү	Фф	Хх	Цц	Чч	Шш	Щщ	Ъъ
ү	эф	ха	цэ	чэ	ша	ща	айыма белгиси
ü	f	x	ts	ç	ş	şç	ʺ
[y]	[ɸ]	[h/x]	[ts]	[ʧ]	[ʃ]	[ʃʧ]	

Ыы	Ьь	Ээ	Әә	Юю	Яя
ы	юмшаклык белгиси	э	ә	ю	я
y		e	ā	ýu	ýa
[ɯ]	ʹ	[ɛ]	[æ]	[ju]	[ja]

土库曼语的西里尔字母

不同于其他中亚国家，近代以来土库曼斯坦没有形成民族国家。在土库曼苏维埃社会主义共和国建立前，土库曼没有清晰的疆界，仍然保持半游牧社会形态，五大主体部族使用各自的方言，分散居住在偏远的沙漠绿洲或干旱地带，缺乏统一的政治制度的标准化语言。[①] 作为现代土库曼国家建构的创始人，苏联依据部族血缘、宗谱家系对土库曼民族进行界定，

① 秦屹，陈凤，王国念：《部族文化与土库曼当代社会》，《世界民族》，2016 年第 6 期。

使其符合斯大林定义国家的四个标准：统一语言、领土、经济和历史文化。[①]
然而，土库曼国家建构在苏联时期并未得到巩固。由于土库曼各部族内婚
制和方言的持续存在，土库曼更像一个"松散的部落联盟，而非真正意义
上的现代国家"。[②]

独立后的土库曼斯坦将国家认同与民族国家建构作为首要任务，努力
恢复土库曼的民族精神和传统成为其政策的重点。[③]土国政府颁布了专门
的语言法，确立了土库曼语的国语地位，[④]1992 年土国在独立后制定的第
一部宪法中规定：国家宪法的基本宗旨是保护土库曼国家主权的独立和土
库曼本民族的价值观和利益。而土库曼主体民族的语言，即土库曼语的官
方语言地位也以国家根本大法的形式得到巩固。语言法和宪法的颁布扭转
了苏联时期只重视俄语建设、忽视并限制主体民族语言使用而导致的土库
曼语退化趋势，确保了土库曼语在土国的唯一国语地位，为其使用和推广
提供了强大的法律保障。

语言根植于个体的心智，又以整体的形态存在并影响个体和社会的行
为。[⑤]语言是国家和民族不可或缺的重要标志，也是民族认同的决定性因
素之一。语言认同同时也映射出使用群体的社会心态，具有重要的社会作
用。土库曼语作为土国主体民族——土库曼族的民族语言，不仅仅是信息
传递的主渠道，也是其文化传承和民族精神的重要载体，在弘扬和复兴民
族精神、发挥土库曼民族向心力和土库曼民族身份建构等方面发挥着重要
作用。

---

① Chantal Lemercier — Quelquejay.From tribe to umma, Central Asian Survey, 1985:3:3, 21.

② Alexander Benningsen, S.Enders Wimbush. Muslims of the Soviet Empire：A Guide, London：
C.Hurst, 1985：pp. 95−98.

③ Anthony Smith.The nation：invented, imagined, reconstructed, Journal of International Studies,
1991:20:3, 359.8.

④ Председатель Верховного Совета Туркменской ССР — С.Ниязов，О языке. 1990,
https://base.spinform.ru/show_doc.fwx?rgn=10680.

⑤ 戴曼纯：《国别语言政策研究的意义及制约因素》，《外语教学》，2018 年第 3 期。

土库曼斯坦是一个主体民族占人口绝大多数的国家：土库曼族（94.7%）、乌孜别克族（2%）、俄罗斯族（1.8%），此外，还有哈萨克族、亚美尼亚族、鞑靼族、阿塞拜疆族等120多个少数民族（1.5%），人口总量600多万。对20世纪90年代才获得独立的国家而言，土库曼斯坦强化民族认同、凸显主体民族地位、强化本国主体语言的意识与行为尤为明显。独立后的土库曼斯坦除了在法律层面强化土库曼语的国语地位和弱化俄语外，在精神文化层面也努力对国民施加各种影响。语言法颁布后，土国政府通过对本民族历史和优秀人物的挖掘和重塑，开展民族历史、文化、语言等多方面的"复兴运动"和"纯洁运动"。[①] 这些致力于提升土库曼人自豪感的民族文化政策，为土库曼语在土国内作为唯一国语的普及使用营造了必要的社会和政治环境。

第四节　纪念马赫图姆库里

被誉为土库曼民族精神之父的马赫图姆库里，是土库曼18世纪伟大的诗人、文学家、思想家和哲学家，深受土库曼人的尊敬和爱戴。他的作品被认为是土库曼人对世界文化和文学的独有贡献，被全球学者广泛研究并译成中文、英文、俄文、德文、法文、波斯文、乌尔都文等十几种文字出版。马赫图姆库里的诗歌，描绘了土库曼人生活的方方面面，反映了土库曼人自古以来形成的特殊的道德规范和哲理。土库曼人常说：我们土库曼人降生到这个世界，迎接我们的摇篮曲是马赫图姆库里的诗，离开这个

---

① Paul Michael Taylor. Turkic poetic heritage as symbol and spectacle of identity: observations on Turkmenistan's Year of Magtymguly celebrations.Nationalities Papers, 2017:45:2, pp.321−336.

世界时，又是马赫图姆库里的诗为我们送行。他的诗歌里充满了强烈的土库曼人的生活气息，土库曼人从他的诗篇中能看到自己的形象、个性特点和心灵。土库曼人把他尊为诗圣[1]。他的诗作在土库曼人心目中的地位仅次于《古兰经》。

　　独立后的土库曼斯坦通过对马赫图姆库里的大力宣传与纪念，致力于提升土库曼人的民族自豪感，土国领导人在马赫图姆库里作品所蕴含的深刻哲理和思想内涵中找到了制定中立国策的文化渊源。独立后的土库曼斯坦将"积极中立"作为其内政外交的基石，而马赫图姆库里歌颂的正是土库曼人的勇敢友善、坚忍不拔、吃苦耐劳和人道主义。他号召自己的同胞彼此友爱和互相支持，不要失去自尊，要讲人道，讲良心，而独立后的土库曼斯坦的内外政策和思想体系的核心——"永久中立"也正是建立在讲人道、讲良心和友爱的基础上。马赫图姆库里思想因此被土库曼斯坦官方定义为制定国家发展大计的思想渊源和哲学根基。

马赫图姆库里像

---

　　① 陈志禹：《"土库曼人的喉舌"——记丝路伟大诗人马赫图姆库里》，《人民日报》，2014 年 7 月 20 日 7 版。

近代以来，土库曼人如一盘散沙，各部族各自为政，没能建立一个真正意义上的民族国家，马赫图姆库里首次提出统一土库曼民族的观念，他一再宣称土库曼人最大的敌人就是部族间的冲突，大力宣扬把分裂离散的土库曼各部族当作统一的民族来看待，并由此建立土库曼人梦想的祖国。他在诗篇中大声疾呼，试图恢复土库曼人的团结，实现土库曼民族的统一，让所有氏族部落的习俗和观念成为过去，大家团结一致，为共同的目标，为建立独立统一的土库曼人的国家而奋斗。他在诗歌《土库曼的……》中写道："万众一心，心与心相连，凝聚的力量能将顽石化成熔岩。汇入一个大家庭共用一席餐，土库曼的前程无比灿烂。"[1]

土库曼人把马赫图姆库里看作是其智慧的宝贵源泉，而他的思想已经升华成了一种意识形态，成为土库曼民族复兴的思想基础和土库曼斯坦总统治国理政必备的哲学基础。[2]土库曼斯坦独立后，首任总统尼亚佐夫称赞马赫图姆库里树立的道德准则和法律原则是土库曼人建立独立自由国家的依据。马赫图姆库里有关国家统一、部族团结的思想也成为土库曼人独立建国的思想先导，他在诗歌中所颂扬的愿望和理想是国家谋划社会经济发展计划的向导。可以说马赫图姆库里对土库曼民族的影响是全方位且深远的，是他奠定了土库曼民族文学的基础，唤醒了土库曼人的民族自主意识，铸就了土库曼人的品格。土库曼斯坦现任总统别尔德穆哈梅多夫盛赞马赫图姆库里是医治人类心灵的神医，他似灵丹的诗篇、似圣药的良言不断洗涤着土库曼人的心灵。[3]而正是马赫图姆库里作品中的土库曼人的性格铸造了土库曼走向独立中立的民族品格。

对当代土库曼人来说，宣传和纪念马赫图姆库里就是复兴本国优秀传

① 陈志禹：《"土库曼人的喉舌"——记丝路伟大诗人马赫图姆库里》，《人民日报》，2014年7月20日7版。

② Paul Michael Taylor.Turkic poetic heritage as symbol and spectacle of identity：observations on Turkmenistan's Year of Magtymguly celebrations.Nationalities Papers, 2017:45:2,pp. 321-336.

③ 陈志禹：《"土库曼人的喉舌"——记丝路伟大诗人马赫图姆库里》，《人民日报》，2014年7月20日第7版。

统文化的核心，是构建新的土库曼民族国家的思想基石，是促进土库曼人文化自信和文化繁荣的不可或缺的重要途径。2014年，土库曼斯坦不仅在本国，而且在世界上许多其他国家，都举办了纪念土库曼斯坦诗人马赫图姆库里290周年诞辰的隆重纪念活动。由土库曼斯坦驻多国使馆举办的"马赫图姆库里——全人类的财富"圆桌会议和国际研讨会广泛宣传了马赫图姆库里与他的诗歌。土库曼斯坦政府在多个国家的城市里树立了马赫图姆库里的雕像。土库曼斯坦中央银行还发行了背面铸有土库曼斯坦国徽，纪念马赫图姆库里290周年诞辰的金银币。土库曼人说"俄罗斯人民有普希金，乌克兰人民有舍甫琴科，而我们土库曼斯坦人民有马赫图姆库里"。作为土库曼斯坦语言和文化的奠基人，马赫图姆库里成为土库曼斯坦建国后文化建设最好的形象代言人。

第五节　国家元首著书立说传统

土库曼斯坦一个独特的文化现象就是国家元首会为了增强国民凝聚力，普及本国文化遗产，提升民族精神，亲自著书立说进行宣传。土库曼斯坦独立后的两任国家元首都有很多著作问世，力图在提升自身威望的同时，为土库曼民族主义意识形态和土库曼斯坦民族国家的精神文化建设锦上添花。

土库曼斯坦独立后的首任总统尼亚佐夫耗费5年时间，于2001年出版的巨著《鲁赫纳玛》，其页数超过800页，堪称土库曼斯坦当代"圣经"，被奉为"土库曼人的精神宪法"。作为土库曼民族意识形态的集大成者，该书成为土库曼人政治生活中的重要部分，如今已被翻译成三十多种语言，包括俄语、汉语、英语、土耳其语、日语、波斯语甚至祖鲁语①，此外，该书还有盲文版和有声版。

《鲁赫纳玛》

"鲁赫纳玛"在土库曼语里是"精神灯塔"的意思。该书阐述了土库曼民族和国家的历史、起源，独立以来的发展历程和未来前景，以及土库曼人的哲学、历史研究，土库曼民族传统、家庭伦理、社会道德和民族精神遗产，其中也贯穿了许多实用理性的部分，比如各种寓言式的道德训诫、箴言等。尼亚佐夫认为土库曼民族创造的精神财富在世界文化宝库中有着不可替代的位置，而该书是每个土库曼公民的精神指南，任何问题都可以从中找到答案。可见，他撰写该书的目的在于增进土库曼人对国家的认同和热爱，同时对公民的精神文明和行为举止进行规范。尼亚佐夫去世后，现任总统剔除了上个时代中过于形式主义的部分，比如废除考驾照所需学

① 祖鲁语是南非第一大民族祖鲁族的语言，属尼日尔－刚果语系、大西洋－刚果语族班图语支，是非洲最为流行的语言之一，也是南非使用范围最广的语言。

习《鲁赫纳玛》的 16 课时，将学校中原先每天学习 2 小时《鲁赫纳玛》缩短为 1 小时，但该书仍然是大学必修课程，以其为代表的历史叙事仍有助于土库曼人建构本国和本民族的精神和文化认知体系。

土库曼斯坦第二任元首，现任总统别尔德穆哈梅多夫则更加注重对土库曼民族所特有的物质文化和非物质文化遗产，特别是土库曼斯坦国宝的研究。别尔德穆哈梅多夫总统著有多本和土库曼斯坦民族瑰宝——阿哈尔捷金马和阿拉拜犬相关的书籍。代表作是于 2019 年出版的《马——忠诚和幸福的象征》和《土库曼斯坦阿拉拜犬》。阿哈尔捷金马，是土库曼民族的骄傲和财富，在丝绸之路时期进入中国，被誉为"天马"。《土库曼斯坦阿拉拜犬》则参考了众多历史文献、考古资料等，系统介绍了阿拉拜犬的起源、发展、特点及其背后所蕴含的独特的土库曼文化现象。

2020 年，在土库曼斯坦独立 29 周年之际，别尔德穆哈梅多夫总统又出版了《土库曼民族的精神世界》一书向土库曼人民献礼。该书专门介绍土库曼的民族传统，分别讲述了生命之美，人世间的精神财富，幸福的体会，世间万物永恒的规律，科学、教育等发展方式，健康的生活方式，勤劳、好客、团结等美好品德，友情、兄弟情等宝贵感情，传统道德在社会发展中的重要性；展示了土库曼人丰富的精神世界和文化遗产及其对世界文明发展的贡献。该书还描述了土库曼民族文化、民族传统、民间艺术和非物质文化遗产的收集、研究和宣传工作，试图让读者领略土库曼人千百年来形成的普遍价值观，例如人道主义、热情好客、热爱和平、创造精神等。该书还特别强调了科学教育、健康的生活方式，勤劳谨慎、竭尽所能做成大事等对土库曼社会发展的重要性。值得注意的是，该书将土库曼传统谚语、俗语和口头禅等巧妙地结合，以传说和故事等道德实例来解释人与周围世界和周遭自然的关系，这些代代流传的传说和故事承载了土库曼祖先千百年的经验和深刻的生活智慧。

元首著书有助于进一步向本国民众普及本民族丰富的文化遗产，强调土库曼为世界文明的发展作出的贡献，以及弘扬土库曼人性格中的礼貌、好客、友好、团结的品质，增强土库曼人的民族自豪感，提升其民族文化自信。元首著书向民众解释说明了土国今天所制定的内政外交政策正是基于对土库曼人的千百年传统和老一辈的经验的继承和保护，以期获得民众对政府所制定的内政外交政策的支持。

土库曼政府对外向国际社会推介元首著作，比如参加第十三届国际书展和科学会议"图书——世界的合作与进步"，在驻各国使领馆内召开总统新书发布会和研讨会，向外国民众推广土库曼悠久的历史文化，提高土库曼斯坦在国际舞台的表现力和影响力。

第六节　推行"文化外交"政策

文化外交是以一国政府为主体，在思想、教育、文化等领域，基于主体的平等性、方式的对等性和互动性、内容的相对真实性、目的的长远性，对他国开展的持续性的人员交流、文化传播和思想沟通，以渐进实现国家软实力提升和文化推广等目的的活动。其最显著的特点为"和平"。汉斯·摩根索认为："当代世界争夺强权的斗争不仅以政治压力和军事力量这样的传统方式来展开，而且在很大程度上是一场争夺人心的斗争，较之军事、经济等因素，如果运用得当，文化将能征服人们的头脑，产生持久的、更稳定的战略效果。"[1]

文化外交采用传播信息、思想和观念的手段扩大本国在他国的影响，塑造有利于本国的国家形象和舆论氛围，为本国的整体外交服务，这些都

---

[1] 汉斯·摩根索：《国家间政治》，北京大学出版社，2006年版。

是通过和平手段完成的。在中立国策的指引下，土库曼斯坦将视角转向国家实力建设的柔性因素，强调在文化、意识形态等方面扩大"软实力"，以此来树立国家形象、营造良好的国际舆论环境，从而为国家的整体外交战略服务。在全球化、信息化时代背景下，各国在经济上相互依存、政治上相互影响，带有价值观念的文化传播可以产生显著的效果，为本国带来更多的政治和经济利益。文化作为一种国家的核心"软实力"，被土库曼斯坦政府广泛运用于外交领域。

土国政府在《2017—2023年对外政策构想》中明确提出"文化外交"概念，将积极开展文化外交作为国家文化政策的重点。土国政府认为本国悠久丰富的历史、文化等的传播、交流和沟通，可以成功地支撑土国作为中立国家在区域和世界政治与经济舞台上扮演重要角色，向国际社会有力证明土库曼斯坦能够基于其深厚历史文化底蕴而不断地创新发展，最终证明土国所选择的治国道路的正确性和可靠性。

作为一个具有丰富文化传统的国家，土库曼斯坦从国家发展战略的高度，组织了很多具有代表性的大型文化外交活动。比如举办国家文化日、文化周和文化节等交流互动活动。近几年土库曼斯坦官员积极赴其他国家举办土库曼斯坦文化日，如在中国、沙特阿拉伯、卡塔尔、伊朗、日本、土耳其、俄罗斯联邦鞑靼斯坦共和国、白俄罗斯等，展示土库曼斯坦国家博物馆的珍贵藏品，为各国观众带去土库曼斯坦电影、音乐和戏剧、图书、民族服装、首饰、传统手工地毯、民族乐器及绘画作品等。土国同时也邀请其他国家，比如塔吉克斯坦、乌兹别克斯坦、韩国、亚美尼亚、伊朗、巴勒斯坦等国到土库曼斯坦举办文化日或文化周，开展建立在理解、尊重和信任的原则之上的不同文化间的对话、合作与交流活动。

文化外交所具有的"广泛和平性"的特质，是中立的土库曼斯坦发展以人道主义交往为基础的双边、多边合作的出发点。土库曼斯坦推行文化外交，旨在在他国民众心目中具体化和形象化土库曼斯坦热爱和平的良好形象，普及土国的历史文化遗产，宣传土国独立 30 年以来所取得的成就，强调古丝绸之路及 21 世纪复兴古丝绸之路的重要性。土库曼斯坦文化界人士多次赴德国、奥地利、日本、阿联酋、瑞士、伊朗、巴林、土耳其、吉尔吉斯斯坦、白俄罗斯、韩国、阿塞拜疆、乌兹别克斯坦、亚美尼亚、孟加拉国等国参加各种文化活动和国际文化论坛，深化与这些国家在人道主义领域的伙伴关系。2019 年 5 月，阿什哈巴德举办了第十四届独联体成员国创意和科学知识分子论坛，此次论坛围绕"独联体共同人道主义合作空间：文化、科学、教育"主题开展，支持建立独联体国家间科学和文化领域的多元伙伴关系，为开辟独联体成员间的人道主义交流与合作作出了重大贡献，得到了国际社会的广泛认可。

文化外交还有利于土库曼斯坦向世界展示其民族文化的开放性。独立后，土库曼斯坦特别注重对本国传统文化的保护，十分警惕外来文化对土库曼社会的渗透和影响，外国游客较难获得土库曼斯坦政府颁发的签证。很多学者因此将土库曼斯坦与极度封闭联系起来。[1] 文化外交成为土库曼斯坦展示开放形象、加强与其他国家间友谊和实现国际合作的重要途径。比如，2017 年，土库曼斯坦将人民艺术家荣誉称号授予阿塞拜疆驻俄罗斯联邦特派全权大使波拉德·奥格利，以表彰他在巩固土库曼斯坦和阿塞拜疆人民之间的兄弟情谊和平等合作方面的特殊功绩。表彰文化领域的外国代表，是土库曼斯坦国家和民族文化开放的生动体现，也是全国积极开展文化领域国际对话的具体写照。

通过出版物宣传土库曼人昔日辉煌灿烂的文化也是土国开展文化外交的重要举措。别尔德穆哈梅多夫总统新著《土库曼斯坦阿拉拜犬》以土库曼文、英文和俄文三种版本同时面世，更加深入地向世界各国读者介绍了阿拉拜犬和土库曼民族文化。而在我国，已经有多本土库曼斯坦

---

① Badykova, Najia.Regional Cooperation in Central Asia：A View from Turkmenistan.Problems of Economic Transition, vol.48, no.8, 2005: pp.62−95.

总统所著作品被翻译成中文出版发行。2020 年 10 月，中国外交部组织举办了别尔德穆哈梅多夫总统著作《土库曼民族的精神世界》中文版推介会。外交部、土库曼斯坦大使馆、派驻我国的国际组织、大众传媒、知名高校均派代表参加了该活动。中文版《土库曼民族的精神世界》让广大中国读者有了了解土库曼古老历史和丰富文化，了解土库曼人的精神世界、处世哲学等方面的机会，这毫无疑问将有助于加强两国之间的友好关系。此外，别尔德穆哈梅多夫总统所著的《土库曼斯坦——疗养胜地》等书也发行了中文版。

这些书籍的出版发行有助于各国读者深入了解土库曼斯坦的传统、文化和世界观，感受诸如阿哈尔捷金马、阿拉拜犬等土库曼物质文化精华，体会土库曼民族文化的独特魅力，是土国弘扬其文化外交形象和发展土库曼文化外交的重要路径。

第七节　打造国宝文化名片

国家历史文脉蕴含着国家的精神基因，是每个国家的独特印记。一个国家只有具备了有特色的文化，才有可能以卓尔不群的姿态屹立于世界民族之林。独立后的土库曼斯坦致力于充分挖掘本国历史文化资源的特色优势，让土库曼人找到精神家园。独立建国后，土库曼斯坦将本民族历史上久负盛名的阿哈尔捷金马、阿拉拜犬、土库曼地毯和土库曼甜瓜，打造成独具特色的国宝品牌，不断加大对上述国宝的历史资料收集整理力度和考古发掘研究，明确国宝的历史渊源，展示清晰鲜明的文化传承脉络。土库曼政府还专门设置了全国性节日——阿哈尔捷金马节、阿拉拜犬节、土库曼地毯节和土库曼甜瓜节，宣扬爱国理念，让国民在庆祝活动中提升荣誉感和自豪感，宣传国宝文化，弘扬民族精神，为提升国家形象提供源源不断的动力。

土库曼人深知历史文化积淀能够成为发展的新平台，必须打造历史文化的"金名片"，用好优势特色资源。历史发其源，文化铸其魂，留住原汁原味的魂，才能激发民众参与国家建设的热情。文化所蕴含的传统价值观和影响力可作为人的思想和行为向导，对经济、社会等各领域产生巨大的影响。

土库曼国宝中的阿哈尔捷金马是土库曼民族的骄傲和国家的象征。阿哈尔捷金马血统纯正、历史悠久，已有3000多年的培育史，是世界上最古老、最纯正的马种之一。它与阿拉伯马、英国马并称为世界三大纯种马，但阿拉伯马与英国马均有阿哈尔捷金马的基因和血统。全世界现存纯种阿哈尔捷金马约6000匹，土库曼斯坦境内有4000匹。土库曼人是马背上的游牧民族，古代土库曼人生活、征战都离不开马，阿哈尔捷金马是可靠的助手和忠诚的朋友，"在草原上不因风吹而掉队，不背叛、不欺瞒"。土库曼人爱马，视马为平等的家庭成员，他们不打马，不给马上笼头，为马量身打造贵重的首饰，制作精美的马衣，像迎接小孩子诞生一样庆祝小马驹的出生，给马取人的名字，民间有"每天早上看望父亲后就看望马儿"的谚语。关于阿哈尔捷金马的记载最早可以追溯到公元前5世纪，古希腊历史学家希罗多德在著作中称"东方尼萨（今土库曼斯坦首都阿什哈巴德附近）的广阔领土上盛产好马"。我国对阿哈尔捷金马的记载最早见于2100多年前司马迁所著《史记·大宛列传》：西汉张骞出使西域，见大宛国"多善马，马汗血，其先，天马子也"。阿哈尔捷金马通过丝绸之路传入我国，成为不少文人墨客称颂的对象。土库曼斯坦国徽正中间就是一匹金色的阿哈尔捷金马，土国是世界上唯一一个将马的形象置于国徽中的国家。土库曼斯坦斥巨资在全国5个州及首都阿什哈巴德市建设赛马综合体，将每年4月的最后一个周日定为赛马节，举行赛马、马匹选美比赛、马术表演等系列庆祝活动。

　　阿拉拜犬或许没有阿哈尔捷金马那样声名远播，但是阿拉拜犬却拥有比阿哈尔捷金马更久远的历史，最早可以追溯到 4000 年前，是世界上最古老的犬种之一。阿拉拜犬是一种大型短毛护卫犬，身形粗壮，成年犬体重一般可达 50 公斤以上，站立高度可达 1 米，有记录的最大阿拉拜犬重达 130 公斤。作为游牧民族，土库曼斯坦先民的主要财富就是放牧的牛羊。阿拉拜犬被视为守护神，其最大的特征，同样也是最为牧民们珍视的优点，就是忠诚、勇敢和善战，它们保护牛羊不受狼群的袭击，保护牧民的家园免受盗贼的侵扰。在俄语中，阿拉拜犬有个别名叫"沃尔卡多夫"，意为"恶狼粉碎机"，由此可见，阿拉拜犬"咬狼犬"的名号绝非虚言。2017 年，阿拉拜犬被定为第五届亚洲室内与武道运动会吉祥物。2019 年 9 月，土库曼斯坦总统别尔德穆哈梅多夫的专著《土库曼斯坦阿拉拜犬》举行首发仪式，多国使节受邀出席。2020 年 11 月，首都阿什哈巴德主干道上竖起一座高达 6 米的阿拉拜犬金色雕像，别尔德穆哈梅多夫总统亲自揭幕。在土库曼人心中，阿拉拜犬象征着不屈的胜利意志、强健的体魄、善良的心灵、无条件的奉献、信任和友谊，是土库曼斯坦国家形象的最好名片。

　　土库曼地毯蕴含着土库曼民族的审美情趣，它在全世界享有盛名，是土库曼人的骄傲，该国的国徽和国旗上均绘有地毯图案。传统的土库曼地毯由羊毛或驼毛加丝等原料手工织成，一般呈深红底色，上有古老的几何图形花纹，具有深沉、浓厚的鲜明特点。地毯编织手艺在民间代代相传，大部分土库曼斯坦女性自幼学习地毯编织。对每一户土库曼家庭来说，地毯是不可或缺的居家装饰品，是衡量一个家庭精神和物质财富的重要标准。

　　土库曼地毯的珍贵之处不仅在于祖先传下的纯手工编织技艺，更是一幅打开的、展现土库曼人心灵的鲜活画卷，是用色彩斑斓的羊毛书写而成的编年史，承载着厚重的土库曼民族历史和文化积淀。大量土国境内出土的新石器时代、铜石并用时代和青铜时代的彩陶制品上，绘有十字形、阶梯塔形、菱形、折线形等花纹，这与土库曼地毯传统花纹十分相似。1949年，苏联考古专家在阿尔泰山区永久冻土层的巴泽雷克古墓中发现了一张几乎完整的拉绒地毯，这件精美的手工地毯被推断为公元前5世纪的制品，是目前发现的土库曼地毯最早的实物。到中世纪，土库曼地毯沿丝绸之路远销东西方，逐渐成为世界公认的奢侈用品。

漫长岁月中，一代代土库曼人将对美好生活的憧憬、渴望与梦想织入地毯，传递着人生的感悟和智慧的箴言。土库曼斯坦谚语称"你会从中看到留驻的幸福与欢乐的瞬间，母亲对儿子的祝愿与叮咛，对保护、帮助、成功和爱的承诺"，这与中国人常说的"临行密密缝，意恐迟迟归"意境契合。正是真挚的情感让地毯艺术成为融入土库曼人血液并世代相传的不朽基因。

土库曼甜瓜，预示着丰收和风调雨顺，是大自然对土库曼斯坦的恩赐。从中世纪起，土库曼甜瓜就在中国、阿拉伯国家、伊朗及印度等国出现。土库曼甜瓜一直闻名于世，大量出口到世界各地。目前土库曼斯坦有200多种自己培育的甜瓜品种，世界上已注册的1600种甜瓜中有近400种在该国种植。在该国，无论春季还是冬季都可以吃到各种各样的甜瓜。土国第一任总统尼亚佐夫设立了土库曼甜瓜节，该节日也被称为"甜蜜的节日"。在每年8月的第二个星期日，土库曼斯坦全国举行大规模的欢庆活动，人们唱歌跳舞、纵情狂欢。在这一天，优秀的瓜农被尊为最重要的客人，他们将受到人们的尊敬，并会获得一定的物质奖励。每年节日前夕，土国总统都会发表讲话，向全国人民表示祝福。甜瓜节向世界人民展示了土库曼人民的勤劳与善良、土库曼斯坦的繁荣与发展。

第八节　历史文化遗迹和非物质文化遗产保护

　　土库曼斯坦境内有 2000 多处历史文化遗迹，还有多种非物质文化遗产已被列入联合国教科文组织世界非物质文化遗产代表作名录，例如民族工艺品、民族歌舞、巴赫希音乐等。保护和研究土库曼斯坦历史文化遗迹和非物质文化遗产自然也成为该国国家文化政策的重点之一。土库曼斯坦设有专门的机构，负责土国历史文化遗迹和非物质文化遗产的保护和修复工作。土库曼斯坦的著名文化遗址，如尼萨、库尼亚－乌尔根奇、古梅尔夫、哥诺尔、古德希斯坦、克基、阿比维德、古塞拉赫、吉奥克城堡要塞等历史文化保护区均为国家机关的直属机构。土库曼斯坦政府还先后制定了《土库曼斯坦 2015—2020 年国家非物质文化遗产收集、登记、研究和保护方案》《2018—2021 年土库曼斯坦境内丝绸之路沿线历史文化遗址考古发掘国家规划》《国家可移动历史文化遗产保护和进出口法》，成立了由科学家和文化领域的专家组成的专门委员会进行文化遗产的资料收集、登记和研究工作。

　　土库曼斯坦政府除了动员土库曼斯坦本国的科学家以外，还联合俄罗斯、美国和一些欧洲国家的专家、考古学家、人类学家等从多角度深入研究土库曼历史文化遗产，比如土库曼斯坦文化部和俄罗斯科学院民族学和人类学研究部门一同进行了哥诺尔古城文化遗址的保护、研究和修复国家管理联合项目；在美国国务院文化保护大使基金（AFCP）项目的支持下，土库曼斯坦和美国对古梅尔夫国家历史文化保护区最宝贵的古迹之一的齐兹卡拉城堡以及马尔吉亚纳遗址开展了联合修复和保护项目；土库曼斯坦与法国的考古探险队对乌卢格古城——中亚文明诞生地进行了联合考古；土库曼斯坦与意大利考古团队对穆尔加布河古三角洲进行了 30 年的联合研究等。过去的经验表明，土库曼斯坦与相关国际组织以及大型科学中心保持了良好的合作关系，在保护、研究土库曼历史文化遗迹方面取得了丰富的成果。

土库曼斯坦还定期举办历史文化遗迹和非物质文化遗产的国际科学会议和研讨会。例如在 2020 年 10 月，土库曼斯坦国家历史文化古迹保护局及国家历史文化保护、研究和修复司组织了一场考古学家线上视频会议。与会者包括来自英国、俄罗斯、美国、意大利、西班牙和法国六国的考古学家。会议主题为土库曼斯坦在开展历史文化遗产研究国际合作方面保持其中立地位的重要性。得益于土库曼斯坦现行文化政策，土库曼人引以为自豪的历史文化遗产和非物质文化遗产得到了世界各界的关注与保护。

第九节　阿瓦扎国家旅游区建设

阿瓦扎位于土库曼斯坦西部的土库曼巴什市郊 12 公里处，位于里海东岸。阿瓦扎所在地区被称作里海最清洁的水域，早在苏联时期就是众多企业单位员工、旅游者避暑度假的天堂。[1] 该区域的海水洁净，含碘量高，对多种疾病具有治疗功效。它濒临土库曼斯坦最重要的现代丝绸之路港口城市、运输中心和炼油中心——土库曼巴什市，地理位置优越，交通便利。2007 年，土库曼斯坦政府做出了一个重大决策，举全国之力建设里海岸边的阿瓦扎国家旅游区，引进国外先进经验，以发展文化旅游业为导向，探索在市场条件下具有土库曼斯坦特色的经营管理模式，努力将阿瓦扎国家

---

[1] Badykova, Najia.Regional Cooperation in Central Asia: A View from Turkmenistan.Problems of Economic Transition, vol.48, no.8, 2005:pp.62−95.

旅游区打造为土国第一个国家自由经济区。根据该国规划，整个国家旅游区将在绵延 16 公里的里海海岸线上建设一系列高档酒店、主题公园、森林公园，还将在其纵深地带修建康体中心、文化娱乐场所、银行、体育场馆、邮局、学校、购物中心、医疗中心、养老院、康复中心、疗养院、教学中心、博物馆、写字楼、体育馆、网球中心等，形成集旅游、文化、休闲、康养、国际商务和国际会展于一体的综合性旅游度假胜地。

2007 年后，阿瓦扎的设施迅速发展和改善，度假村、基础设施、酒店、各种娱乐设施、国际大型会议场所如雨后春笋般矗立在美丽的里海岸边。阿瓦扎也成为土库曼斯坦国家西部、里海岸边一颗最耀眼的明珠，它以豪华酒店、高速公路、公园、露天剧场和喷泉等炫目的景点出现在世界各地旅行社的宣传册上。游艇、小船、双体船、喷气式飞机、冲浪、潜水、水降落伞等各式游乐设施和体验项目让休闲爱好者在丰富多彩的活动中愉悦身心。除此之外，古代丝绸之路曾从这里穿越，在此遗留下众多的古堡遗址，比如土库曼斯坦西部的文化圣地——古德希斯坦历史遗址。这里还分布有形态各异的奇特泥火山群和各种医疗效果奇特的泥矿泉。附近岛屿上还有世界上独一无二的"鸟市"，多种鸟类栖息于此，可供游人观赏。远近闻名的莫拉喀拉盐湖被土国总统称为可与以色列著名的死海相媲美。土库曼斯坦西部所特有的部族历史、传统和民族手工艺品等，使得阿瓦扎国家旅游区成为土库曼斯坦首屈一指的集文化、旅游、康养、娱乐、会议服务为一体的国家级自由经济区。

阿瓦扎国家旅游区的建设也将直接推动土库曼巴什港和西部巴尔坎州的发展，对土国的整体社会经济发展意义重大。阿瓦扎国家旅游区所在的巴尔坎州和土库曼巴什市处于"土库曼巴什—乌兹别克斯坦—哈萨克斯坦"运输线上，并且作为欧亚大陆"青金石走廊"的核心枢纽、"哈萨克斯坦—土库曼斯坦—伊朗"跨国公路的必经之地，目前正被打造成欧亚商品物流、贸易转运中心。

阿瓦扎国家旅游区

阿瓦扎国际旅游区展现了土库曼斯坦的古老传统、丰富文化、独特风情，带动了服务、交通、通信诸多行业的发展，寄托着土国吸收国外先进经验和吸引大量外资、开放经济、弘扬文化的心愿，体现了土库曼斯坦国家领导层致力实现国家现代化的政治决心，诉说着土库曼斯坦复兴古丝绸之路的美好愿景。

第五章
土库曼斯坦主要文化政策

文化政策是一个国家执政党意识形态的重要体现，是一个国家发展政策的基本组成部分。当今世界，文化对经济、政治和社会建设的重要推动和引领作用越来越明显。21世纪，国家间的竞争很大程度上将是文化生产力的竞争。自独立以来，土库曼斯坦就出台了一系列文化政策和法律法规来促进民族文化发展，培育文化产业新动能，扩大有效文化消费，让土库曼优秀文化走出国门。

土国政府力图通过各种文化政策来推进文化方面的治理，勇于进行体制机制创新，进一步激发文化活力，与社会力量深度合作，推动多元文化百花齐放、推陈出新，来源于民众、服务于民众。土国政府通过对文化政策的规范与引导，推动主流文化及土库曼精神的重建，树立土库曼斯坦人民对本民族文化的高度自信，夯实土库曼斯坦人民进行国家建设的思想文化基础。

第一节　国家文化节日和纪念日

土库曼斯坦保护和传承各种民俗传统、文化遗产，宣传优秀文化的典型举措就是设立公共节日和纪念日，通过举国庆祝的方式来纪念这些承载着土库曼人历史记忆和文化精神的民俗传统和文化遗产。这些具有深厚文化底蕴的节日和纪念日揭示了土库曼民族的传统价值理念，传达了土库曼民族的先民们对于人与自然、人与家庭、人与祖先、人与动物等关系的看法，是特定历史条件下土库曼民众心理和生活愿望的写照。这些仪式往往与土库曼人的劳动和生活息息相关，比如迎接新春的纳乌鲁兹节和庆祝丰收的丰收节，其背后体现的正是土库曼人对人与自然关系的认识。而反映土库曼游牧文化的阿哈尔捷金马节和阿拉拜犬节则折射出土库曼人与动物的关系。睦邻节展示的是土库曼人追求邻里和睦的人与人之间的关系，地毯节和甜瓜节等展现了土库曼人的审美情趣和生活蕴意。

设定国家文化节日和纪念日，传承的不仅是民俗和文化，更是传统文化中的哲学思想、艺术精华、审美情趣和家国情怀，这对于培养土库曼人的文化认同感和文化归属感具有至关重要的作用。经济全球化给各民族的文化带来不同程度的挑战和冲击，传统文化价值和精神底蕴、内涵、韵味渐趋消失，为此土库曼斯坦将传统文化以国家文化节日和纪念日的形式来庆祝，辅以各种盛大仪式和纪念活动，让人们产生心理上的认同和依从，从而唤醒人民的文化记忆，帮助人民感受土库曼文化所蕴含的讲仁爱、求和平等思想的时代价值，激发他们的文化自信心和民族认同感，增强国家的文化软实力，弘扬民族文化。

丰收节：庆祝土库曼斯坦勤劳的农民结束每年的收获季节。丰收节在土国具有深远的意义，这一传统的起源悠久。在这一天，土库曼人民向农业从业者全体成员的艰苦劳作表达深深的敬意，为他们的丰产而自豪，为土库曼斯坦能生产出农作物的肥沃土地而喜悦。在土库曼斯坦大规模庆祝丰收节之际，各州在主要庆祝场地上举办各种农业展览、艺术展览和音乐会。土库曼各州出产的各种谷物和瓜类礼物在节日中也随处可见。勤劳的农业从业人员是庆祝活动的绝对主角，丰收节前夕，根据土库曼斯坦总统法令，高产农业生产者、成功的农业科学家和农工综合体的专家们将被授予国家荣誉和奖励。土库曼斯坦总统也会在这个特殊的节日里对为农业发展而不懈努力的人民表达感谢，感谢劳动者辛勤的付出，并祝愿他们健康长寿、永葆活力、不断收获、造福国家。丰收节上还有一个传统庆祝项目，就是庆祝期间举行赛马比赛。丰收节上，一定少不了传统土库曼音乐、舞蹈，各种民间表演和美味的民族菜肴。

睦邻节：睦邻节源于一个古老的土库曼习俗，就是用最好的美食款待邻居。睦邻节展现了土库曼人睦邻友好、相互尊重、平等互利的优良品质。土库曼睦邻节传统在土库曼语里被称为"冈什厄奥卡尔"，意思就是"邻居家的碗"。从小就受"远亲不如近邻""爱朋友要胜过爱自己"思想熏陶的土库曼人认为邻居才是最先和自己分担苦难、分享快乐的人。土库曼斯坦的主妇们每次做饭的时候都要多加一瓢水，准备迎接邻居或者突然造访的客人，如果邻居没有来串门，就让家里最小的孩子把一份菜肴送到邻居家，这就是土库曼斯坦每年12月"睦邻节"的起源。[1] 彼此分享美食、向邻居表达尊敬和好感也就成了土库曼社会一种独特的文化习俗。

阿哈尔捷金马节与阿拉拜犬节：从2020年开始，阿哈尔捷金马节与阿拉拜犬节同一天庆祝，为4月的最后一个星期日。节日当天，全国都会

---

① 塔守夫·如史岚：《土库曼斯坦中立的人文哲学》，2015年，纪念土库曼斯坦中立20周年圆桌会议发言稿。

举行以阿哈尔捷金马为主题的各种活动，在此期间也会开展各种国际育马交流活动。每年此时都有来自世界各地的科学家、马匹商人和记者欢聚于土库曼斯坦。在节日期间，土库曼斯坦首都会举办国际科学论坛，该论坛致力于马匹配种育种等问题的交流。而赛马无疑是节日中最为引人注目的活动，40公里的赛马比赛堪称世界马匹比赛中的马拉松。此外，节日期间还会举办"最佳宝马艺术品"和"年度最佳马匹"国际竞赛。阿拉拜犬节则会举行阿拉拜犬评选大赛，由负责阿拉拜犬驯养工作的土库曼斯坦副总理亲自为获奖选手颁发奖品。同时也会举办阿拉拜犬艺术大赛，艺术家、雕塑家、地毯制造商和电视媒体从业者等围绕阿拉拜犬这一主题展开激烈的竞争，土库曼斯坦电视台将全程直播有关阿拉拜犬艺术形象的各种创作大赛。

土库曼斯坦的赛马活动

文艺工作者日暨马赫图姆库里诗歌节：每年的6月27日是土库曼斯坦文艺工作者日暨马赫图姆库里诗歌节。节日当天会展示土库曼斯坦一年中在出版物、电视和广播节目等大众媒体中所取得的成就。国家领导人会向全国的文艺工作者表达节日的祝福。全国各地的文艺工作者都会参与节日活动。该节日为艺术工作者提供了广泛的交流实践、提高文化艺术专业技能的机会。同一天，土库曼人民也将隆重纪念土库曼民族历史上最伟大的诗人——马赫图姆库里。

土库曼斯坦民众庆祝文艺工作者日暨马赫图姆库里诗歌节

甜瓜节：甜瓜是土库曼斯坦人民为之自豪的"第四国宝"。土库曼斯坦是世界公认的甜瓜故乡，这里的人们把"金香甜瓜"称为"第二面包"。在土库曼斯坦，人们通常会把"金香甜瓜"与主食放在一起食用。为了让土国的"金香甜瓜"走向世界，成为土库曼斯坦的又一文化名片，1994 年土库曼斯坦首任总统尼亚佐夫签发命令设立了甜瓜节。该节日在每年的 8 月举行。在这个"甜蜜的节日"期间，土库曼斯坦会举行异彩纷呈的民众大巡游、文艺演出等各类庆祝活动。如今，"金香甜瓜"已经成为土库曼斯坦古老传统和文化的一个标志。每年甜瓜节前夕，土国总统都会发表讲话，向全国人民表示祝福。土国各个地区都要举办优秀瓜农评选活动，获胜者将获得最受人尊敬的"优秀瓜农"称号，还会颁发"金瓜奖""最大西瓜奖""最大南瓜奖""神奇葫芦科产品奖"和"育种大师奖"等荣誉称号和一定的物质奖励。

地毯节：土库曼斯坦为了让土库曼地毯这一国粹发扬光大，自2003年起将每年5月的最后一个星期日设定为国家地毯节。节日前后，土库曼斯坦国家地毯博物馆会连续几日举办隆重的地毯艺术展和地毯评选大赛。地毯节期间也会举行各种国际研讨会和庆祝活动，旨在保护、充分发展土库曼民族遗产，促进各国地毯文化的交流。地毯节当天，土国总统将为优秀的地毯手工艺者颁发荣誉奖项，并授予其荣誉称号，以表彰他们为地毯编织艺术的发展、宣传所作出的巨大贡献。技艺高超的地毯大师们会在展棚里现场编织和染色，并在现场观众的见证下，编织出令人惊艳的美丽图案，生动展现土库曼斯坦优秀的历史文化遗产。

第二节　各种民俗、文化遗产"申遗"

各种民俗、文化遗产具有深厚的历史文化价值与内涵，为土库曼各族人民世代相传，是民族智慧与文明的结晶，也是连接民族情感的纽带和维系国家统一的基础。它所记载的历史和传承的文化信息资源，具有历史的、社会的、科技的和经济的价值，是社会和历史发展不可或缺的佐证，直观地反映了人类社会发展的重要过程，是值得后代研究、学习的精神或物质财富。它们是民族文化之根、民族精神之魂。随着全球化趋势的加强和现代化进程的加快，土库曼斯坦非物质文化遗产的生存状况受到了较大的冲击，所以加强非物质文化遗产保护，不仅是土库曼斯坦国家和民族发展的需要，也是国际社会文明对话和人类社会可持续发展的必然要求。

土库曼斯坦的非物质文化遗产所蕴含的土库曼民族特有的精神价值、思维方式、生产生活实践经验、想象力和文化意识是文化身份和文化主权的基本标志。土库曼斯坦独立后，土国政府就积极为其各种民俗与文化申报非物质文化遗产代表作和联合国世界遗产名录。这不仅是保护土库曼民族独有的文化遗产和文化知识产权，也是实现可持续的经济、文化、社会全面协调发展的必然要求。申报联合国遗产名录有利于土国政府规范地保护各类文化遗产，避免过度开发、人为破坏或者被其他国家或地区抢先申请，有利于提高土库曼斯坦文化遗产在世界上的传播推广和知名度，增强土库曼斯坦的文化软实力。同时，入选"名录"的文化遗产和非物质文化遗产也会被世界各大媒体广泛报道和宣传，极大提高该文化遗产和所在城市的知名度，从而增加当地文化旅游的收入，促进当地就业。

土库曼斯坦非物质文化遗产代表作名录清单

纳乌鲁兹节庆典传统和习俗	2009 年，被联合国教科文组织列入世界非物质文化遗产名录
吉奥罗格雷史诗	2015 年，被联合国教科文组织列入世界非物质文化遗产名录
库什德普提歌舞	2017 年，被联合国教科文组织列入世界非物质文化遗产名录
土库曼地毯艺术，制作传统	2019 年，被联合国教科文组织列入世界非物质文化遗产名录
都塔尔制作工艺，都塔尔演奏艺术	2021 年，被联合国教科文组织列入世界非物质文化遗产名录

土库曼斯坦联合国教科文组织世界遗产名录清单

梅尔夫古城	1999 年，根据文化遗产遴选标准，梅尔夫历史与文化公园被联合国教科文组织世界遗产委员会批准作为文化遗产列入世界遗产名录
库尼亚－乌尔根奇古城	2005 年，根据文化遗产遴选标准，库尼亚－乌尔根奇被联合国教科文组织世界遗产委员会批准作为文化遗产列入世界遗产名录
古尼萨要塞	2007 年，根据文化遗产遴选标准，古尼萨遗迹被联合国教科文组织世界遗产委员会批准作为文化遗产列入世界遗产名录

第三节　年度文化周活动

自 2013 年起，土库曼斯坦政府决定每年 6 月 22 日，在其境内的五个州轮流举行一年一度的文化周活动，纪念和宣传土库曼斯坦丰富多彩的历史文化遗产。人们在一周的时间内以生动多样的方式展现土库曼斯坦悠久的历史文化和朝气蓬勃的当代文化，包括土库曼民族歌舞、民俗文化、民族音乐、当代电影、戏剧、美术、装饰和应用艺术以及文学作品。文化周也是土库曼斯坦文化和艺术工作者的节日，是该国社会文化生活中最精彩的组成部分。土库曼斯坦文化周每年都会设置不同的文化主题，土库曼斯坦总统每年也会在开幕式上亲自宣读文化周的欢迎辞。文化周以各州历史博物馆的展览、各种文化活动和文化论坛为主要形式，吸引全国各地的参观者前来学习和交流。文化周活动期间也会举办相应的大型文化论坛，旨在保护土库曼斯坦物质文化和精神文化财富，并使其在新时代焕发出新活力。节日期间，土库曼斯坦主要的艺术家和团体、国家交响乐团和巴赫希乐团在不同地区的文化中心、国家马戏团和开放舞台举行音乐会和表演。土库曼斯坦著名的视觉艺术博物馆还会展览具有广泛代表性、价值宝贵的展品和装饰应用艺术的样品，推介土库曼斯坦现代绘画大师的艺术作品等。在各州的博物馆还会展出各种各样的地毯、毡毯、民族服装、天然织物、陶器、木制品、绘画和工艺精湛的珠宝。国家文化中心将展示土国当年印刷生产的书籍、小册子、现代土库曼斯坦的照片，举办国家艺术和娱乐活动等。展现土库曼斯坦的电影艺术成就也是文化周的必备项目，其主题多是关于文化遗产和永恒的人类价值。节日期间还将举办保护和普及民族遗产方面的研讨会等。

文化周活动不仅让土库曼人更加了解自己民族的优秀文化，热爱传统文化，还丰富了土库曼人的精神生活与娱乐方式，增强了民族凝聚力。比如各州博物馆藏品展览，是了解土库曼斯坦数百年的本土传统、丰富遗产和艺术的独特窗口。五大州轮流举办文化周的活动也彰显了土库曼斯坦领导层加强州际交流、密切不同地区人民的联系、平等对待每个地区和部族的文化、不同区域共同平衡发展的理念。

2013 年，首届文化周在阿瓦扎国家旅游区举行。2019 年，文化周在土库曼斯坦西部的巴尔坎州马赫图姆库里镇举行，这个小镇以伟大的土库曼斯坦诗人、思想家的名字命名。2019 年，恰逢马赫图姆库里 295 周年诞辰，所以当年的文化周活动主题就是纪念这位土库曼斯坦最伟大的思想家和诗人。马赫图姆库里的作品代表土库曼民族对世界文化作出的巨大、宝贵和独特的贡献。他的诗写于 300 多年前，如今仍有借鉴意义。来自土库曼斯坦全国各地的著名文艺工作者、博物馆和图书馆专业人士等聚集在马赫图姆库里小镇，举行了包括流行音乐会，参观马赫图姆库里博物馆、马赫图姆库里公园绘画、工艺展览等诸多形式的活动。

马赫图姆库里博物馆于 2015 年竣工，配有多媒体互动设施，能够以不同的方式呈现丰富的信息，展示了诗人在发展民族文化中的重要作用。

色彩丰富的透视画将游客们带回到 300 年前，其中一幅描绘了马赫图姆库里在谢尔加兹汗梅德莱斯学习的情景，另一幅透视画展示了年轻的诗人在传说中的梧桐树下参加一场在东方非常流行的诗歌比赛。还有一幅立体画，名为《马赫图姆库里珠宝大师》，展示了诗人才华横溢的另一面——珠宝制作。马赫图姆库里公园还举办了一次诗人论坛，参加论坛的有许多诗人、科学家、艺术家、作家、记者、音乐家，他们都是马赫图姆库里的崇拜者。为了纪念这位伟大的诗人，土库曼斯坦还设立了马赫图姆库里·弗拉吉奖和马赫图姆库里国际奖，并为数十名土库曼人和外国公民颁奖，以表彰他们为发展土库曼文学、探索和弘扬土库曼诗人遗产做出的重大贡献。

2020 年的文化周在土库曼斯坦北部地区的达绍古兹州举行。在吉奥罗格雷广场（以土库曼史诗英雄命名）举行的开幕式上，展示了蕴含着土库曼人传统文化遗产的民间工艺品、民族服饰和天然织物样品、地毯和毛毡、陶瓷和珠宝、带釉的古代砖块碎片、乐器、艺术绘画和雕塑作品。音乐戏剧院上演了著名的土库曼史诗《吉奥罗格雷》的舞台剧，讲述了土库曼人睦邻友好的传统、热爱和平的精神价值。建于 2011 年的达绍古兹州历史博物馆还举办了考古和民族志博览会。该年的文化周还召开了全国博物馆和国家历史文化保护的工作人员大会，举办了大型文化论坛，对为土库曼民族文化保护与发展做出突出贡献的工作者予以表彰，与会者还讨论了如何改进文化周的活动方案以及引入数字技术、将现代技术广泛应用到博物馆中、创建电子博物馆、利用数字技术研究古代城市的历史景观等议题。

第四节　土库曼斯坦国际文化研讨会

土库曼斯坦的土地上曾经孕育了人类早期的文明，其后在不同的历史时期，特别是古代和中世纪，土库曼民族在中西文化和科学思想的交流发展过程中都发挥了重要作用。今天的土库曼斯坦，将自己定位为丝绸之路的中枢之地，致力于团结和连接东西方各国人民。为了在世界范围内赢得广泛声誉，土库曼斯坦政府不遗余力地对土库曼斯坦各种文化遗产进行宣传和推广。

土库曼斯坦政府和土库曼斯坦国家科学院会定期组织有关土库曼斯坦历史文化、古丝绸之路文化以及马尔吉亚纳古文明区相关的国际文化研讨会，以扩大本国的文化影响，同时促进国际文化交流。比如 2020 年，土库曼斯坦政府高规格地举办了"中立国土库曼斯坦—联合国教科文组织：历史与文化的国际合作"国际科学线上会议，旨在促进世界各国间人文领域的对话和交流。2021 年，土库曼斯坦国家科学院举办了"青铜时代、铁器时代的土库曼人民物质文化与非物质文化"国际研讨会，来自中国、美国、英国、俄罗斯、德国、意大利、法国、匈牙利、叙利亚、埃及、伊朗、土耳其、巴基斯坦、印度、乌克兰、白俄罗斯、哈萨克斯坦、阿塞拜疆、塔吉克斯坦、乌兹别克斯坦等 30 余个国家的著名科学家、考古学家、人种学家、历史学家、东方学家、语言学家、人类学家齐聚阿什哈巴德，讨论土库曼斯坦出土的青铜时代和铁器时代的文物印刻着的东西方文化交流痕迹等议题。

第五节 历史文化遗产国际推广

在土库曼斯坦一共登记入册了 7500 多个不同时期的历史和文化遗址，其中大约 4000 个属于考古遗址，占半数以上。许多遗址都是独一无二的，在保护这些历史遗迹的过程中，如何使用高科技技术手段对历史文化遗产进行保护和研究也是至关重要的问题。目前，土国政府正在着手建设虚拟博物馆，将被列入联合国教科文组织世界遗产名录的土库曼斯坦历史文化遗产，土库曼旧石器时代、青铜时代和中世纪出土的各种陶器、金属制品、建筑遗址，各种考古的独特发现，反映土库曼斯坦历史发展进程的照片和图像等进行数字化展示。现代计算机技术为一些不可能修复的或需要大量的时间和费用修复的历史遗迹的虚拟重建创造了可能。国内外的土库曼考古学家、修复专家、计算机专家、历史评论家和地形学家都参与了这项工作。

2011 年，在土库曼斯坦与英国的古梅尔夫合作项目框架下，土英两国科学家基于地形构造对索尔坦城堡的空间形态进行了卫星和航空数码摄影扫描与记录，收集到的数据经地理信息系统处理后建立的数字模型，有助于更细致地深入研究城市的建筑物、街道和沟渠浮雕。土库曼斯坦还联合意大利考古学家，使用地理信息、3D 激光扫描和数字建模技术，对穆尔加布河马尔吉亚纳遗址区进行研究，时间跨度为铁器时代到中世纪，绘制出了穆尔加布河冲积三角洲的考古地图，并对马尔吉亚纳世界文化遗址进行了数字存储。

土库曼斯坦还于 2011 年加入谷歌公司与非营利性组织 CyArk 的"开放遗产"项目，对梅尔夫古城的苏丹城堡——目前世界上最复杂、保存最完好的城市考古遗迹之一，使用 LIDAR 光线探测和测距，借助无人机、3D 激光扫描、数字建模、VR 技术构建了这个著名世界遗产的数字化技术档案馆。目前人们可以通过互联网访问网站 CyArk 总共约 70G 的数字档案馆。

土库曼斯坦将继续借助国际社会力量，使用高新科技手段复原土库曼斯坦文化遗产，让技术之光照耀不朽文明，让土库曼斯坦的文物古迹以全新的面貌恢复生机，让世界各地游客有机会领略土库曼斯坦的辉煌历史，"云享"土库曼斯坦深厚的文化内涵。

第六节　文化遗产古迹修复

在复兴古丝绸之路的国家战略背景下，土库曼斯坦历史文化遗迹的挖掘和研究得到了土国政府的高度重视。客观上，土库曼斯坦受限于自身能力，在历史文化古迹修复方面需要他国或国际社会的援助；主观上，在复兴古丝绸之路战略的指引下，土国愿以文物修复等为出发点与沿线各国展开积极的对话交流，共同参与古丝绸之路沿线历史文化遗迹的保护、研究、发掘和修复等考古实践。

苏联的考古学家们在土库曼民族历史文化遗址与古迹发掘和研究工作中曾取得了丰硕成果与前期的积累，因此俄罗斯成为土库曼斯坦的优先合作对象。2017 年，土库曼斯坦和俄罗斯高层举行会谈，土库曼斯坦文化部和俄罗斯联邦文化部签署了《2018—2020 年土库曼斯坦文化部与俄罗斯联邦物质文化历史研究所（圣彼得堡）继续合作协定》。土库曼斯坦文化部还与俄罗斯科学院民族学和人类学研究所在马赫图姆库里国立大学签署协议，开展对土库曼斯坦历史文化遗迹的保护、研究和修复后续联合项目。

与美国合作也是土库曼斯坦文化遗产古迹修复保护的一个重点方向。

土库曼斯坦国家历史文化古迹保护、研究和修复司于 2011 年提交了美国国务院美国文化保护大使基金申请并获得通过。美国国务院管理的文化保护大使基金向土库曼斯坦提供资金，该笔资金数额超过了美国对越南、海地、印度、印度尼西亚、约旦、老挝、黎巴嫩、利比亚、毛里塔尼亚、墨西哥、巴拉圭、坦桑尼亚、乌克兰、斯里兰卡和厄瓜多尔等多国的同类保护项目。该基金赞助下的最大项目是古梅尔夫历史与文化公园的标志性景点——齐兹卡拉城堡。美国文化保护大使基金赞助的项目还包括马雷州安诺的著名古迹——Seyit Jemaletdin 清真寺修复，阿哈尔州 Meana Baba 陵墓修复，库尼亚 - 乌尔根奇的苏丹帖克什纳杰梅丁·库布拉陵墓修复，马雷州哥诺尔古城宫殿和寺庙修复，巴尔坎州德希斯坦马沙德·阿塔和霍雷兹姆沙赫·穆罕默德二世陵寝修复，列巴普州大亚哈坦商队驿站等项目。其中齐兹卡拉城堡的科学研究成绩斐然。

此外，土库曼斯坦还与很多欧洲国家开展了联合挖掘、考古和文物研究工作，比如土库曼斯坦国家历史文化古迹保护、研究和修复司的专家与英国、法国和波兰的专家们合作开展了很多文化遗产古迹修复保护的联合研究项目。来自英国伦敦大学学院考古研究所、波兰华沙大学考古研究所和法国格勒诺布尔建筑学院国际土建筑中心等机构的专家们对所发现的土库曼斯坦文物进行研究和修复后，归还给土库曼斯坦国家博物馆、土国各州历史与文化博物馆、土库曼视觉艺术博物馆和阿什哈巴德美术馆等文博机构。

第七节　文化遗产保护和推广相关法律

各种文化遗产是全人类的宝贵财富，也是一种不可再生的资源。当今世界，文化遗产特别是非物质文化遗产日益受到现代生产和生活方式的冲击，土库曼斯坦很多没有文字记录仅依靠口传身授传承的文化遗产，比如库什德普提歌舞艺术、巴赫希音乐、地毯编织工艺等的保护工作已经迫在眉睫。土库曼斯坦一些传统礼仪、节庆等民俗，传统体育和游艺等也面临其他文化的冲击。土库曼斯坦制定了一系列文化遗产的保护和推广法律法规，对各类文化遗产和非物质文化遗产保护进行了详细的规定，使文化遗产的保护、宣传、推广工作有法可依，使在有效保护的基础上，合理利用非物质文化遗产代表性项目以开发具有民族特色和市场潜力的文化服务有章可循。土库曼斯坦历史和文化古迹保护受到以土库曼斯坦宪法为中心的多个规范性法律法案的管制。土库曼斯坦宪法第 11 条规定：土库曼斯坦政府应负责维护国家文化遗产，鼓励史学家进行科学和艺术创造、传播积极成果，促进科学、教育、文化、体育和旅游业等各个领域的国际交流。2010 年土库曼政府出台了专门的《土库曼斯坦文化法》，随后，土库曼斯坦加入联合国教科文组织关于保护世界文化和自然遗产的公约。2012 年，基于该公约的概念原则和国际法基础，在土库曼斯坦独立 21 周年前夕，别尔德穆哈梅多夫总统签署了一项新的《土库曼国家历史文化遗产保护法》（该法案的通过终止了 1992 年 2 月 19 日颁布的《土库曼斯坦历史和文化古迹保护法》）。该法案将文化遗产定义为：在文化、历史、考古、建筑及其他领域创造的具有审美、社会文化价值的文化财产的集合，它们对丰富和发展土库曼人民的民族文化特征内涵具有重要意义。该法案还引入了一个新的概念——国家历史文化遗产。它是指具有历史文化意义的文化财产的集合（实物），它从历史、考古、建筑等其他角度构成土库曼人民文化遗产，对土库曼斯坦的历史和文化具有重要意义。土库曼斯坦的历史文化遗产属于土库曼斯坦国家所有，不得转让他国。该法案第 37 条特别提出，能展示完整历史片段和自然底蕴的文化遗产、稀有的历史和文化古迹综合体、独特的城市遗迹和街区以及在科学、历史、艺术或其他方面具有特殊价值的历史文化载体需要进行特殊的保护，土库曼斯坦内阁的专家经过法定程序可以宣布将其所在地确定为国家级历史文化保护区。截至2021年12月，土库曼斯坦共确立八个国家级历史文化保护区，分别是尼萨国家历史文化保护区、库尼亚－乌尔根奇国家历史文化保护区、古梅尔夫国家历史文化保护区、老萨拉赫斯国家历史文化保护区、古德黑斯坦国家历史文化保护区、阿塔穆拉德国家历史文化保护区、奥克泰佩要塞国家历史文化保护区、阿比维尔德国家历史文化保护区。随后，土国又出台了《土库曼斯坦档案法》《土库曼斯坦国家非物质文化遗产保护法》《土库曼斯坦图书馆法》《土库曼斯坦博物馆法》等法案，将在历史、科学、社会、经济、政治、文化等领域具有重要意义，反映土库曼人民物质和精神生活的档案文件，特别珍贵稀有的手稿古籍、博物馆藏品都纳入了国家级历史文化遗产名录，对散落在各地的历史文化遗址、古城、历史文化保护区进行了识别、记录、认证和修复工作。

2017年，为向世界推广土库曼斯坦文化，土库曼斯坦颁布并执行《国家历史和文化遗产动产保护和进出口法》，后依据此法律，将在马尔吉亚纳遗址发现的文物首次运送到德国进行展览。"马尔吉亚纳：土库曼斯坦的青铜时代王国"展在德国多个城市进行了多次巡回展览。近年，土库曼斯坦政府又根据《土库曼斯坦文化法》第11条，颁布了《关于历史、考古、城市和建筑纪念碑、纪念性雕塑及自然景观保护区认定程序的决议》。

土库曼斯坦近些年在教育、科学、文化等领域制定的政策和提出的相关倡议得到了国际社会的认可和支持，土库曼斯坦总统别尔德穆哈梅多夫因对保护民族文化遗产所作出的贡献深受各国人民的赞扬。经过多年的努力，土库曼斯坦建立起了较为完备的各种文化遗产和非物质文化遗产保护制度、保护体系，使保护本国和本民族的文化遗产的意识深入人心。

第八节 国家文化基础设施建设

近年来，土库曼斯坦通过推进国家人造卫星系统、数字电视网络、图书馆、剧院和博物馆及其他文化中心的建设，加强了对土库曼人历史、传统道德价值观以及国家文化遗产的普及和宣传。2015 年，土库曼斯坦拥有了自己的通信卫星，极大地促进了本国通信系统、互联网和电视及文化产业的快速发展。

土库曼斯坦还对本国五个州的博物馆进行了信息化和现代化设施改造。由于土库曼斯坦的五个行政州分别是五个不同的主体部落的聚居地，有着鲜明的本地文化和部族文化特色，对五个州博物馆的全面建设尤需体现土库曼斯坦政府对地域文化平衡发展的理念。地域文化是一定区域内源远流长、独具特色，仍发挥作用的文化传统，是特定区域的生态、民俗、传统、习惯等文明表现。要想真正了解一个地方，就必须了解它的历史渊源与文化传统，而博物馆、纪念馆作为最重要的文化载体，能充分彰显地域文化的形象与魅力，体现特有的文化符号。随着建设的完工，五个州的博物馆不仅成为本地居民文化休闲、进行纪念活动和文化教育的重要场所，发挥着寓教于乐的功能，也成为土库曼斯坦人文历史的宣传场所、文化遗产的传承基地和民俗风情的展示场地。最近两年，土库曼斯坦政府还在五个州兴建了蒙古包式样的巨大文化活动中心。各中心都以帐篷形式建造，以白色为底色，追忆土库曼游牧民族的传统。和各州博物馆一道，白色帐篷也成为每一个州最为显著的文化场所。白色帐篷内部采用了圆形剧场的形式，设计的舞台可容纳 3000 多名观众，场地还可用来举行土库曼传统马术表演，可供各州举行传统的群众庆祝活动。这些巨大的白色帐篷作为土库曼斯坦具有教育性质和创新功能的文化生活中心，在各州发挥着重要作用。从远古时代，帐篷就已经驻扎在土库曼人民心中，成为所有家庭成员聚在一起的团结和谐的象征；如今，这些帐篷形状的巨大建筑象征着全体土库曼人民至今恪守团结与和谐的传统。这些巨型的文化活动中心的建设顺应了土国社会发展要求，丰富了群众的业余文化生活；作为文化的物质表现，为弘扬土库曼民族文化遗产、塑造地方形象、打造国家名片提供了新思路与灵感。

第九节 文化服务管理工作

加强对文化服务的管理，抵制外来文化对土库曼斯坦传统社会的影响，也是土国政府在文化发展战略中所推行的一项具体文化政策。土库曼斯坦地处世界几大文化的交会处，易受到其他文化的影响。土库曼斯坦政府认为带有不同价值观的外来文化会逐渐蚕食掉土库曼民族的传统思想、意志和价值观，从而瓦解土库曼人的政治向心力和民族凝聚力。而土库曼斯坦本身又恰好处在独立后的经济社会转型的关键历史时期，外来文化必定会对土国传统文化的继承和文化主权的稳定造成影响。为了抵制外来文化的渗透，保护本国传统文化，勿忘民族根基，维护土库曼人的道德准则，从而获得国际社会对土库曼民族文化的认同，土国采取了多种加强对本国文化管理的政策。比如土库曼斯坦政府对国家工作人员和学生实行严格的着装要求[1]，包括禁止穿短裤，禁止使用指甲油、染发剂等化妆品，国家女性公职人员一律着长及脚踝的民族长裙。为了在新时代仍然保持土库曼斯坦历史悠久的民族文化、艺术、传统和习俗，

---

[1] https://baijiahao.baidu.com/s?id=1710963275463998898&wfr=spider&for=pc.

土库曼斯坦对婚礼等庆祝活动中由歌手、音乐家、舞蹈家和其他艺术工作者及创意团队提供的文化服务进行监管。2021 年 8 月，根据《土库曼斯坦文化法》第 20 条，土库曼斯坦总统签署决议，批准了《土库曼斯坦婚礼和其他庆典文化服务国家管理条例》，继续强化对本国文化服务的管理工作。

第十节　与联合国教科文组织合作

作为全亚洲唯一的中立国，土库曼斯坦将发展和深化与联合国相关文化组织的合作作为外交的优先方向之一。因此，与联合国专门的教育、科学和文化组织进行合作是土库曼斯坦践行其中立国策的优先选择。土库曼斯坦每年都会举办各类同联合国教科文组织加强联系以及寻求新合作领域的各种活动。土库曼斯坦政府目前正在制定科学、教育和文化方面的国际法律框架，加入了联合国教科文组织关于在教育领域反对歧视的各项公约，保护和促进多样文化生动表达。保护和尊重全人类的财产和文化遗产是联合国教科文组织的主要原则之一，这与土国政府对本国历史和文化遗产的保护和普及推广工作相符。独立后，土国积极地将本国的各种文化遗产和非物质文化遗产向联合国教科文组织进行申报。迄今为止，已有梅尔夫古城等被列入世界遗产名录，土库曼地毯编织艺术等被列入世界非物质文化遗产代表作名录，土国的阿哈尔捷金马育种技术、土库曼阿拉拜犬的育种和培育方法以及土国境内的丝路廊道也正在积极申报过程中。

此外，土国政府还努力为首都阿什哈巴德——白色大理石之城申报联合国教科文组织"创意城市网络"，力求拓宽与世界各国文化交流的平台。

目前，该市的"创意城市网络"申报准备工作已经完成。"创意城市网络"成立于 2004 年，涵盖了全球 180 个城市，其目标是发挥全球创意产业对经济和社会的推动作用，促进世界各城市之间在创意产业发展、专业知识培训、知识共享和建立创意产品国际销售渠道等方面的交流合作，分为设计、文学、音乐、手工艺与民间艺术、电影、媒体艺术、美食 7 个主题，我国南京被列入文学之都，青岛被列入电影之都，苏州被列入手工艺与民间艺术之都。

为进一步加强与联合国教科文组织的合作，土国还于 2021 年向该组织提交了《2021—2023 年联合行动计划草案》，继续深化双方在数字技术、气候变化、水资源管理、体育和旅游等领域的合作。双方在已有的科学、教育、文化、历史和建筑遗迹保护等领域的长期互动也直观地显示了土国与联合国教科文组织的良性伙伴关系。

今后，土国将一如既往地支持联合国教科文组织的工作，致力于在数字化课程教学、全社会多领域协同开放、信息和通信技术应用升级等方面与联合国教科文组织一道，共同建立多层次的合作关系，大力推动土库曼斯坦文化走向世界。

第十一节　世界土库曼人人文协会

在土库曼人眼中，土库曼斯坦为世界贡献了很多杰出的政治家、科学家、思想家和伟大诗人等，这些人曾经影响了从亚洲到欧洲的广阔土地。历史上土库曼人不断迁移和发展，现今在世界多个国家和地区也散落着为数众多的土库曼人。独立后的土库曼斯坦政治家们认为建构统一的民族国家认同也离不开散落在世界各地的土库曼人。为了更好地研究土库曼人的历史和文化，土库曼斯坦前任总统尼亚佐夫指示创立了世界土库曼人人文协会。该协会成立之初，为更多了解与搜集相关文献资料，土库曼斯坦组织了赴伊朗、土耳其、巴基斯坦、印度、英国、俄罗斯、亚美尼亚、格鲁吉亚等国的境外科学文化考察活动，发现了不少有关土库曼人共同历史的宝贵文献。该协会致力于促进不同地区的土库曼文化相互充实，彼此影响，宣传土库曼斯坦的文化传统和当代成就，增进土库曼侨民团结，促进土库曼斯坦同其他国家合作，将灿烂的土库曼文化完整传给后代。

世界土库曼人人文协会共在 14 个国家设立了 27 个分部，成员包括 300 多个侨团和数百位独立侨胞，由现任土库曼斯坦总统担任协会主席。该协会每年都会召开世界土库曼人人文协会会议。

2018 年 9 月，第 21 届世界土库曼人人文协会会议在阿什哈巴德召开，有来自阿富汗、阿联酋、巴基斯坦、俄罗斯、德国、伊朗、瑞典、哈萨克斯坦、土耳其等 15 个国家的土库曼侨民代表出席，会议讨论了如何促进全世界土库曼人的人文交流，还为在发展土库曼斯坦同其他国家友好关系方面作出杰出贡献的侨民颁发了奖章。

在世界土库曼人人文协会支持下，土库曼斯坦通过举办形式多样的文化交流活动，依靠国外土库曼侨民，与相关国家保持了紧密联系与合作。通过不断加强同土库曼侨民的联系，在世界范围内传播和推广土库曼文化，世界土库曼人人文协会不仅成为世界各地土库曼人文化交流的纽带，也成为土库曼斯坦提高其国际地位的重要平台。

第六章
土库曼斯坦文化战略与政策制定动因

文化兴则国运兴，文化强则民族强。民族的振兴，必然伴随着文化的繁荣；国家的富强，必然要有强大的文化支撑，文化是决定土库曼斯坦未来发展的重要力量。独立后的土库曼斯坦在奠定和加强政治和经济基础的同时，非常注重加强民族传统文化的精神基础建构，让传统文化成为土库曼民族独特的精神标志，滋养每个土库曼人的精神基因，推动土库曼斯坦国家发展和繁荣。得益于各种文化战略和文化政策的实施，土库曼斯坦在世界政治与经济舞台上的竞争力、文化软实力和国际地位都有较大幅度的提升。其文化战略和政策制定背后的各种深层次因素，尤其值得探讨。

第一节　国家认同与民族国家建构

复兴本民族文化是现代土库曼斯坦国家认同与民族国家建构的基石，独立后的土库曼斯坦政府努力恢复土库曼人的精神和传统，将其作为土库曼斯坦文化政策的出发点和重点。1992 年土库曼斯坦在独立后制定的第一部宪法中规定：国家宪法的基本宗旨是保护土库曼国家主权的独立和土库曼本民族的价值观和利益。文化是国家和民族不可或缺的重要标志，也是民族认同的决定性因素之一。文化认同映射出使用群体的社会心态，体现着一个民族最深层的精神积淀，发挥着引导社会、教育人民、推动发展的功能。

土库曼文化传承是土库曼人精神的重要载体，在弘扬和复兴民族精神、强化土库曼人向心力和土库曼人民族身份建构等方面发挥重要作用。土库曼斯坦地处世界四大古文明的交会区，自古以来为东西方的商贸和文化交流起到了极为重要的作用，生活在这片土地上的土库曼先民们创造的灿烂文化，在世界文化宝库中也占有一席之地。古代和中世纪的土库曼国家繁荣兴旺的光辉历史和积累的治国理政的大量经验激励着独立后的土库曼人重新找回自己的传统文化和民族性格，在新的历史时期重塑千百年来土库曼人形成的价值观及世界观[1]。在构建独立后的土库曼国家认同和民族国家发展大业上，土库曼人选择了复兴本民族传统文化，恢复民族传统习惯和历史以及振兴民族精神的道路。

第二节　国家独立地位

保护和弘扬本国文化被独立后的土库曼人视为巩固土库曼斯坦独立地位的重要途径。独立是土库曼斯坦国家建设的三大基石之一（另两大基石

---

①　齐娜尔·鲁斯捷莫娃：《土库曼斯坦的中立政策是维护和平与稳定的保障》，2015 年，纪念土库曼斯坦中立 20 周年圆桌会议发言稿。

为中立与部族团结）。自 13 世纪以来，土库曼民族一直处于蒙古族、乌兹别克族、俄罗斯族等外族的统治之下。在土库曼苏维埃社会主义共和国建立前，土库曼斯坦没有清晰的疆界，仍然保持半游牧社会形态，五大主体部族操着各自的方言，分散居住在偏远的沙漠绿洲或半干旱地带，缺乏统一的政治制度的标准化语言。[1]

苏联解体后，土库曼斯坦终于迎来了独立建立民族国家的机会。所以独立对于土库曼人来说是一个神圣的词语，七八百年寄人篱下、饱受屈辱的历史使土库曼人极度重视自己的独立地位[2]，这点可以在土库曼斯坦的国歌——《独立、中立、土库曼斯坦国歌》中反映出来。土库曼斯坦设有专门的"独立日"（9 月 27 日），当天在首都阿什哈巴德会举行盛大的阅兵仪式和群众庆祝活动。土库曼人认为独立是土库曼斯坦国家强大、人民幸福不可动摇的基础，它赋予土库曼人创造力，能增强国家的凝聚力和活力，是国家建设、民族团结和实现伟大发展目标的动力源泉。土库曼斯坦丰富的民族文化以及复兴民族文化等政策又不断巩固了土库曼斯坦的独立性。土库曼人所特有的精神家园和心灵世界，在增强民族的向心力和维护国家独立与统一方面居功至伟。

第三节　主体民族认同

土库曼斯坦是一个主体民族占人口绝大多数的国家：土库曼族（94.7%）、乌孜别克族（2%）、俄罗斯族（1.8%），此外，还有哈萨克、

---

[1] 秦屹，陈凤，王国念：《部族文化与土库曼当代社会》，《世界民族》，2016 年第 6 期。

[2] 齐娜尔·鲁斯捷莫娃：《土库曼斯坦的中立政策是维护和平与稳定的保障》，2015 年，纪念土库曼斯坦中立 20 周年圆桌会议发言稿。

亚美尼亚、鞑靼、阿塞拜疆等120多个少数民族（1.5%），人口总量600多万。土库曼斯坦强化民族认同、凸显主体民族地位、强化本国主体文化的意识与行为尤为明显。土库曼斯坦政府清楚地认识到，文化是一个民族区别于其他民族的根本标志。要增强民族认同感、归属感和凝聚力，必须培育和形成本民族共有的精神家园。维系一个民族的生存与繁衍，最重要的因素不是经济发展水平的高低和占有财富的多少，而是要有共同的价值观、道德准则和普遍遵守的行为规范。独立后，土库曼斯坦政府通过对本民族历史和优秀人物的挖掘和重塑，开展民族历史、文化、语言等多方面的"复兴运动"和"纯洁运动"。[1] 比如在语言使用方面，放弃西里尔字母，完成土库曼语文字拉丁化改革；降低俄语的法律地位，俄语不再作为土国官方语言，清除土库曼语中的俄语和国际词汇，关闭除《中立土库曼斯坦报》外的所有俄语媒体，改造或关闭俄语学校；将英语视为等同于俄语的外语，在国民教育阶段普及和推广土库曼语，并将其作为土国的唯一国语。1993年，土库曼斯坦首任总统尼亚佐夫在纪念土库曼民族最伟大的思想家、被誉为土库曼民族精神之父的马赫图姆库里诞辰的讲话中，号召全体土库曼人民学习他的爱国情怀和民族精神，开展民族"复兴运动"和拥护"十年顺遂"方针，致力于复兴土库曼主体民族所自豪的民族文化。

第四节　部族团结与国家统一

作为一个传统的游牧民族，土库曼人在社会、政治和心理方面都

---

① Paul Michael Taylor.Turkic poetic heritage as symbol and spectacle of identity：observations on Turkmenistan's Year of Magtymguly celebrations.Nationalities Papers, 45:2,pp.321－336.

具有浓厚的部落主义传统和部族文化印记。至今，部族文化对当代土库曼斯坦国家政治、民众生活和民族身份建构方面还发挥着影响。[①]土库曼斯坦现有的五大部族各自的地毯上的传统图案还包含在土库曼斯坦的国旗中。几大主体部族历史上都曾有各自的领地，语言各异。由于历史的原因，各部族间的经济和社会发展水平不同，各部族间存在着事实上的不平等。自13世纪初以来，土库曼人一直处于外族的统治之下，而外族统治者常常利用、挑拨部族矛盾，煽动部族主义，对土库曼人实行"分而治之"的原则，割断各土库曼部族之间的联系，在政治上也竭力维持这些部族各自为政的局面，阻碍土库曼人寻求独立和统一。土库曼人长期过着游牧生活，没有国家概念，久而久之产生了一种说法："在土库曼每一个人自己就是君王。"这就是土库曼人在长达好几个世纪的时间里不能统一起来建立土库曼民族统一国家的根本原因。对土库曼人来说，部族的、民族的矛盾便是致命弱点。[②]当外部威胁消除后，复兴本民族的文化就在部族间架起了桥梁，促进了各部族和睦相处。马赫图姆库里第一个提出土库曼统一民族的观念，指出部族间的对立和冲突是土库曼人最大的敌人，号召分裂离散的土库曼各部族联合起来，形成统一的民族，并由此建立土库曼人梦想的民族国家[③]，所以马赫图姆库里又被称为土库曼精神文化之父。

独立后的土库曼斯坦政府确立和制定了以阿哈尔州特克族方言为基础的统一标准的官方土库曼语，在文字方面进行拉丁化改革，拒绝了土耳其方面请求与其文字保持一致的建议，保留了本国独特的文化属性。这些文化政策的制定都有防止部族冲突，摒弃狭隘的

---

① 秦屹，陈凤，王国念：《部族文化与土库曼当代社会》《世界民族》，2016 年第 6 期。

② Turkmenbashi, Suparmyrat.2001.Ruhnama.Ashgabat: Türkmen döwlet nesirýat gullugy.

③ 陈志禹：《"土库曼人的喉舌"——记丝路伟大诗人马赫图姆库里》，《人民日报》，2014 年 07 月 20 日 07 版。

部族主义，维护部族团结和国家统一的战略考量。

第五节 国家软实力与国家竞争力

文化作为一种"软实力"，其特质似水，柔而有力，沁透人心，潜移默化，具有其他交流方式无法替代的作用。在现代民族国家的建构和发展上，文化软实力被广泛运用于人文交流和外事外交等领域，具有民间性、广泛性与和平性等优点。

土库曼斯坦所拥有的马尔吉亚纳青铜时代文明、古丝绸之路遗址以及众多被联合国教科文组织承认的文化遗产都为其国家软实力建设奠定了坚实的基础。近几年，为增强其文化的影响力，土库曼斯坦通过深度挖掘土库曼民族传统文化，打造富有影响力的土库曼四大国宝文化品牌，加强民间文化的研究力度，拓宽文化传播途径，以文化传播、交流和沟通为内容，开展全方位、多层次的文化外交，打开并拓宽国际社会了解土库曼斯坦的渠道，加强土库曼文化的外宣和展示。

作为全亚洲唯一中立国，土库曼斯坦奉行和平的外交政策，其本身实力也不允许通过战争和冲突等传统方式来加强国家实力和扩大国际影响。为了在世界舞台上获得更多的政治和经济利益，发挥更大的影响力，中立的土库曼斯坦聚焦国家实力建设的柔性因素，强调在文化、中立的意识形态等方面扩大"软实力"，借助文化外交和平性的特点，以此来树立国家形象、营造良好的国际舆论环境，为国家发展战略服务。

第六节 中 立 国 策

1995 年 12 月 12 日，第 50 届联合国大会通过决议，赋予土库曼斯坦永久中立国地位。土库曼斯坦成为第二次世界大战后首个、迄今为止也是仅有的一个以联大决议方式被国际社会予以认可的永久中立国。土库曼斯坦也是目前亚洲唯一的永久中立国。

永久中立地位为地处欧亚大陆中心地带的土库曼斯坦争取到宽松安定的外部发展环境，使其在维护区域和平和国际合作中扮演重要角色。[①] 在对外交往中，土库曼斯坦努力践行中立国策，发展与联合国各主要机构、国际组织以及区域性组织的关系。联合国对土库曼斯坦的中立国策也给予大力支持：2007 年联合国在阿什哈巴德设立地区预防性外交中心；2017 年，联合国大会通过决议宣布每年的 12 月 12 日为国际中立日；2020 年，土库曼斯坦第六次当选联合国大会副主席国。作为世界上第一个以联大决议方式被国际社会普遍承认的永久中立国，土库曼斯坦的积极中立国策让土库曼斯坦走出了一条别具特色的内政外交之路。

积极中立国策的制定固然有源于建国初期对政治地缘形势、经济发展方向的考量，土库曼民族的历史文化传承和民族传统心理定式也是促使其选择中立之路和践行中立模式的重要因素。历史上土库曼民族参与建立的古安息和塞尔柱帝国，都展现出了对不同文化和宗教的包容和接受、乐于合作、促进东西方科技与文化交流等传统。

---

① 孙力：《土库曼斯坦：稳定、发展与地区合作新时代》，LOOK WE 2016 年土库曼斯坦独立 25 周年纪念特刊。

第七节　文化传承与价值塑造

　　青少年的价值取向代表着国家的未来，青少年的民族素质决定了这个民族的未来。通过文化传承来塑造年轻一代，提高其文化素养和精神品质也是土国文化战略与政策的重要考量方面。文化传承培养民族精神，奠定国民品格，担负着影响下一代身心健康发展的教育重任。土库曼民族的神话、传说、史诗、故事、歌谣中保存了大量有关人类起源和生产生活的哲学观念，记录了其民族的现实物质生活和精神文化生活。土库曼民族的库什德普提歌舞，弗拉吉智慧深邃的诗歌，丝绸之路沿线古城陵墓中的壁画，马尔吉亚纳文明遗址上的雕塑、服饰、建筑等艺术文化财富滋养着下一代土库曼人的文化情怀。

　　土库曼斯坦政府制定文化政策时特别重视学校教育、家庭和社会环境在本民族文化传承中所承担的特殊作用，着力使三者相互兼容、相互促进、形成合力，并提高土国年轻一代的知识水平和文化素养，保护他们内心的净土。比如土库曼斯坦科学院历史研究所利用在研究文化遗产方面的经验，制定了各式教育项目，向正在成长的年轻一代教授土库曼人独特的历史和文化价值、伦理道德，促进年轻人形成对世界温情的态度，教育青年热爱祖国，更好地尊重和保护土库曼祖先们创造的文化遗产。

　　土国还通过设立各种文化遗产日，用文化遗产日上丰富多样的纪念活动来引导青少年学会关爱他人、重视家庭内部关系的和谐和了解社会等。比如在马赫图姆库里诗歌节里通过一系列活动，对土国青少年进行爱国主义教育，以普及民族文化，培养民族自信心和自豪感。而在土库曼人传统节日纳乌鲁兹节期间，人们在一个锅里吃饭，一起分享食物，体现了邻里和谐、团结、友爱的人际关系，有助于土国下一代养成重视家庭关系、邻里和睦的价值取向。

第八节　人 民 精 神

土库曼民族传统文化有着强大的生命力，是塑造土库曼斯坦当代社会价值体系和世俗哲学的思想源泉。一个民族的成员具有什么样的价值观，不仅关系到个人的发展和前景，还关系到这个民族的命运和前途。在土库曼民族文化传承的过程中，土库曼人逐渐形成了重和睦、勤劳、忍耐、互助的性格特征。这些民族意识中积极向上的价值取向、道德和社会信念代代相传，有利于社会进步和民族团结。被誉为土库曼民族精神之父的马赫图姆库里，深受土库曼人的尊敬和爱戴。他的作品就反映了土库曼人自古以来形成的道德规范和哲理。他歌颂土库曼人的勇敢友善、坚忍不拔、吃苦耐劳、正义人道，号召自己的同胞彼此友爱和互相支持。他要求自己的同胞不要失去自尊，要讲人道，讲良心，而独立后土库曼斯坦的内外政策和思想体系的核心——"永久中立"正是以人道、讲良心和友爱为精神来源。

对土库曼人来说，土库曼民族的优秀传统文化就是他们智慧的宝贵源泉，文化中所蕴含的深刻哲理和思想内涵也构成了土库曼民族的价值观念、伦理道德、审美情趣、处世哲学和民族品格。土库曼斯坦这块古老的土地上曾孕育过距今4000多年的马尔吉亚纳青铜时代文明，2000多年前土库曼斯坦作为古丝绸之路的重要节点也为东西方文化交流，为人类文明和发展作出过重大贡献。土库曼斯坦地域上可移动和不可移动的文物存世浩繁，非物质文化形式多样，这些物质和非物质文化遗产已融入土库曼民族的精神血液。在全球化视野之下，土库曼斯坦认为打造文化之魂，就是在守护土库曼民族的精神之根，鼓舞人民的士气，激发爱国情怀，为土库曼斯坦的社会进步与发展提供精神支持。

第九节　文　化　主　权

地处东西方"文明十字路口"，欧亚非三个大陆板块的中间地带，土库曼斯坦这块古老的土地在历史上就受到了各种文化的冲击，远至波斯、古希腊、匈奴汗国，近及突厥、花剌子模、蒙古汗国、沙俄帝国，在这些国家一次次的征服和统治过程中，外来文化不断辐射甚至覆盖该地区。在不同文明的对撞和博弈间，在各种文明交织的缝隙中，该地区不仅成为以佛教、基督教和伊斯兰教为代表的世界主要宗教文化传播的十字路口，也形成了本民族不可复制的特色文明。中世纪的梅尔夫古城同中亚丝绸之路沿线的其他古城一起，点燃了现代科学、技术和艺术的火种，成为世界经济、文化和学术的中心。

新千年前后，全球化思潮对区域文化也造成了极大的冲击，在不同文明碰撞交融的大背景下，土库曼斯坦如何在滚滚洪流中保持自己本土文化的独特性和自主性，成为土国领导层最为关切的问题。而随着有着"第二个中东"称号的里海石油和天然气资源的发现，土库曼斯坦也成为世界大国地缘政治和地缘经济舞台博弈的焦点国家之一，这进一步加剧了土库曼人对本国文化主权的担忧。因此，土库曼斯坦政府在独立后的国家建设过程中，将保护和弘扬本民族文化、维护文化主权、绝不丧失自己的民族特性作为制定本国文化战略和政策的重中之重，努力挖掘和研究传统文化，增强土库曼文化的吸引力，力图在全球化进程中保持本国文化的独立性和特殊性，实施积极主动的文化发展战略，利用文化外交向世界宣传土库曼文化，努力赢得全世界的认可。

第七章

马尔吉亚纳青铜时代文明

土库曼斯坦境内的马尔吉亚纳青铜时代文明是巴克特里亚·马尔吉亚纳文明区组成部分之一。巴克特里亚·马尔吉亚纳文明体的遗址是由苏联考古学家维克托·萨瑞阿尼迪于 1974 年发现并命名的，与中亚的青铜文化相关联。巴克特里亚是巴克特拉地区（今巴尔赫）的希腊语名称，位于现今阿富汗北部，马尔吉亚纳则是马尔古的希腊语名称，在今土库曼斯坦古梅尔夫城一带。马尔吉亚纳地区文明萌芽时间更早，一定程度上弥补了巴克特里亚地区早期阶段文化面貌的缺失。目前，对该文明遗址的发掘和考古研究工作仍在进行，人们在萨瑞阿尼迪的作品被翻译成各种文字之后才开始逐渐了解该文明。

学术界和考古界对该文明的命名也存在很多不同观点，有学者将之称作阿克瑟斯文明，[①] 该称谓来自中亚最长的河流——阿姆河的古拉丁语名称：阿克瑟斯。阿姆河在中国文献中称妫水（汉代），后又称乌浒河。法国的研究者则更喜欢直接使用阿姆河文明的称谓。该文明属于中亚地区青铜时代的一个定居型文明，年代为公元前 2300 年—公元前 1700 年，距今 4000 年左右，分布范围东至帕米尔，西达卡拉库姆沙漠和里海，北到乌兹

---

① 郭物：《从法罗尔宝藏看阿姆河文明与早期中西文化交流》。

别克斯坦，南及阿富汗，其中心区域是阿姆河流域。

进入 20 世纪七八十年代，土库曼斯坦穆尔加布河流域内的以托格洛克（Togolok）和哥诺尔（Gonur）遗址为代表的一系列考古发现，令科学家们渐渐认识到，1966 年 7 月在阿富汗巴格兰省法罗尔村发现的金银器皿和阿姆河流域一系列考古发现可能属于一个曾经非常发达的绿洲城市文明，其繁荣时代大致为公元前 3000 年到公元前 2000 年。现有研究发现，这个位于穆尔加布河绿洲的古老文明，和古老的美索不达米亚文明年代不相上下，但由于发现较晚，鲜为人知。而实际上，古代波斯的大流士一世所写的著名的铭文——贝希斯登铭文中就提及了马尔吉亚纳当时的古称谓马古什，该铭文凿刻在伊朗西部的石头上，同时被提到的还有位于马尔吉亚纳东部的"巴克特里亚"。罗马历史学家昆图斯·库尔蒂乌斯·鲁弗斯在记载亚历山大大帝生平的著作中也提到了马尔吉亚纳。此外，波斯琐罗亚斯德教古经中也提到当时的行政、文化和宗教中心 Mouru，也就是今天的马尔吉亚纳。法国考古学家 Henri-Paul Francfort 推测这个文明可能就是两河流域楔形文字手稿里提到的神秘的玛哈希（Marhashi），记载为"Markhashi"。[1] 苏美尔人提到这个文明在伊朗高地以东，位于穆尔加布河和阿姆达里亚河的方向。

马尔吉亚纳拥有高度发达的农耕文明，除农业外，狩猎和渔业也相当出色，除种植大麦、小麦、豆类和粟外，还种植李子树、苹果树、杏子树、葡萄和其他栽培作物，饲养奶牛、绵羊、骆驼和驴，驯服烈马和野狗，猎捕瞪羚和野猪。在马尔吉亚纳存在着一套完整的定居网络，其中有些定居点的规模甚至超过了 40 公顷，城堡一般为方形，外有围墙，布局复杂，重要的城市呈现三重城格局，有三层城墙。城内有对称规划的建筑群。根据

---

[1] Francfort, H.-P. The early periods of Shortughai（Harappan）and western Bactrian culture of Dashly.In B.Allchin（ed.）,South Asian Archaeology 1981,Cambridge: Cambridge University Press, p.174.

一些建筑结构的底层遗迹现象可以推测这是皇家宫殿或者宗庙类建筑。[①] 典型文物有石权杖头、宝石镶嵌装饰物、日晒土坯、青铜管銎斧、青铜短剑、镂空铜印章。马尔吉亚纳拥有发达的青铜冶炼技术和银器加工技术，出土的镂空铜印章多为大尺寸的，其工艺水准远超同时期其他地区。很多学者甚至认为穆尔加布河绿洲文明区是世界第五大古文明发源地。

马尔吉亚纳地区位于欧亚大陆的中心，处在各个古文明的边缘、间隙之间，拥有独特的区位优势，由此成为一个汇集各方文明元素的中心地带，是名副其实的"文明十字路口"。马尔吉亚纳文明是古代中国、印度、伊朗和中东之间的重要中转站，它在四大古老文明之间架起了一座交流桥梁。古代马尔吉亚纳居民在这种文明、贸易、宗教、思想的互动和交流中所形成的思想与生活理念，对后期形成的土库曼民族的历史文化和心理定式都产生了至关重要的影响。马尔吉亚纳被认为是土库曼斯坦青铜时代的缩影。

第一节　马尔吉亚纳文明区的历史沿革

土库曼斯坦科佩特山麓前狭长绿洲地带是中亚史前文化及文明的摇篮，也是古老的文明中心。这个文明体起源于中亚本地的新石器文化，考古学上确认的最早的定居点出现在水源丰富的科佩特达格山脉北麓。整个科佩特达格山脉北麓的新石器遗址被命名为"哲通文化"。考古工作者在哲通遗址内发现了八千年前的土坯建筑，从遗迹分析，当时人们种植大麦、小麦，饲养牛羊（这些农牧业技术均引自西南亚）。

红铜时代，人口有了增长。新的移民们带着红铜技术来到该地区，

①　郭物：《从法罗尔宝藏看阿姆河文明与早期中西文化交流》。

卡拉特佩和那摩扎特佩因而兴起，同时，也出现了一些稍小的聚落，如达苏里、安诺和耶斯古城。这些聚落向四周扩散，东至吉奥克修尔遗址。这一时期，铜石并用时代的彩陶文化时期的考古学遗存被命名为"安诺文化"。在这个时期，该地区的陶器发展出两种不同的风格，东部的陶器纹饰朴素、雕饰不多；而在西部，以安诺文化的彩陶为代表，纹饰繁复华丽。

马尔吉亚纳遗址

在科佩特山麓前绿洲阿尔提恩特佩，考古学家们发现了青铜时代初期早期城市化的迹象。到了青铜时代中期，马尔吉亚纳文明在其基础上破壳而出。1974 年，在对卡拉库姆沙漠的各个遗址的考古研究工作中，苏联著名的科学家兼考古学家维克托·萨瑞阿尼迪发现了大量被围墙和闸门保护的建筑遗址，后来证明这里曾是一座古老的大都市，有着平坦的街道、卓越的建筑和城市生活所需的基础设施。一些青铜工具、宝石首饰和陶器等能够反映文明发展水平的稀有文物也重现世间。

第二节　马尔吉亚纳文明区与其他古文明的交流互动

科学界认为马尔吉亚纳古文明的创造者是在约公元前 3000 年来到当时无人居住的古穆尔加布河绿洲地区的，这里也就是土库曼斯坦境内的哥诺尔、科勒里、托格洛克等聚落区。他们以科佩特山麓为最初的定居点，然后继续向东移动。在这里，他们创造了一种原始的、独立的文化。尽管目前为止还没有发现他们的文字，但按照现在的文明标准，这就是货真价实的文明。[①] 由于缺乏文献记录，考古学家们认为该文明的来源非常复杂，其种族和语族难以凭借物质证据确定，但可以确定的是该文明区具有较强的文化辐射力，其东北边界在现今乌兹别克斯坦的撒马尔罕附近，并呈现出城市文明与北部草原文明交融的迹象。

一、与西亚、小亚细亚文明互相影响

马尔吉亚纳哥诺尔古城宫殿很多建筑元素被运用在叙利亚、古埃兰的宫殿中。哥诺尔皇家和贵族墓地是以地下房屋的形式建造的——这是典型的西亚风格，而哥诺尔遗址上出土的印章及其纹饰、短剑、人偶以及珠宝饰品所反映的宝石镶嵌技术，与西亚、小亚细亚的类似。[②] 考古学家维克托·萨里阿尼迪还在该遗址上发现了可追溯到公元前 3000 年的美索不达米亚文明乌尔王朝三期风格的圆柱体印章，而马尔吉亚纳人对眼睛的崇拜在埃及、西亚地区也有着悠久的历史。哥诺尔古城还与后世波斯琐罗亚斯德教有关联。[③] 可见，马尔吉亚纳古文明与小亚细亚、西亚有

---

① 郭物：《从法罗尔宝藏看阿姆河文明与早期中西文化交流》。

② Sarianidi V.I.Necropolis of Gonur.English Translation by Inna Sarianidi, Athens, Kapon Editions, p.124.

③ Sarianidi V.I.Myths of Ancient Bactria and Margiana on its Seals and Amulets.Moscow.

密切的关系，不止文化上的影响，还包括人群的迁徙，以及物质、精神的交流。

二、与南亚文明互相影响

有关马古什（马尔吉亚纳古称）国家的资料证明，这个国家的居民与印度次大陆印度河流域的居民以及印度文明也有着密切的接触与互动。从公元前 2200 年到公元前 1800 年，阿姆河文明扩张到了印度河河谷的西部。[1] 其证据是在哥诺尔遗址宫殿和神庙区出土了一枚刻有印度次大陆西北部印度河流域文明铭文的方形印章，上面以大象为主题纹样。[2]

马尔吉亚纳文明区的遗址及墓葬中还出土了很多精美的象牙制品和红玉髓，均显示出了南亚文明的元素。

三、与东亚古代中华文明互相影响

马尔吉亚纳文明与远在兴都库什山、帕米尔高原以东的中华文明也有间接的联系。中国发现的一枚商代的印章与安诺文化遗址上出土的一枚年代约为公元前 2300 年的印章样式比较接近。阿姆河文明流行的各类印章的出现也为研究中国早期印章提供了一些考古学上的线索。而我国西周时期所流行的玛瑙珠宝装饰，虽然其文化源头是印度，但中亚却是其最重要的来源之一。科勒在其主编的《青铜时代的中亚文明》中这样写道：早在公元前 3000 年左右，土库曼斯坦南部"中亚型"食物生产文化就传播到了中国新疆的边境

---

① Jarrige, Jean-Francois.A prehistoric elite burial in Quetta.Newsletter of Baluchistan Studies4:pp.3-9.

② Sarianidi, Viktor I.Myths of Ancient Bactria and Margiana on its Seals and Amulets.Moscow: Pentagraphic.

地区，而且很可能为两个文化区之间交换丝绸和金属提供了条件。[①]

第三节 哥诺尔：卡拉库姆沙漠中的古代神秘文明

1972 年，马尔吉亚纳遗址中的古文明首都——当时的特大城市哥诺尔古城，经维克托·萨瑞阿尼迪细心考证，于卡拉库姆的沙漠和灌木丛中重见天日。古城距梅尔夫 30 公里，存在于公元前 3000 年末至公元前 2000 年。这里曾经是一个有着众多居民的繁华城堡，酝酿出了一个世人所未知的悠久文明。这一地区规模宏大，它曾是一片绿洲，也是马尔吉亚纳国家繁华的中心，被誉为马尔吉亚纳的国王和神之城，是当时位于穆尔加布河旧三角洲地区 300 多个聚落中最大的一个，也是青铜器时代中亚地区最大的定居点，占地超过 30 万平方米，分为古建筑群和墓葬群，从空中鸟瞰才能一览其全貌。

哥诺尔古城展示了当时古代城市的辉煌，其合理的建筑结构反映了古人对城市规划的成熟理性思考：鳞次栉比的古堡，坚固的宫殿，分布在城市四周的手工业聚集区、市场以及住宅区等。现在，哥诺尔古城已被划定为一个完整的考古公园。这个被卡拉库姆沙漠掩埋的古代文明之都也成为土库曼斯坦青铜时代的缩影，它代表了青铜器时代穆尔加布河绿洲文明的最高发展水平，为人们研究中亚南部青铜时代晚期提供了宝贵素材。

---

① Kohl, P.L., The Bronze Age Civilization of Central Asia: Recent Soviet Discoveries, Armonk（NY）: M.E.Sharpe, Inc.,（Intro., chapter 8）,1981:xxiii.

一、哥诺尔古城简介

青铜时代的古老国家马古什的领土上，湍急的穆尔加布河河水迅速地从兴都库什山麓流向北方。在春天，裹挟着肥沃淤泥的河水呈咖啡色，河流下游形成了一个宽阔的扇形。农业部落在当时的大规模迁移中选中了这块肥沃但尚未开发的土地并定居下来，开始建造房屋，形成聚落。最早的居民们先是开发了三角洲北部可为定居点供水的边缘地区，用土坯建筑组成了居住点，还建成了贵族的住所和寺庙。当时的穆尔加布河水量充沛，周边森林茂密，为哥诺尔古城遗址上出土的大量陶器的烧制提供了燃料。当穆尔加布河的河水改道，再也无法灌溉这片土地时，人们不得不离开原来的居住地，去新的河道边建造新的城市。曾经肥沃的土地在南方炽烈的阳光下变成了今天的卡拉库姆沙漠。在过去的数千年间，这条河流不断地改变着它的流向。这座城市没有被敌人摧毁，也没有经历过火灾、地震等灾害的破坏，宏伟的庙宇、布局巧妙的工匠作坊、冶炼青铜的熔炉至今都沉睡在沙漠里。

今天，占地28公顷的古城被巨大的防御设施保护起来，分成不同的区域，包括宫殿区、居民区、工匠或商业区和墓葬区。古城为三重城墙布局，其中两道城墙建有防御塔。城市的北部中心是一个方形的宫殿城堡区域，该建筑综合体呈方形，由防御塔和用泥砖砌成的城墙守护，被炮台和高大的堡垒墙包围，带有三角形炮眼和矩形塔楼。考古学家认为这些炮眼和塔楼并非用来射击，而更可能用于宗教节日的某种仪式，比如放火。城堡内部的复杂宫殿依仗自然山丘之势，占据了战略高处，四周均为平地。宫殿四面建有纪念仪式建筑体，分别为火庙、祭庙、水庙和御殿。水和火在马尔吉亚纳文明中是神圣的、纯洁的、被崇拜的。火庙位于宫殿的东侧，而水庙位于宫殿的南侧。四座建筑地下建有通道，统治者可通过该通道直接抵达。考古学家们将这些设施命名为"宫殿和庙宇综合建筑群"。在随后的发掘中，考古学家们还在城市的北侧发现了和公共用餐区相关的建筑群遗迹。共同进餐的传统在古代马尔吉亚纳居民仪式中占有重要的地位，这种传统在当代土库曼斯坦被称为萨达克和"huday yolly"。当时的马尔吉亚纳人吃的是在特殊的双室炉里煮熟的动物肉，喝的是由不同的草药制成的滋补饮料，还观看舞者的表演。宫殿为大庭院结构，宽敞的大厅里装饰着壁龛。宫殿中比较大的、有代表性的房间被安排在宽敞的庭院周围，享有充分的自然光照。而小一点的房间则围绕着主要建筑排列，建在围墙内部。宫殿内还有加热系统，附有对流室和烟囱等复杂结构，复杂程度与城市的灌溉系统不相上下，这显示该文明已经达到了很高水平。

古城墓葬区位于哥诺尔古城西部，考古工作者共发现了2800多座坟墓。死者通常被放进凹陷的坑中，婴儿有时会被放在大型陶制容器中。在哥诺尔古城的东南部发现了小型皇家墓葬群，这些皇家墓葬有着房子的形状，装饰着精致的镶嵌图案。皇家陵墓建造得很精致，以日照烘晒泥砖建造，有一个或多个房间，壁炉、壁龛、炉灶、长凳和隐蔽的贮藏室一应俱全，还有昂贵的殉葬品和人殉，墓葬品有金银物品、珠宝首饰、铜制印章护身符、象牙制品、工艺精湛的陶器、石器、祭司雕像和其他奢侈品，以及配有镶嵌图案的箱子，镶嵌图案也被用于陵墓的墙面上。皇家墓葬中还发现了女性雕像，一般为坐姿，头部由白色石灰石制造，相似的女性形象也出现在伊朗西南部的圆柱形印章上。这些墓葬还出土了可能是作为墓主人权力、财富与地位象征的石竿、大理石圆盘和微型石柱。此外，墓葬群中还发现了四轮马车、动物的骨骼和侍从的遗骸——这些侍从陪同他们的主人一起前往另一个世界。马车由大块厚木板制成，轮圈由金属支撑，考古学家认为这些马车在当时更多是上层社会中仪式性的工具。

整座城堡是用黏土砖建成的，没有经过烧制，而是在太阳下晒干的。

软塑性黏土从古代就被当作最简单、最便宜的建筑材料。从人们向定居生活方式过渡开始，它就在中亚广泛使用。和今天用来建造墙壁的黏土一样，古代工匠们将未经处理的黏土与切碎的稻草混合，紧紧地压成特殊的结构，然后在太阳下晒干，直到它变得像石头般坚硬。这种黏土砖被用来建造宫殿、庙宇和民居。据统计，在哥诺尔建造一座宫殿需要几百万块土砖。砌成的砖墙，再用黏土溶液进行固定，然后在两边抹上灰泥将之彻底封盖。然而，无论古代的建筑大师们如何努力，黏土建筑不可能永存，墙体的地基和较低的部分在数千年后被破碎的砂砾覆盖，这些砖层以黏土的样式埋没在卡拉库姆沙漠里。事实上，没有沙层的覆盖，黏土很快会消逝于风吹日晒中。

根据土库曼斯坦国家历史文化古迹保护、研究和修复司与俄罗斯科学院民族学和人类学研究所达成的协议，哥诺尔古城的发掘探索工作以每年夏季为考古季。目前考古工作仍在继续，每年也都会有不少新的工艺精湛、外表华丽的手工艺品和陪葬品被发掘。它们充分展示了青铜器时代马尔吉亚纳地区高超的工艺水平。当时的能工巧匠们已经使用模具来熔铸金属，他们也熟练掌握了打造金银饰品、制作祭祀用具以及制作骨雕和石雕的技术。

哥诺尔古城遗址

哥诺尔古城复原图

二、陵墓中的镶嵌板

哥诺尔古城所有皇家陵墓中的墙壁和装着祭品的特殊木柜等家具上都装饰着生动多样的图案，这些作品及其反映的主题在古代东方艺术中可谓独一无二，曾在科学界和考古学界引起巨大轰动。这些镶嵌图案以混合技术制作——石头镶嵌辅以彩画。镶嵌板上有各种复杂主题的图形，板上覆盖着一层特殊的黏合剂。镶嵌和绘画工艺、镶嵌材料的选择、矿石的稳定的特质等让人印象深刻。这些矿石经过了高温处理，因此更容易长期保存。这些镶板只在陵墓中被发现，很可能与死者信仰的某种宗教有联系。经考古探索，研究人员大胆猜想哥诺尔古城的统治者认为死后的"房子"比生前的更重要，如此精美的装饰镶嵌板表明古人对死后生活极度重视。

目前，对这些图案的象征意义或叙事意义的研究还处于起步阶段。很多考古学、历史学家认为镶嵌板的图案中描绘了整个马尔吉亚纳文明和哥诺尔国家的传说、神话和仪式。比如狮鹫（有翅膀的狮子）、蛇、羊等形象来源于该文明的传说；代表恶的食肉动物（蛇、狼、豹）和代表善的食草动物（山羊、盘羊、鹿等）的对立与斗争，展示的则是符合古代东方宗教二元论的主题思想——善与恶之战；有些动物象征了季节的变化或重大日子的来临——比如春天的到来和对纳乌鲁兹节的庆祝。类似的主题在许多马尔吉亚纳的铜制印章和护身符上也有体现。

镶嵌板中有些雕像由石头合成，躯干是黑色的石头，而头部和手臂是白色的石头。还有的镶嵌图案呈几何形，由三角形、正方形和矩形等元素组成，图案和图案之间被染成黑色或红色，和后世土库曼地毯上的几何图案非常类似。经科学分析得知，镶嵌图中不同的颜色来自于几种有机染料：煤（黑色）、天青石（深青色、亮蓝色）、朱砂（亮红色）。在哥诺尔的石匠艺术大师们遗留的数十件石制工具中，考古研究人员找到了专门加工石头的打磨刀具，它们能准确地切割出镶嵌图案中的各个组件。所有的原材料都来自科佩特山脉所开采的矿物。当时的手工艺者们已经知道如何利用高温来改变石头的自然形态，以及如何给它们上釉

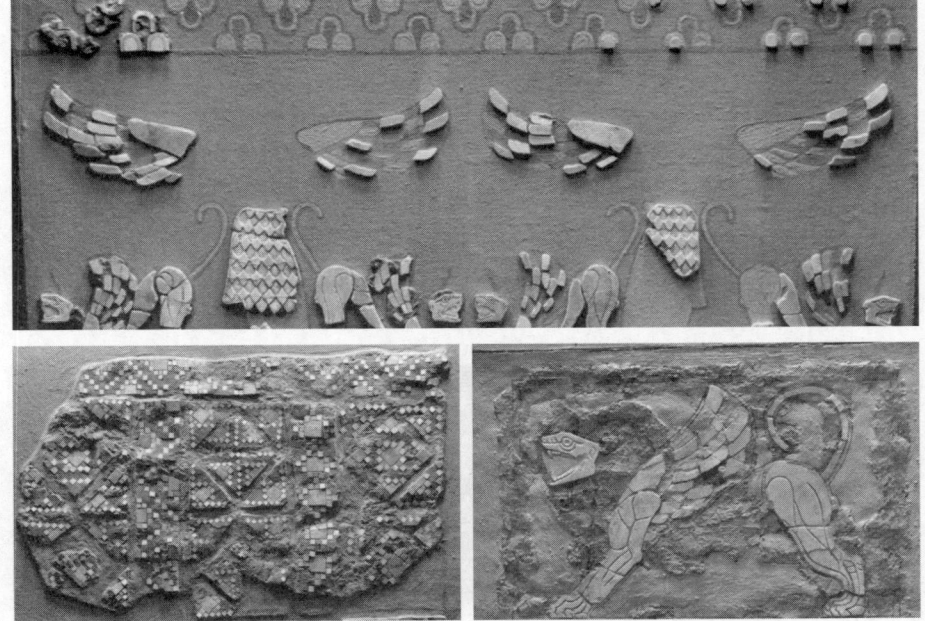

哥诺尔古城发现的镶嵌板

以方便储存。

鉴定的结果显示哥诺尔古城皇家陵墓中发现的镶嵌板和装饰艺术作品的碎片产生年代介于公元前 3000 年到公元前 2000 年，比古希腊的镶嵌图案工艺出现的年代还要古老。考古学家维克托·萨瑞阿尼迪在一个皇家陵墓中发现的镶嵌图案，被认为是世界上第一个彩色拼接镶嵌图案。

三、先进的水流管道衔接和排水网络系统

整个哥诺尔古城的宫殿区域建有以黏土砖修造的水流管道，黏土管道互联互通，整个管道网络覆盖古城的主要建筑，它们穿越严密的古城防护墙，为整个区域带来新鲜的活水。这种创造性的水流供应系统在青铜时代的中亚地区绝无仅有，反映了当时的马尔吉亚纳文明的先进水平。

此外，考古工作者在城市综合体南部的一个水池中，还发现用黏土砖建造的特殊的滤水器。穆尔加布河泥泞的河水通过特殊的斜槽流入芦苇层搭建的滤水器，而过滤完的清水则从另一头流出来并灌满整个小水库。在 2019 年德国举办的哥诺尔古城文物展览中，两根互联的以黏土制作的陶瓷管让观众们惊叹不已，有着 4000 多年历史的陶瓷管和现代供水系统所使用的水管模样惊人的相似。考古学家们认为哥诺尔古城宫殿区陶瓷管道系统比巴比伦和亚述宫殿的清洁水管道和污水管道系统的年代还要早。

四、精美的青铜器与铜制金属印章

作为马尔吉亚纳青铜时代文明的中心，哥诺尔古城出土了大量的青铜制品，有各种工具、农具、武器，比如斧头、鱼叉、刀、箭头、凿子、锥子、木制轮子的轮缘（古城发现的最古老的木制马车的车轮上有青铜涂层）。青铜的生产过程是相当复杂的，青铜至少是两种金属（最常见的是铜和锡）

的合金，而困难的是这种合金必须在一定的时间和恒定的温度下制造，否则就会变脆。对古人来说，保持恒定的温度是非常困难的。哥诺尔古城的匠人们很有创造力，实现了技术突破，建造了结构复杂的冶炼青铜的双室熔炉：他们在一个隔间里生起猛火，将热量通过一个特殊装置转移到下一个隔间，由此达到恒定的温度条件，以熔化和锻造金属。

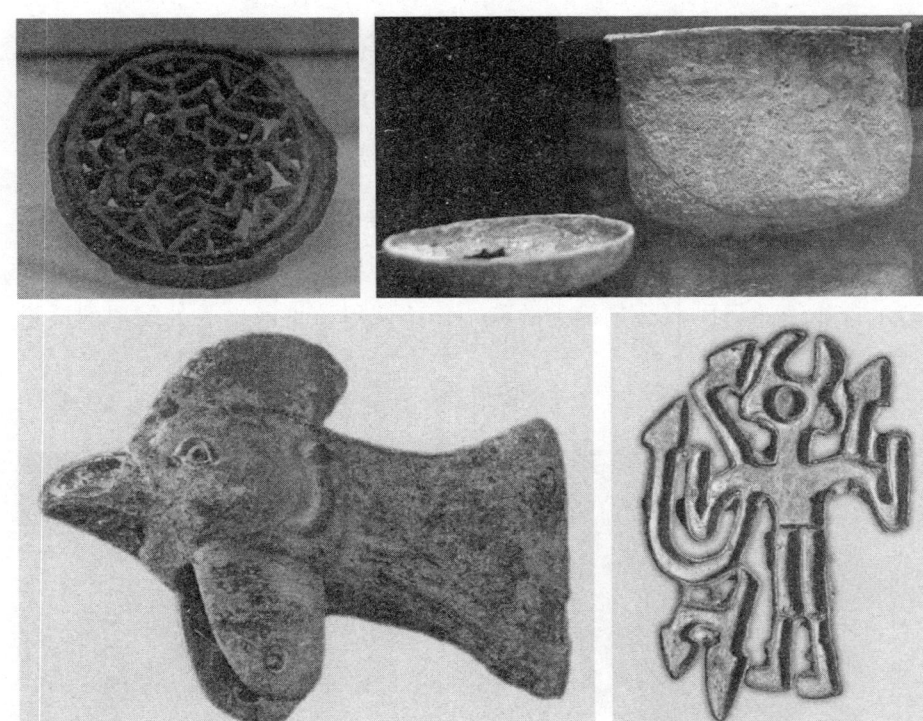

哥诺尔古城出土的青铜制品

青铜印章是典型的古代马尔吉亚纳青铜器物的代表。这些印章是圆形或方形的，上面雕刻的图案有动物（豹子、蛇、蝎子、野山羊）或植物（罂粟和郁金香），还有一些古代神话中的奇幻生物。在哥诺尔，印章被用来确保门锁的安全、标记产品和交易货物。这些印章通常出土于富人的墓葬。大多数印章有小孔，可以串起来戴在脖子上。在马尔吉亚纳区域，印章首先被认为是女性的配饰，通常戴在脖子上或挂在腰部。马尔吉亚纳人通过在印章上雕刻图案，祈求驱赶邪恶，远离诅咒，保护粮食和牲畜等财产。

五、精湛的陶制技艺

哥诺尔古城墓葬中出土了大量的陶制容器，有用来贮存物品的坛子、斟注和啜饮液体的敞口杯子，还有用来盛放食物的高基座盘子等。考古学家还发现了专业的制陶作坊，通常由两个分开的隔间构成，一个是火房，另一个是堆放陶器的储藏室，这种结构为整个烧制过程提供了极大的便利。

很多陶制器皿的表面和边缘都饰有图案，图案表现了四足兽、蛇、龟和人等形象，有的陶制容器被制作成动物或植物的形状，例如龟等。马尔吉亚纳的居民们都是优秀的陶工，这使得该地区出土的陶器的质量非常高。

哥诺尔古城出土的陶器

六、石制或陶制小雕像

在哥诺尔古城中还发现了很多石制或陶制小雕像，大部分小雕像都是在墓葬中被发现的，但也有一些来自古城的废墟。有些小雕像由不同颜色的石头组装而成，有坐着的人物形象，身穿长及脚踝的长袍。在妇女和儿童的坟墓里也发现了很多陶制小雕像。这些小雕像蕴含了古代人

哥诺尔古城出土的石制或陶制小雕像

民的美好想象。有着动物特征的人类塑像，长着翅膀和喙状的鼻子，在某种程度上表达了马尔吉亚纳的居民对自然的敬畏，对人类能力延伸的愿景。人物雕像通常为女性，以小雕像为主。许多墓葬中还发现了动物雕像，可能被用作儿童玩具或用于宗教仪式——被认为是对神的想象和描绘。

七、化妆物品和珠宝首饰

考古学家在女性坟墓里发现了很多石制和金属制化妆物品，在少量的男性坟墓里也能找到类似物件，这些都表明当时人们的审美意识已经觉醒。在青铜时代的哥诺尔古城，化妆已经非常普遍。这在已经发现的人物小雕像上也能窥见一斑，凸出的眼睛在深色眼线的勾勒下，显得更加动人、有神。其他化妆物品还包括众多有手柄或者无手柄的圆形金属镜子，其中一些存放在精心装饰的石制棺材里。

珠宝则是用昂贵的材质，比如黄金和进口的青金石做成，通常是富有的上层人士佩戴。考古出土的珠宝首饰还包括银针、金手镯和珍贵的小石珠做成的项链。这种项链在附近的沙漠地区从未发现过，想必是用重金从外地购买。这些装饰品在马尔吉亚纳是财富与权力的标志。来自遥远的异

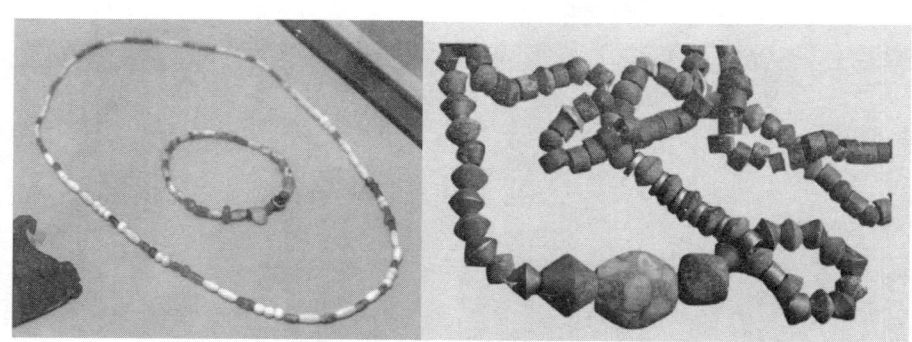

哥诺尔皇家墓地出土的首饰

域宝石，比如青金石和软玉制成的珠子的发现，证明了哥诺尔古城是当时规模庞大而复杂的贸易和物品交换网络中的重要节点。出土的珠宝饰品富丽堂皇，让人不禁对当时热闹繁华的生活产生无限的畅想。在陶工和雕刻家的精湛技艺下，宝石、金属、象牙和黏土转变为别具特色的艺术品，充分展现了当时高超的珠宝制作水平。几毫米大小的独特的金瞪羚就是其中的杰作，金色的瞪羚骄傲地昂起它的头，清晰地展示身体的所有细节，甚至它腿上的肌肉都十分逼真。考古学家们认为这种装饰不可能是由牧民或者农民制作的，必然是由专业的珠宝制作工匠们精心打造的。

八、金银器皿

考古学家们在大规模墓葬中发现了各式用金银制作的精美器皿。这些器皿通常款式比较简单，表面也没有太多装饰。器皿上刻有巴克特里亚的

杯口饰有猛禽形象的金杯

双峰驼、狩猎用的弓箭、羊等形象。这些器皿似乎都是作为饮用器具。历世历代，举杯畅饮、把酒言欢是各种社会宴会活动的重要场景。在古代，贵金属器皿通常用于宗教，也是上层人士身份的象征。有的容器的杯口还装饰有猛禽形象，因为猛禽是中亚西部最具代表性的动物，这在该地区的艺术历史中有着悠久的传统。

第四节　马尔吉亚纳文明珍贵文物

一、哥诺尔的"巴黎人"镶嵌图案

在土库曼斯坦视觉艺术博物馆的藏品中，有一件独特的古代艺术品。这是一块比手掌还小的石头镶嵌图，它是在哥诺尔皇家陵墓的数百块碎片中被发现的。这是一幅富有表现力的女性侧面图，由少数几笔黑色的晕线在一块石头上精雕细琢出头部和颈部的轮廓，它以高超的技巧制作而成，是所有的镶嵌板中唯一的女性侧写。这个女性形象被奇迹般地保存下来，在土库曼斯坦的土地上驻留了4000多年。有人推测这位女性的原形可能是当地庙宇的无名女神或女祭司，也有可能是居住在马尔吉亚纳的某位公主。

这个镶嵌图案首先让人联想到的是历史学们家所熟知的、来自于地中海克里特岛上的克诺索斯宫的一幅壁画，由英国考古学家亚瑟·埃文斯在20世纪初发现，创造时间大约是公元前15年。那幅壁画描绘了一个壮观的仪式，参与者们面对面坐着，手里拿着碗。其中一个优雅的女性形象只留下了头部的碎片和她衣服后面的大蝴蝶结，她精致的装扮、优雅的形体让人联想到了 20 世纪初的法国女性，人们就给了她"巴黎人"的称号。现在，土库曼斯坦也有了自己的"巴黎人"。这两幅图像明显的相似之处似乎显示青铜时代的马尔吉亚纳文明和古希腊米诺斯文明可能存在某种联系。

哥诺尔出土的"巴黎人"镶嵌图案

二、双峰驼银器皿

土库曼斯坦视觉艺术博物馆珍藏的双峰驼银器皿，有着神秘的历史，具有特殊的价值。这是一件保存完好的圆柱形银器，是在哥诺尔一处贵族墓葬的秘密隔间里被发现的，其年代可追溯至公元前 3000 年。几千年前技艺精湛的马尔吉亚纳艺术大师们的创作引起了艺术史学家们的巨大兴趣。该奢侈容器的主人很有可能是一位品位高雅、富有的贵族。杰出的考古学家、历史科学博士、土库曼斯坦科学院荣誉院士维克托·萨瑞阿尼迪将这一独特的发现称为世界艺术品的杰作。

才华横溢的艺术大师展示了双峰驼商队的形象，精确传达出了动物的外貌特征。骆驼的上半身和下半身所传达出的视觉感观迥然不同，作品的焦点集中在骆驼的头部——浓密的毛发、漫不经心的眼神，给人一种静态自然的感觉，而骆驼腿部肌肉和肌腱的细节处理却带来力量喷薄之感，整体构图十分和谐。值得一提的是，该容器有着三角形商标——这是其主人贵族精英身份和阶层的标志。

哥诺尔双峰驼银器皿

第五节　马尔吉亚纳文明保护和宣传举措

一、与国际接轨、开放宣传

2006 年，土库曼斯坦现任总统别尔德穆哈梅多夫主持召开的大型国际科学会议"古马尔吉亚纳——世界文明新中心"在世界考古界和科学界引起了不小的轰动。由于马尔吉亚纳于 20 世纪 70 年代才被发现，所以并不为世人所熟知。该会议将马尔吉亚纳地区视为世界文明的中心之一，引发了学界对该文明区的重点关注。近几年，土库曼斯坦也召开了多次和马尔吉亚纳文明相关的国际研讨会，努力扩大该文明在国际社会的影响，提升本国历史文化的国际影响力。比如由土库曼斯坦驻法国大使馆与土库曼斯坦-法国考古代表团共同主办的网络研讨会邀请了来自中国、法国、意大利、英国、俄罗斯、阿富汗和乌兹别克斯坦的科学家代表共同讨论国际联合考古探险对马尔吉亚纳文明的重大发现以及该绿洲文明与四大古文明，即古埃及、古代中国、古印度和美索不达米亚的区别与联系。这些研讨会为不同国家的专家学者搭建了熟悉马尔吉亚纳文明的对话平台。

二、举办巡回展览

近几年，土库曼斯坦政府与一些世界著名博物馆合作，在世界各地举行马尔吉亚纳文明巡回展览，广泛宣传和推广土国的这一古老文明。马尔吉亚纳文明出土文物展先后在俄罗斯国家东方艺术博物馆、德国柏林国家博物馆等场地展出。俄罗斯的展览主要内容有：以基于青铜器时代人类骨骼的人类学重建、土库曼斯坦和阿富汗考古发掘的照片以及在马里吉亚纳的首都哥诺尔发现的独特镶嵌板修复的工作。在德国，土库曼斯坦以"马尔吉亚纳：土库曼斯坦的青铜时代王国"为主题举办了巡回展览，展示了在哥诺尔古城出土的200余件珍贵文物。德国学界和普通观众对这些来自土库曼斯坦的精美文物赞叹不已。此外联合国教科文组织的工作人员、法国外交部和卢浮宫博物馆的代表也表示，在未来几年内，土库曼斯坦和法国将联合在法国卢浮宫举办一场展览，展示在哥诺尔古城和乌卢格古城所发现的文物。

三、合作修复马尔吉亚纳文物

近年来，土库曼斯坦政府积极邀请国外机构与专家对马尔吉亚纳文物进行修复和保护。比如土国邀请了俄罗斯文化部国家修复科学研究所的专家对哥诺尔出土的独特的镶嵌作品进行修复和重建。经验丰富的俄罗斯专家还在土国博物馆举办了几期修复大师培训课程，土国文物修复专家以及土库曼斯坦国内文化艺术学院的学生都参加了培训。土国设立的专门保护、研究和修复国家历史和文化遗产的部门还与俄罗斯科学院民族学和人类学研究所联合创立了土库曼历史文化遗迹研究和修复中心，在著名考古学家维克托·萨瑞阿尼迪院士的指导下，研究人员对马尔吉亚纳出土的脆弱古代艺术珍品进行了细致的保存和原貌复原工作。此外，土库曼斯坦还积极争取美国国务院文化保护大使基金的支持，在该基金的赞助下，土库曼斯坦美术馆出色地完成了大量的哥诺尔古城文物的修复工作。

第六节　马尔吉亚纳文明保护和宣传动因

马尔吉亚纳古老文明是土库曼斯坦历史的一部分，它的重现证明了当代土库曼人有着悠久的历史渊源，它极大地提高了当代土库曼人的民族自信心和文化自豪感，展示了土库曼人在世界舞台上的文化软实力。土库曼人认为，马尔吉亚纳位于古埃及、印度、中国和美索不达米亚之间，其首都哥诺尔古城是东西方的贸易和文化中心。建筑和视觉艺术、手工工艺、国家治理方面的成就反映了马尔吉亚纳文明的发达程度，马尔吉亚纳文明为区域发展和人类文明的进步作出了贡献。

土库曼斯坦的考古学家们还从人类学的研究角度将在哥诺尔发现的马古什人和现代土库曼人进行比较。复原的青铜时代哥诺尔墓地中马古什人的人类头骨，与现代土库曼人的头骨具有一定的相似性。马古什人的头部长度接近于头部宽度，而那个时代普遍为长头人，这就证明了当代土库曼人与众不同的外表特点基本上形成于青铜时代，也就是马尔吉亚纳文明存在的时代。[①] 此外，据土国科学家考证，古代马尔吉亚纳人比埃及人和美索不达米亚人更早地了解了单峰骆驼，他们饲养绵羊、骆驼和奶牛，猎捕瞪羚和野猪，骑马和养狗，狗已经在他们的生活中占有特殊地位。马尔吉亚纳人饲养了几个品种的狗，大型的看起来像现代土库曼阿拉拜犬，较小的有专门用于狩猎的"塔兹犬"。马尔吉亚纳人也已经开始种植小麦、大麦、瓜、葡萄、苹果、李子和其他作物。古代马尔吉亚纳居民日常生活中的诸多元素，跨越了数千年，仍然是现代土库曼人社会文化和经济活动中不可或缺的重要元素。

土库曼斯坦科学界普遍认为，在马尔吉亚纳文明区发现的大量文物和其他证据表明，当时的马尔吉亚纳是可以与古埃及、印度、古代中国和美索不达米亚四个著名的世界文化中心媲美的，这些中心并不是彼此孤立的，而是断断续续进行着贸易和文化交流。

今天，作为中立国家的土库曼斯坦力图在维护区域和世界和平与稳定、

---

① 人类学家 N.A.Dubova 等人的研究表明，现代土库曼人所特有的外表多样性，基本上形成于青铜时代。

发展本国经济方面有所作为，马尔吉亚纳文明区的精彩历史文化成为土国向世界展示的闪亮名片。土库曼斯坦东南部卡拉库姆荒凉的沙漠中，鲜为人知的马尔吉亚纳文明是土国世代传承的文化遗产的代表，也是土国最具时代意义和人文价值的文化遗产，得到了土国政府大力的保护和宣传。

第八章

古丝绸之路文化

位于欧亚大陆中心的土库曼斯坦坐拥独特的区位优势，汇聚东西方灿烂文明，联结四大古老文明，堪称名副其实的"文明十字路口"。阿姆河上游及其周围地区盛产黄金、白银、玛瑙、绿松石、锡、青金石等稀有矿石，应运而生的先进宝石加工技术与成熟的贸易体系促使该地早早地成为世界著名的两河流域文明、埃及文明、印度河文明①以及中华文明陆海商路上的重要节点。公元前两千多年，著名的欧亚大陆间的宝石贸易路线，也是古丝绸之路的前身——"青金石之路"就已经形成。之后，西汉杰出的外交家张骞奉汉武帝之命，第一次出使西域，寻求大月氏以抗匈奴，途经的大宛国即如今的土库曼斯坦。作为著名的古丝绸之路通往欧洲的重要一环，这片古老的土地留下了大量的东西方文明共振、交融的证据。

土库曼斯坦别具一番风味的历史文化古城，在丝绸之路上大放异彩。古梅尔夫、乌尔根奇、尼萨等古城都曾因文化、宗教、科学技术与商贸的交流互鉴，而辉煌昌盛。如今，曾经繁华的古城变成了土库曼斯坦灿烂的民族文化遗产不可分割的部分。土库曼斯坦在独立之初就制定了复兴古丝绸之路战略，立志复兴古丝绸之路上的土库曼民族文化。

---

① 《光明日报》（2017 年 06 月 27 日 12 版）。

2017年，土库曼斯坦长老理事会会议一致宣布2018年为"土库曼斯坦：伟大丝绸之路中枢"年。曾经，古丝绸之路上的土库曼人推动文明交流互鉴、东西方商贸繁荣发展；如今，秉持中立国策的土库曼斯坦致力于弘扬古丝绸之路精神，与丝绸之路沿线国家开展经贸、交通与能源等多领域合作，促进土国与沿线国家的互利往来，构建稳固的利益、责任与能源共同体；未来，土库曼斯坦将继续发挥其作为欧亚大陆间重要的交通、物流、商贸和文化中心枢纽的作用，实现本国经济社会的大发展和本民族的伟大复兴。

第一节　土库曼斯坦境内丝绸之路上的古城

一、梅尔夫古城

梅尔夫古城位于穆尔加布河肥沃三角洲之上，坐落于土库曼斯坦东部，距土库曼斯坦第三大城市马雷市东郊30公里，是土库曼斯坦乃至中亚地区最重要的历史遗址之一。梅尔夫古城地处古丝绸之路上的塔什干、撒马尔罕和巴格达之间，历史上曾经是连接中亚和伊朗高原的交通和政治枢纽。作为横跨欧亚大陆商贸之路的核心城市，梅尔夫曾被诸多民族占领，几度作为不同帝国的东方首都和要塞城市。古丝绸之路兴起后，梅尔夫成为丝绸之路上的交通要塞和绿洲名城，见证了古丝绸之路的繁华与辉煌。

梅尔夫在中世纪达到鼎盛，人口超过50万，面积达数千公顷，是世界上最宏伟的城市之一，其声望和重要性可与巴格达、开罗和大马士革相媲美。历史上梅尔夫古城享有"世界城市之母""国王的灵魂""呼罗珊诸城之母""地球之冠"和"全世界依靠的城市"等诸多美誉。

梅尔夫古城始建于公元前 7 世纪，其遗迹位于巴依拉马里附近。不同于一般古城习惯于直接在旧址上建立新的聚落，梅尔夫古城在不同历史时期形成的聚落体系都保留了下来。在中亚各名胜古迹中，梅尔夫古城的年代最为久远，遗迹最为多元。作为丝绸之路上的重镇，古梅尔夫对中亚当时的经济和社会发展有着十分重要的意义。梅尔夫古城图书馆的丰富馆藏吸引了诗人、天文学家奥马尔·卡亚姆和地理学家阿尔·穆卡达西，以及大量著名学者，他们将梅尔夫描述为一个"既美丽优雅，又广阔恢宏，令人赏心悦目的城市"。大家所熟知的阿拉伯神话《一千零一夜》中有不少故事的背景都取自于梅尔夫。1999 年，梅尔夫被联合国教科文组织列入世界遗产名录。这也是土库曼斯坦独立后第一个入选世界遗产名录的城市。在穆尔加布河绿洲遗址上至今还矗立着宫殿、清真寺、寺庙、宗教学校、图书馆、城堡、陵墓、民居、城墙等砖质建筑的遗迹。

梅尔夫古城的最大特色是城内数个王朝与帝国的建筑古迹并存，这归功于每个时期的统治者都选择在前朝古城旁择地，而不是在原地另建象征着新政权中心的城堡。由此，梅尔夫古城不断扩大，形成了中亚国家历史遗迹中建筑风格最多元的古城集萃。目前能清楚地看到的五个古城遗址为：1）埃尔克城堡，公元前 6 世纪由阿契美尼德王朝修建，是梅尔夫古城的最高点，也是全中亚最古老的遗址。2）吉亚乌勒城堡，建于公元前 3 世纪亚历山大帝国分裂后的塞硫古王朝，安息帝国和萨珊王朝一直使用该城堡。在萨珊王朝时期，又增修了佛教寺院、拜火教祭坛、基督教修道院等。3）沙伊穆遗址，阿拉伯人统治时期修建的要塞。4）老梅尔夫城，塞尔柱王朝时期以苏丹城堡为中心修建。5）阿卜杜拉罕城堡，帖木儿帝国统治时期修建，即新梅尔夫城。

梅尔夫在帖木儿帝国的统治下达到全盛。但公元 1221 年，蒙古成吉思汗的儿子拖雷率军攻入城内，将梅尔夫城洗劫一空，数万居民死亡，梅尔夫从此走向没落，其残址被遗弃。

梅尔夫古城历经几千年的沧桑巨变，历经战乱之后，只剩下残垣断壁。1888 年，英国政治家和旅行家、后来的印度总督乔治·寇松在他的笔记中这样描述梅尔夫："墙壁、塔楼、城墙和穹顶的壮观景象，在令人困惑的混乱中延伸到地平线，提醒着我们，我们处在曾经伟大的世界中心。"《纽约邮报》称梅尔夫是古代世界最神秘、最强大的中心城市之一。英国科学家蒂姆·威廉姆斯曾在《世界考古学杂志》上写道："梅尔夫在丝绸之路上的黄金位置使其成为世界上最伟大的城市之一。这里保存了许多辉煌王朝的遗迹——阿契美尼德王朝、塞琉古王朝、安息帝国、萨珊王朝，以及倭马亚王朝、阿巴斯王朝、塞尔柱帝国。"

波斯著名诗人阿萨德·戈尔加尼在他的文学作品《维斯与拉敏》中写道：

多么美丽的梅尔夫，你是国王的庇护所！

多么美丽的梅尔夫，那儿的花园里泉水叮咚！

无论初夏秋冬，

你的美没有丝毫改变！

谁见过梅尔夫，谁住在梅尔夫，

谁就绝不会在另一个城市找到幸福。

如果你所爱的人住在梅尔夫，

那就是天堂！

那里硕果累累，树木茂繁，

花朵在太阳的照耀下闪耀着光芒！

1. 梅尔夫古城历史文化底蕴

（1）多元文化兼容并蓄

两千多年来，伟大的丝绸之路从亚洲一直延伸到欧洲，把不同的国家和民族联系在一起，不仅沟通了彼此的物质需求和精神文化，还促进了宗教和哲学思想的传播。

佛教在梅尔夫的广泛传播始于贵霜帝国时期，当时印度与中亚的关系日益密切，帝国创始人阿肖克皇帝将佛教定为国教。尽管他没有强迫臣民们必须接受佛教信仰，但他下令将佛教教义刻在全国各地的金属柱子上，引导人们过上佛教所倡导的生活。在吉亚乌勒城堡东南角，考古学家发现了部分被毁的公元 5 世纪的用亮蓝、亮粉和淡黄色所勾勒的佛教绘画，还在佛教寺庙建筑群废墟中发现了舍利塔、佛像和佛头。梅尔夫的佛教徒们还对梵文的主要文本进行翻译，1965 年在梅尔夫的佛寺中发现了婆罗门手稿和梵文手稿，古老的梵文手稿保存了近 1500 年，这是目前世界上发现的最古老的样本。

琐罗亚斯德教是梅尔夫的第一个官方宗教。公元 651 年，萨珊王朝耶兹底格德三世将"伟大的神圣之火"带入阿塔什寺庙，同时还带来了阿维斯坦语和波斯语的珍贵手稿图书。考古学家在吉亚乌勒定居点发现了可以追溯到 7 世纪中叶的拜火教神庙的遗迹。该聚居点还建有古老的琐罗亚斯德教寺庙，该寺庙中有从琐罗亚斯德教圣城克尔曼带来的"永恒之火"，寺庙中的巨大金盘上记录着圣书《阿维斯塔》。

除了佛教和琐罗亚斯德教，梅尔夫也是摩尼教、犹太教、景教和基督教信徒的避难所。梅尔夫建有早期罕见的基督教风格的教堂——单中殿长方形教堂，这是一个大约 50 米乘 10 米的长方形教堂，祭坛位于大厅的尽头，这座建筑今天被称为"哈拉巴吉什克"教堂。除了早期的基督教教堂，考古学家们还发现了基督教墓地和修道院的遗迹。

（2）科学、艺术与文化中心

古梅尔夫思想家和学者辈出，对中亚地区的科学、艺术与文化影响深远，在城市规划、建筑和装饰艺术等领域对中亚地区有杰出贡献。在蒙古人入侵之前，梅尔夫古城曾拥有八座藏书超过一万册的图书馆。阿拉伯地理学家和传记作家雅库特·鲁米曾写道："在藏书的质量方面，我从未见过世界上任何东西能与其相比。"

中世纪有许多著名学者生活在梅尔夫，比如"代数之父"穆罕默德·伊本·穆萨、天文和地理学家阿尔·费尔加尼、天文学家哈立德·伊本·阿卜杜勒马利克·阿尔·梅尔韦鲁迪、数学家和天文学家哈巴什——世界上第一个使用正切和余切三角函数的学者、物理学家哈兹尼——世界上第一个研究空气物理性质的学者、历史学家阿布·萨马尼——撰写了 20 多部关于梅尔夫历史的著作。此外，还有被称为早期现代医学之父的阿布·阿里·伊本·西纳，医生、哲学家和数学家萨尔·拉班和他的儿子阿里·本·萨尔·拉班，撰写了医药和草药巨作的伊本·马萨医生，诗人和哲学家奥马尔·海亚姆以及史诗《维斯和拉敏》的作者阿萨德·戈尔加尼等。知名的波斯诗人兼数学家奥马尔·海亚姆所掌管的梅尔夫天文台和城市图书馆为这些学者提供了巨大的帮助。

在梅尔夫古城还诞生了潜心于历史与语言研究的萨马尼家族，该家族创始人为阿布·萨阿德·阿布·穆扎法尔，他们被称为"萨马尼"学派。除此之外，这里还诞生了中世纪编年史提及的、被称为"梅维兹"的诗人学派等。大量著名的科学家、建筑师、哲学家和诗人居住在这个以藏书丰富而闻名的城市，使之成为古丝绸之路上科学、艺术与文化中心。

（3）伊斯兰文明中心

9 世纪初，梅尔夫成为伊斯兰文明最重要的中心之一。当时的土库曼斯坦是阿巴斯帝国的一部分，阿拉伯哈里发哈伦·拉希德之子、巴格达总督阿勒马蒙定居于此。813 年，阿勒马蒙成为哈里发。在这一时期，梅尔夫实际上扮演着阿巴斯帝国首都的角色——整个阿拉伯国家的法令和任命都出自这里。尤其是当苏丹桑贾尔将梅尔夫作为塞尔柱王国的首都时，这座城市开始重新繁荣起来。当时的梅尔夫与巴格达、开罗或大马士革并列，被认为是伊斯兰世界最重要的都市之一，对伊斯兰文明及整个地区的经济和社会都产生了极为深远的影响。

（4）发达的地下水管道系统

梅尔夫拥有比较发达的供水系统，成千上万人参与了整个管道系统的修建和维护工作。工匠们在距离中央运河约 500 米的宽约 4 米的一条街道上设计了巧妙的排水系统——一条中央涵洞顺着街道往下排水。考古学家在古城遗址的一个普通建筑里发现了一层泥土地板，地板下面有水管，这表明即使是一般市民的居所内，也可能配有供水水管。这个供水系统给阿拉伯人留下了如此深刻的印象，以至于在 18 世纪的巴格达，人们把一条运河命名为梅尔夫。

（5）便利的考古条件

梅尔夫常被描述为考古学家的天堂，因为它不像世界上其他同样宏伟的考古遗迹，在同一个地方没有不同历史时期的分层。通常，前期的文化层会受到后期建筑工程的干扰，考古学家在挖掘过程中经常会看到一幅非常复杂的画面，即各个时期的分层相互混杂，且处于较早历史时期的文化层可能会永远消失。因此，要了解一个特定古城的最初历史和起始规划几乎成为不可能完成的任务。而梅尔古城各个历史时期的遗址却因为人们不停的迁移而保存得相对完好，几米深的地下沉积物覆盖了城内 1000 多公顷的土地。由于穆尔加布河的主要支流受自然规律的影响，不停地移动，人们也就不断抛弃原来的居住区域，沿着新河床迁移，在其周边地区定居。在大约 2500 年的时间里，人们连续修建了埃尔克城堡（最初的核心）、吉亚乌勒城堡、苏丹城堡、阿卜杜拉罕城堡和巴伊拉马里罕城堡、卡舒罕城堡。卡舒罕城堡建于 19 世纪中期，坐落于现在的穆尔加布河河边。

2. 梅尔夫古城著名历史文化遗迹

（1）中亚年代最古老的城堡遗迹——埃尔克城堡

埃尔克城堡位于梅尔夫的最高点，也是全中亚最古老的遗址，历史可追溯至公元前6世纪，波斯阿契美尼德王朝在此建立城堡。城堡最顶端是拜火教的祭坛，象征着拜火教至高无上的尊荣。现在的城堡只剩一个方圆600米的大土堆，可依稀分辨出城墙的轮廓。站在上面可以俯瞰周围的草原和整个梅尔夫遗址。

埃尔克城堡遗址

（2）多元文化融合的吉亚乌勒城堡

吉亚乌勒城堡坐落于埃尔克城堡的南部，建造于塞琉古王朝时期，后期的安息古国、萨珊王朝也一直使用该城堡。萨珊王朝时代多种宗教并存，佛教和基督教也在此地盛行。在其南角有佛塔和寺院的遗迹。1950年，考古挖掘工作者在该地发现了记录萨珊王朝时代生活的陶壶和佛像等佛教文物。如今这些文物保存在阿什哈巴德的国立历史博物馆内。

吉亚乌勒城堡遗址

（3）齐兹卡拉

齐兹卡拉是土库曼语"姑娘城堡"的意思，共有大小两座，是整个梅尔夫绿洲保存较为完好的古城。以前，历史学家和考古学家认为齐兹卡拉建造于公元 6 世纪的萨珊王朝，而最近的考古研究工作者在大姑娘城堡的一处建筑中发现了棱角鲜明的库菲字样的金币和铜币，这是 9 世纪阿巴斯王朝的经典迪拉姆[①]。可以推测这座城堡建于 8 世纪末或 9 世纪初，是阿巴斯王朝的一部分。

城堡内部有正方形庭院，周围有两层的小楼，但上层房屋在过去的十几个世纪里几乎被完全摧毁，下层房屋被废墟覆盖。城堡所有外立面都有压实成半柱的波纹状厚实黏土城墙，波纹起起伏伏，排列规律整齐。许多研究人员认为，呈瓦楞形状的外墙加强了城堡的整体防御工事，利于防御弓箭及火炮的攻击。如波浪般起伏的城墙结构外表形成的沟渠便于快速排水，类似现代的雨棚设计。连续弯曲的弧形便于城墙上的士兵弓箭手、投

---

① 一种货币。

石手选择灵活的攻击方向和角度。此外，增厚的墙体结构还增强了墙体强度。齐兹卡拉使用了相当长的时间，经过几代人的反复翻新和重建，后来的塞尔柱王朝也一直使用。齐兹卡拉的规模、精心的建筑设计和可靠的防御工事让考古学者们认为这不单是一个富有的当地贵族的庄园，更可能是哈里发或苏丹的官邸。

齐兹卡拉背后还有两个有趣的民间传说。一个是从前有一个苏丹，把所有的青年女子都关进了城堡，而命令所有的青年男子去守卫国库。守卫国库的青年们想尽了一切办法，试图进入城堡和自己的爱人见面，但都未成功。有一天苏丹下令说，谁能把苹果从国库扔到城堡内，他就可以从城堡中选一名女子为妻。一名聪明的卫兵发明了弹弓，成功娶到了自己心仪的姑娘。据说这也是弹弓的由来。另一个是关于一位美丽仁慈的公主的传说。国王非常疼爱自己的女儿，美丽、温柔与仁慈的她堪比玫瑰花蕾，备受人们爱戴。但是有一天，算命先生来到这座城市，预言她会早死。国王感到十分恐惧，救女心切，他下令为她建造一座坚不可摧的堡垒。但生活在这坚不可摧的城堡里，公主感到孤独和悲伤。为了取悦最心爱的女儿，驱散她的悲伤，国王送给她一个装满葡萄的篮子，可一条蛇趁机爬进了篮子。当公主伸手去拿这些甜浆果时，蛇突如离弦之箭一般，咬住了公主的手指。王国里最好的医生也没能挽救公主的生命。听闻公主不幸的消息，国王也因悲伤过度而去世了。

2012 年，考古工作者在齐兹卡拉发现了一枚百合或郁金香形状的女用封印戒指和一只近 8 厘米长的铲形首饰（可能是耳环），耳环上有生育女神的浮雕形象。这两件物品无疑是中世纪早期杰出的作品之一。女神头发盘在头顶，左手抱在胸前，右手持着庄稼穗或花束。女神形象十分接近琐罗亚斯德教的阿纳希特肖像。这一考古发现似乎证实了土库曼人对齐兹卡拉的命名传统以及那位美丽公主的传说。

齐兹卡拉遗址

（4）塞尔柱王朝苏丹桑贾尔的王陵

1118 年，塞尔柱帝国最后一任苏丹桑贾尔将梅尔夫定为这个庞大帝国的首都。在他统治期间，梅尔夫城的人口达到 20 万。桑贾尔王陵位于梅尔夫古城的中心，建造于 1140 年，苏丹桑贾尔将其命名为"来世之家"，它是梅尔夫古城中保存最完整的建筑物，也是蒙古骑兵入侵后整个梅尔夫古城中唯一幸存下来的建筑。整个建筑结构坚固无比，印证了梅尔夫昔日的繁荣。它被誉为塞尔柱时期的建筑明珠、北呼罗珊建筑学派的杰作。

王陵由建筑师穆罕默德·本·阿特赛兹·萨拉设计，其独有的双层覆盖的砖拱顶结构比欧洲文艺复兴时期著名的佛罗伦萨主教堂早了 300 年。佛罗伦萨主教堂由伟大的建筑师菲利波·布鲁内莱斯基设计，其教堂的大穹顶成为该建筑的标志之一。而桑贾尔王陵的穹顶设计比之更早，具有划时代的意义。陵墓高 38 米，外壁厚 5 米，地基深 6 米。顶部由两层直径超过 17 米的穹顶组成。桑贾尔王陵建筑比例对称而和谐，结构严谨，堪称古代梅尔夫最著名的遗迹之一。

王陵穹顶的天窗通向外界，这与一个诗意的传说有关。据说有一天苏丹梦见了一个美丽的仙女，并爱上了她。被爱折磨的苏丹决定用一切手段赢得她的芳心。经过无数次的努力，仙女终于同意了，但提出了三个条件：永远不要看她梳头，走路时不要看她的脚，永远不要碰她的腰。如果苏丹违背条件，她将会永远离开他。坠入爱河的苏丹同意了，但他总是被仙女所设定的奇怪的条件所困扰。有一天，好奇心终于占据了上风，苏丹违背了诺言。晚上睡觉前，仙女坐在镜子前梳头，她摘下自己的头并把它放在金碟子上，然后用金梳子梳理头发。苏丹见到后不由自主地叫了起来，仙女瞬时不见了。一连几个晚上，苏丹都在乞求她的原谅，保证他再也不会违背誓言了。苏丹的苦苦哀求打动了仙女，仙女最终决定原谅他。过了一段时间，苏丹又打破了自己的誓言，在仙女跳舞的时候，他偷偷打量了她的脚，发现她并不是在走路，而是在地面飞翔。愤怒的仙女一气之下变成一只白鸟飞向了天空。苏丹又一次陷入了深深的悲伤，虔诚地请求宽恕，他再次获得了仙女的谅解。又过了几年幸福而平静的时光，苏丹又一次被强烈的好奇心所驱使，他抱了抱仙女的腰，却发现腰部是没有骨头的。这一次，仙女再也无法原谅苏丹，决定永远离开他。她在飞走前留下了一句话："如果你想要再见到我，要建造世界上最高、最美丽的建筑，并留下圆顶上的洞，我将在每个星期五出现在你面前。"苏丹照做了。当建筑完工时，他终于从穹顶的洞里再次看见了他美丽的妻子。

今天桑贾尔王陵大厅的铭文写道："塞尔柱后裔苏丹桑贾尔使这个地方变得高贵，他像亚历山大大帝一样美丽；在他的治理下，伊斯兰世界因科学和艺术而繁荣、幸福。""桑贾尔"这个名字在现代土库曼斯坦也成为一个象征，在阿什哈巴德和马雷州伫立着他的雕塑，货币上印有他的肖像。正如历史学家所说，即使梅尔夫消失得无影无踪，没有任何历史遗址证明它的辉煌，但只要苏丹桑贾尔王陵保留下来，这就是最好的见证。

苏丹桑贾尔王陵

土库曼斯坦五马纳特货币上的苏丹桑贾尔肖像

二、尼萨古城

　　"尼萨"这个词最早可追溯到古代美索不达米亚楔形文字，在琐罗亚斯德教的圣书《阿维斯塔》中，它被称为"尼萨雅"。尼萨古城是安息帝国（又名阿萨息斯王朝，西方史学家称之为"帕提亚帝国"）的第一个国都，为安息帝国开创者阿尔萨息一世所建。公元前 3 世纪，伊朗高原东北部的帕提亚古地（今土库曼斯坦阿哈尔州与伊朗呼罗珊省北部地区，被科佩特山脉一分为二）处于塞琉古帝国的统治之下。约公元前 247 年，塞琉古帝国内部发生叛乱，帕尼部落的酋长阿尔萨息趁机率部宣布独立并向外扩张，建立阿尔萨息王朝。中国的王朝取阿尔萨息汉语音译"安息"作为其国名。公元前 1 世纪中叶，安息帝国国力不断强盛，辖内共有大小 500 余座城市，与汉帝国、罗马帝国、贵霜帝国并称亚欧四大强国。全盛时期的安息帝国疆域西至美索不达米亚的幼发拉底河，东抵印度河流域，从地中海一直延伸到印度东北部，帝国首都的所在地也沿着底格里斯河由尼萨迁往泰西封（今巴格达附近），帝国从固守伊朗高原东北部的小国一跃成为称霸整个伊朗高原与两河流域的强大国家。后因内部矛盾及与罗马帝国长期争霸，中央政权的统治被不断削弱，安息帝国日渐衰落，逐渐丧失了抵御外来侵略的能力。公元 227 年，安息帝国被萨珊王朝吞并，尼萨古城也随之没落。

　　尼萨古城位于今土库曼斯坦首都阿什哈巴德市西北郊 18 公里处的巴吉尔村，科佩特山麓上，距离土伊（伊朗）边界约 30 公里。尼萨始建于公元前 3 世纪，拥有 2000 多年的悠久历史。尼萨遗址包括旧尼萨和新尼萨，彼此相距 1.5 公里。旧尼萨主要为土坯木结构的安息皇宫城堡，包括国王的圣殿和祭仪建筑群。圣殿坐落在一个不规则的五边形山丘上，占地 14 公顷，城墙最高达 20 米，最宽达 8 米，由夯筑和土坯砌垒而成，周围建有 43 个用来防御外敌的矩形塔楼。旧尼萨分南、北两大建筑群，城内南部有宫殿、庙宇，是国王及贵族的居住区域，卫兵和大臣的官舍，以及皇家仓库、酒窖和王陵，有完整的给排水系统。北建筑群由大广场屋组成，周围有不同的住宅建筑。新尼萨在旧尼萨南，面积约 18 公顷，外围为不规则的土坯城垣，墙上有望楼，城门开于东墙，城内南部有一座城堡。城外有房舍，并有一道用草泥修建的外城墙。安息王国灭亡后，新尼萨曾于 5 世纪复兴，但 13 世纪入侵的蒙古人将尼萨夷为平地。尼萨古城饱受战乱之苦，1948 年，又受阿什哈巴德 10 级大地震重创，目前古城城体已被严重破坏，只剩残垣断壁。2007 年，新旧尼萨作为安息帝国独特的历史文化古迹被联合国教科文组织列入世界遗产名录。

尼萨古城遗址

20世纪50年代，在尼萨的考古挖掘活动中，研究人员发现了神殿、陵墓、宫殿、壁画和石建筑装饰等遗迹，出土了大理石雕塑、赤陶塑像、镀金银像、银器、青铜制品、象牙和象骨雕刻等艺术品、日用器物等。其中最著名的非"尼萨来通杯"（象牙角杯）莫属，该角杯十分精致，由象骨雕成，杯体垂直，杯口为飞檐形，结合了希腊和中亚装饰风格，杯体雕有希腊神祇图案，又融入了东方艺术风格，这是东西方文明融合的杰作，也是土库曼斯坦文化遗产中最具表现力的艺术品之一。尼萨古城遗址承载了古安息国的辉煌，留下了东西方文明交流的印记。

安息帝国位于古罗马帝国与中国汉朝之间的丝绸之路上，丝绸之路西段大部分就在安息帝国境内。安息帝国和中国汉朝始终和睦相处，关系密切。公元前2世纪末，张骞出使西域时，曾派副使访问安息帝国，安息国王派大将率骑兵2万到边境迎接。之后，安息遣使向汉朝答谢。从此双方往来频繁，随着双方商业和东西方交通的发展，古丝绸之路这一国际商道也逐渐繁荣。尼萨古城作为安息帝国的首都之一，是古丝绸之路的重要商业和交通枢纽，为促进东西方文化和商贸交流作出了积极贡献。[1]尼萨古城见证了古丝绸之路的繁荣奇迹和东西方数千年的友好往来历史。

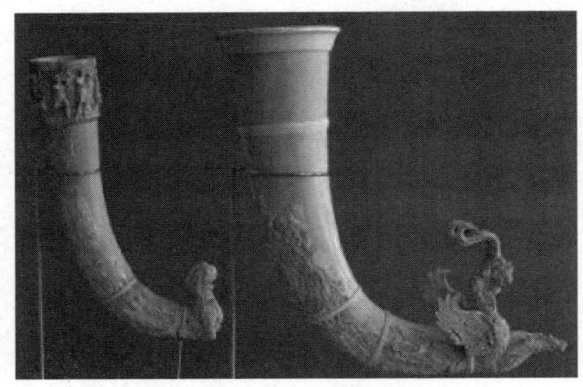

尼萨来通杯

---

① 刘雪娇：《穿越时空的记忆——丝绸之路上的尼萨古城》。

三、库尼亚－乌尔根奇

库尼亚－乌尔根奇位于土库曼斯坦的西北部、阿姆河的南面（阿姆河旧河床左岸），隶属于土库曼斯坦的达绍古兹州，与乌兹别克斯坦接壤，是中世纪花剌子模王国的首都，古时也称为"玉龙杰赤"。它也是位于古丝绸之路北侧分支上一个重要的绿洲，曾是古丝绸之路在中亚地区的重要贸易都市。现在的库尼亚－乌尔根奇是土库曼斯坦北部最大的考古遗址公园和保护区，有许多遗迹和相对完整的建筑。1929 年，苏联组织了对老乌尔根奇遗址的第一次考古行动。2005 年，库尼亚－乌尔根奇选入联合国教科文组织世界遗产名录，成为土库曼斯坦境内的重要旅游景点之一，吸引了来自世界不同国家的游客。

老乌尔根奇的早期历史可以追溯到约公元前 6 世纪的波斯阿契美尼德王朝早期。公元 712 年，库尼亚－乌尔根奇被阿拉伯人征服。乌尔根奇地处丝绸之路要冲，迅速成长和繁荣，成为中亚地区的重要中心城市。公元995 年，埃米尔马蒙·伊本·穆罕默德推翻了阿夫里格王朝，以花剌子模沙的称号统治该地区，并将玉龙杰赤定为花剌子模的国都。11—12 世纪时，花剌子模王国逐渐征服了整个中亚西北部，到 12 世纪，花剌子模的疆域已经达到了一个帝国的规模——从里海北部地区延伸到波斯湾，从高加索地区延伸到兴都库什山脉。1210 年，花剌子模国迁都至今乌兹别克斯坦的撒马尔罕。1220 年秋至次年春，老乌尔根奇遭成吉思汗率领的蒙古军队的入侵，在进行顽强抵抗后最终于 1221 年 4 月沦陷，惨遭屠城。在金帐汗国的统治下，老乌尔根奇的南方得以重建，到了 14 世纪重新成为花剌子模地区的首府和最大都市，并发展成为当时中亚最重要和最繁华的贸易城市之一。14 世纪末，金帐汗国又被帖木儿帝国征服并摧毁，帖木儿时代来临。帖木儿认为花剌子模会威胁到撒马尔罕，因此于 1388 年下令毁掉老乌尔根奇，此后该地区便日渐没落。15 世纪全球航海时代的来临也进一步阻碍了这座城市的复兴。欧洲往美洲、印度和中国之间海上航线的开通使得横贯欧亚大陆的陆上商队贸易逐渐消失，中亚经济普遍衰退，中亚自此沉寂。

在花剌子模国辉煌时期，老乌尔根奇成为整个中亚艺术、工艺和贸易的中心，坐拥许多宫殿、学校和图书馆，是东方最美丽、设施最完善的城市之一。许多东方的杰出学者在此居住和工作。花剌子模所拥有的杰出的科学家群体使得布哈拉都黯然失色，比如大百科全书学家阿布·雷汉·穆罕默德·伊本·艾哈迈德·阿尔·比鲁尼，被西方称为"阿维森纳"的杰出自然科学家、医生和哲学家伊本·西纳都曾在此居住。此外，当地不少王陵也成为中世纪的建筑明珠，它们以技艺完善而著称，展示了土库曼千年文化传统的一致性。

今天老乌尔根奇古都遗址占地约有 3.5 平方公里，它拥有的 11—16 世纪时期的建筑，展示了当时人们在建筑设计和工艺方面的卓越成就，其影响波及南方和西南方的伊朗、阿富汗以及 16 世纪后期印度的建筑。现存的遗迹主要是以烧砖修筑而成的名人陵寝，用釉面砖、切割砖和灰泥装饰的清真寺塔，以及一系列包括由泥砖构筑的曾用于防卫的堡垒等。

1. 库特卢－帖木儿宣礼塔

库特卢－帖木儿宣礼塔建于 14 世纪 20 年代，是库特卢－帖木儿清真寺的一部分，为该地的地标建筑。塔高约 60 米，是中亚地区最高的宣礼塔之一。塔身由砖砌成，饰有亮蓝色的飞檐，塔内有楼梯盘旋而上，楼梯共有 144 个台阶。塔身上的门饰花纹雕刻技术十分精湛。14 世纪上半叶，当地统治者库特卢－帖木儿和他的妻子图拉别克·哈努姆大力推动老乌尔根奇的古迹修复工作、促进城市发展，因此该塔以他的名字命名。

2. 图拉别克·哈努姆陵墓

图拉别克·哈努姆陵墓是中亚地区的中世纪建筑杰作。它巍然屹立，雄伟壮观,上有圆锥形穹顶,在早期的伊斯兰建筑中独一无二。图拉别克·哈努姆陵墓与中亚常见的陵墓颇有不同,充满了天文学色彩和神学象征,部分考古学家认为该建筑建于 12 世纪。它充分展示了设计的独创性、技艺的娴熟性、工程构建的创新性、细节的优美性和室内装饰的优雅性。它的建设者可能广泛借鉴了从小亚细亚、外高加索到印度的一些建筑的特色元素,门饰花纹雕刻技术十分精湛,完美结合了优雅性和仪式感,花丝镶嵌的图案面板中古典的藤蔓花纹颜色和谐互补。建筑师将釉料严格地覆在高贵的哑光陶土饰面上。中亚的建筑很少有过如此豪华的装饰和如此精美的空间组织。穹顶内的 365 个细瓷部分代表一年 365 天,穹顶垂直下方的 24 个弧形代表一天 24 小时,下面 12 个较大的弧形代表一年 12 个月,4 扇大窗户代表一个月的 4 个星期,空间构造美感十足。

图拉别克·哈努姆陵墓

3. 阿尔斯兰陵

阿尔斯兰陵圆锥形的拱顶配有奇异的砖质图案,这种图案后来被帖木儿传入撒马尔罕。它将独特的技术、艺术表现与大胆构思形象地结合在一起,样式简单、比例和谐。由于本身没有保留任何表明特定名称的铭文,所以

蒙古军攻陷库尼亚 – 乌尔根奇后，这座陵墓得以幸存。如今它成为库尼亚 –
乌尔根奇的标志建筑，也是整个中亚前蒙古时期最杰出标志建筑之一。

阿尔斯兰陵

第二节　古丝绸之路上的商队驿站

古丝绸之路商队驿站是在古代丝绸之路的贸易网络中，为长途跋涉的
商队提供停靠、住宿等服务的设施。这些商队驿站可以被称为中世纪的精
品时尚酒店。在连接东方和地中海的古丝绸之路的商路上，每隔 25 ～ 40

公里（古丝绸之路上商队一天行进的距离）就设置有供商队休息和保护商队财物的商队驿站。在中亚的贸易网络中，驿站承担着商业、人员交流和信息传递的重任，可以说商队驿站维持了古代丝绸之路的繁荣。而商队驿站独特的建筑形式和卓越的艺术风格也成为土库曼斯坦丝路文化遗产的重要部分。商队驿站的设计除了满足商队客观需要，往往还兼顾许多其他的用途，比如作为邮局、军事前哨等。作为古丝绸之路上令人印象深刻的建筑，商队驿站的存在代表了古丝绸之路商贸的活力，而它们所传递的社会价值时至今日仍然被土库曼人民遵从。

在重要的丝绸之路上建造大型商队客栈是统治者们的特权，同时也是他们的职责所在，宏伟的建筑彰显了统治者对国家繁荣的关切。统治者们将对自己荣耀的珍视寄托于商队驿站的数量和华丽程度。这就是为什么有的大型商队客栈实际上是"商队宫殿"，其结构、规模与国家的宫殿相差无几，其内部豪华的装饰、舒适的居住环境令人赞不绝口。在土库曼斯坦，这类建筑中最引人注目的是在塞尔柱王朝时期建造的两个著名的商队驿站：从阿穆尔到古尔甘杰途中的达亚－哈通商队驿站和从塞拉赫到尼沙普尔途中的拉巴蒂－谢拉夫商队驿站。

一、达亚－哈通商队驿站

达亚－哈通商队驿站是目前中亚已知建造时间最早的几个商队驿站之一，建造时间约为 9 世纪初至 11 世纪晚期，是古丝绸之路上最重要的文化遗址之一，位于土库曼斯坦列巴普州首府土库曼纳巴德以北 170 公里。土库曼纳巴德是土国第二大城市，也是土国东部的中心城市，位于阿姆河畔，古丝绸之路穿城而过。达亚－哈通位于从阿穆尔到库尼亚－乌尔根奇的阿姆河岸边的沿线地带，它不仅为商队提供休憩落脚之处，还为之提供安全保障。来达亚－哈通商队驿站休憩的商队规模不一，骆驼数量从 100

头到 1000 头不等。商队若拥有 500 多头骆驼则为大规模商队。驿站建造者为塔希尔国的创始人伊本·侯赛因。驿站最初是一座阿拉伯军事堡垒，在 200 年后的塞尔柱王朝时期，人们对其中心部分进行了改造。

达亚－哈通驿站最初是用土坯砖建造的，但外墙、拱、拱顶和圆顶都是用高质量的精心烧制的砖砌成的，在一些地方还使用装饰性的灰泥涂抹。建筑师们不仅巧妙地使用简单的砖块来装饰墙壁，也用各种弯曲和刻有浮雕的雕刻砖填充其间，使其成为一种复杂装饰表面，极具观赏价值。该遗址另一个特点就在于它是中亚唯一一座入口城门塔的高度和城墙壁的厚度不同寻常的商队驿站，完美展现了其巨大的营寨防御工事性能。驿站只有一个入口，四周设有高大的围墙，高耸的墙体也给路过的商队提供了安全保障。商队驿站的中心是一个带有四个敞厅的院落，套房、畜舍、厨房、仓库、澡堂等设施围绕着庭院四周布置，结构对称。驿站入口右侧有一个房间极为特别。据说，工匠们在此建造了商店和作坊。驿站的外墙为长方形，用土砖砌成，每侧高达 10 余米。内院是一座矩形建筑，边长 53 米，由土砖砌成。专家指出，该驿站的建筑风格兼具花剌子模和塞尔柱王朝的建筑风格。达亚－哈通商队驿站是宝贵的历史古迹，对于土库曼斯坦研究和传承古丝绸之路文化历史具有重要意义。

1950 年，建筑历史学家安娜·马克西莫夫娜·普里比特科娃首次对达亚－哈通驿站进行了详细研究。她在其著作中写道："在这座建筑中，你可以追溯各种各样的砌筑技术，包括拱门、圆顶结构、天花板上的光洞等各种结构的最佳跨度。"随后，她的同事、院士加利纳·阿纳托利耶夫娜·普加钦科娃和南土库曼斯坦考古综合探险队（UTAKE）的一支分队来到这里，对这座遗址的特殊价值做出了如下说明："达亚－哈通商队驿站是成熟建筑风格的典范，在这种风格中，功能的健全性、构造的便利性和艺术的完美性成为不可分割的统一体。"

今天，大多数商队驿站早已消失，变成了废墟，而达亚－哈通商队驿站几乎完美保存了其整体结构，使人们有机会恢复其濒临消逝部分的建筑和装饰元素，达亚－哈通商队驿站现已成为土库曼斯坦考古专家修复工作的重点。负责管理该遗址的土库曼科尔金国家历史和文化保护区的相关部门，曾多次尝试为其加强支撑。

为防止该古迹状况进一步恶化，土库曼斯坦文化部下属的国家历史文化古迹保护、研究和修复司的专家分别于 2015—2016 年以及 2018—2019 年对该历史遗迹实施了第一阶段和第二阶段的全面季节性修复工程，第三阶段秋季季节性修复工程已于 2021 年 10 月底完成，并在 2022 年春季继续进行，由美国国务院文化保护大使基金资助。目前墙壁、地板和主立面覆层的濒危部分已得到抢救，庭院立面和商队驿站入口左右两侧的走廊，商队驿站院落东、西回廊的外墙，相邻房舍和入口外墙也得到了修复。按照计划，专家们将着手修复驿站内的金字铭文。在修复工作中，专家们使用了适于二次利用的中世纪砖，并根据中世纪砖的样式和质地制作了所需数量的新砖。

达亚－哈通商队驿站遗址

二、拉巴蒂 - 谢拉夫商队驿站

拉巴蒂 - 谢拉夫商队驿站是 12 世纪塞尔柱王朝时期商队驿站的典范。11—12 世纪的塞尔柱帝国是当时中亚最强大的国家，在帝国苏丹桑贾尔统治时期，地区总督谢拉夫·伊本·塔赫尔建造了该驿站，它名字中的"营寨"揭示其曾经的军事用途。拉巴蒂 - 谢拉夫商队驿站是当时王室驿站的代表。王室驿站不仅用来招待商队，有时也作为苏丹和王公们在外的临时住处，他们在东征西讨时常下榻此地。正因为如此，这座商队驿站为考古人员研究塞尔柱时期王室成员的生活提供了第一手的资料。

拉巴蒂—谢拉夫商队驿站遗址

整座建筑至今保存尚好，建筑主体呈方形，面积大约是 7700 平方米，其大门高 8 米，宽 5 米，足以容纳好几个人乘马并排进入。敞厅上的灰泥装饰十分精美。近 5 米的高墙把这座建筑保护得严严实实，只在东南方向留有一个入口。这座商队驿站最大的特点是其内部被分为两个庭院：内庭院和外庭院，属于公共区域的外庭院供军队、仆役和来往商队使用，带有畜舍、储藏室和厨房等设施，而内部的私密庭院则供给王公及主要官员居住。内外庭院被一面几乎延伸到外墙的砖墙分割，外庭院位于中轴线上的敞厅是通往内庭院的唯一入口。内庭院中的套房大小不一，配备有必要的生活设施，以满足王公和随从官员的需要，每间面积为 25 平方米左右，有天井采光。作为一座按照王室起居规格修建的驿站，今天的人们仍然可以通过其遗址感受驿站的豪华。该商队驿站的多功能作用，异常精致的灰泥装饰设计也影响了后来的商队驿站建造，成为这一时期世俗建筑装饰的典范。

第三节 古丝绸之路遗址的保护、研究和推广举措

一、多国专家相助

土库曼斯坦政府欢迎国际力量同土库曼斯坦人民一道探索与维护土库曼斯坦的历史文物。土库曼斯坦现存的很多文化遗址历经百年甚至千年的风吹日晒，遭受各种自然灾害，残存的建筑遗迹急需抢救。土库曼斯坦政府鼓励国际组织、国外政府和非政府机构以及私人通过项目和赞助的方式

对土库曼斯坦境内丝绸之路上的大量历史文化遗址进行保护和研究。土国的文物保护和修复专家也一直与外国的同行密切合作。土库曼斯坦自 20 世纪 90 年代初独立以来，就邀请美国、俄罗斯和一些欧洲国家的专家参与丝绸之路古城的联合考古和研究工作。意大利考古小组自 1993 年就一直专注于旧尼萨的考古研究，至今已持续了近 30 年。

梅尔夫古城是土国境内最宝贵和最引人注目的历史文化古迹，同时也是该国最大的考古公园的标志性景点，来自世界各地的考古学者和研究人员参与了对它的考古和修复工作。土库曼斯坦国家文物保护、研究和修复的专家与英国、法国和波兰进行了 5 年的项目合作，后又于 2011 年获得了美国国务院文化保护大使基金项目的 59.5 万美元的资助，主要用于对齐兹卡拉的保护和研究。这也是该基金首次授予土库曼斯坦的大笔赠款。自 2001 年起，伦敦大学学院考古研究所在土国保护梅尔夫古城项目的基础上筹划了一个新的长期项目——古梅尔夫项目，数十名来自土库曼斯坦、英国、德国、丹麦、伊朗、中国、美国等国的青年专家在经验丰富的导师蒂姆·威廉姆斯的指导下，运用所掌握的专业技能开展科研。近几年，来自英国伦敦大学学院考古研究所、波兰华沙大学考古研究所和法国格勒诺布尔建筑学院国际土建筑中心（CRAterre）的专家们参与了土库曼斯坦的文物保护和修复工作。土库曼斯坦本国实业家和企业家联盟也对土国考古科研活动大力赞助，并为考古队提供驻扎营地和物资。

近几年由国外赞助，并有国外专家参与土库曼斯坦保护和修复的文化遗址项目有哥诺尔古城、阿吉奎、齐兹卡拉、老尼萨、苏丹桑贾尔王陵、恩罗金力城堡、蒙朱克特佩、古鲁克利城堡、托帕石城堡、达什力城堡、库尼亚－乌尔根奇的苏丹帖克什和纳杰梅丁·库布拉陵墓、阿克萨雷丁和伊斯马穆特阿塔建筑群、图拉别克·哈努姆陵墓、达亚－哈通商队驿站、阿斯塔纳－巴巴等。其中齐兹卡拉的修复项目在数量和科学研究成果上一骑绝尘。

二、支持土库曼丝路古城相关科研

19 世纪末，古代梅尔夫及其周边成为著名东方学者和考古学家研究的对象，土库曼斯坦加盟共和国政府全面支持本国和外国科学家的考古和科研工作，为研究土库曼斯坦历史创造一切有利条件，并鼓励他们将研究成果进行发表和宣传。20 世纪 90 年代，土国政府支持的由英国历史学家和考古学家乔治娜·赫尔曼（Georgina Herrmann）教授领导的考察小组在梅尔夫进行的"国际梅尔夫"项目考古和研究工作卓有成效，其研究成果已经发表。其中，1999 年由伦敦古物协会出版的专著《梅尔夫遗址：卡拉库姆的传统建筑》尤为引人注目，在世界丝绸之路考古界中引发了热议。同年，在乔治娜·赫尔曼和专家组的热心帮助下，土库曼斯坦国家历史文化古迹保护、研究和修复司的专家们整理出了一份精心编写的档案，并申报世界遗产，古梅尔夫保护区也因此成为土库曼斯坦第一个被列入联合国教科文组织世界遗产名录的历史文化古迹。各国科学家为土库曼斯坦文化遗址的研究和推广做出了巨大贡献。

三、规范丝路古城文化遗产的保护和宣传

为了保护本国历史和文化遗产，土库曼政府专门划出了历史文化保护区，将重要的历史文化遗址纳入国家管理范畴。土库曼斯坦还成立了专门的历史文化古迹保护、研究和修复司，主要负责文化古迹的修复等工作。2017 年，土库曼斯坦通过了由国家科学院和国家历史文化古迹保护、研究和修复司共同制定的《2018—2021 年丝绸之路沿线历史文化遗址考古发掘国家规划》，计划对土库曼斯坦境内分散着的许多已知和未知的城堡、要塞和古代大型建筑进行新的全面摸底考察。规划中除了考古学家、建筑师和工程师以外，人类学家、古植物学和地质学家、语言学家、人种学家和

其他专家也将参与发掘和研究工作。该规划更好地协调了土库曼斯坦各部门和各方力量，为保护土国丝绸之路文化遗产共同努力。2017 年土国通过了《国家历史和文化遗产动产保护和进出口法》，该法律为该国国家博物藏品运输至境外进行展出扫清了障碍。2018 年 4 月至 10 月，名为"马尔吉亚纳：土库曼斯坦的青铜时代王国"的巡回展览在德国多所博物馆举行，这次展览展出了以哥诺尔古城出土文物为主的 200 余件珍贵展品，它们首次走出国门，向世界展示了 4000 多年前已具有高度文明的哥诺尔古城的巨大成就。

四、与国际接轨

为宣传本国的丝绸之路文化，提高本国丝绸之路文化遗产在世界的知名度，土库曼斯坦政府经常主办有关保护丝绸之路历史文化遗产的国际科学会议。比如，2021 年，土国针对齐兹卡拉特有的波纹城墙的修复，专门组织国内外专家进行会商和探讨，来自古梅尔夫项目的负责人、国际黏土建筑中心（Cratre EAG）的代表，以及多国经验丰富的建筑师和修复专家都出席了会议。与会代表最后达成一致意见，采取符合联合国教科文组织有关保护历史建筑的现代标准和国际公约的行动方案，既确保城堡的历史真实性，又最大限度地避免其受自然破坏。土国还在世界各地积极举办各种文物展览，展品除了珍贵的历史文物之外，还有大量反映丝绸之路古代、近代和现代不同历史时期的土库曼人文社会风情等作品，力图让土库曼斯坦的丝绸之路文化获得更多的国际关注与认可。

五、高科技助力

土库曼斯坦国家历史文化古迹保护、研究和修复司近年来特别注重与发达国家的文物保护和研究专家合作，利用最新的数字技术，对各种文化遗产进行保护和推广。伦敦大学学院考古研究所蒂姆·威廉姆斯领导的土库曼斯坦古梅尔夫项目利用最新的数字技术，包括三维激光扫描、数字摄影和全球定位系统、大地测量等先进技术，建设古梅尔夫考古遗址信息库，并在国际上进行推广。该研究所还对土国国家档案馆中与这一遗址相关的全部文件进行了数字技术修复，包括一百年多前拍摄的照片。2011 年土库曼斯坦加入了美国非营利性组织 CyArk 的"开放遗产"项目，旨在研究、保护和保存梅尔夫古城的遗迹，向全世界推广土库曼人的文化价值观念和精神遗产。该项目通过建设梅尔夫古城的苏丹城堡的数字档案馆，对该城堡进行了三维模型录入和建模，现在人们可以在网上观看动态 3D 模型，全方位、零距离体验苏丹城堡的魅力。通过各种先进技术来再现土库曼斯坦的这些著名景观，不仅能够将文化遗产的现场永久保存下来，倘若文化遗产将来遭受损坏，数字资料也可以作为未来遗址修复和重建的宝贵参考资料。

六、总统出书宣传

2017 年，土库曼斯坦总统撰写了《土库曼斯坦——丝绸之路的中枢》一书，并在土库曼斯坦驻他国大使馆协助下，在多国举办新书发布会，扩大其影响。该书以丝绸之路的悠久历史及现代条件下的复兴为主题，内容涵盖政治、经贸、科技、宗教、地理、考古、文化和艺术等多个方面，是一本介绍土库曼斯坦历史发展和丝绸之路古迹及土库曼人的历史文化特性和传统习俗的著作。该书旨在回溯丝绸之路源头，向世界展示丝绸之路的价值，力图恢复和弘扬丝绸之路的优秀传统，让在东西方交流对话中发挥了重要作用的丝绸之路成为沿线各国重要的外交主题之一，并发挥其在促进区域经济一体化过程中的作用。

第四节　丝绸之路古城、驿站遗址保护和推广动因

一、土库曼人文化自信的源泉

土库曼这片古老土地为东西方的文化、贸易、宗教和思想交流作出了重大贡献，特别是公元前后崛起的安息古国令现代土库曼人备感荣耀。安息古国的部分居民的后裔后来成了土库曼民族的先民。[①] 土库曼斯坦当代的官方叙事中一直强调现代土库曼人是安息古国历史文化的直接继承者。

安息古国艺术和建筑中强烈的表现力、装饰主题、建筑方法和文化元素都已经融入了土库曼文化中，并成为土库曼斯坦国家文化的源头。著名的尼萨来通杯出土 50 年后，在 2017 年阿什哈巴德举行的亚洲室内与武道运动会开幕式上，被装扮成安息女孩的土库曼姑娘握在手中。土库曼斯坦通过这种穿越古今的时空联系，向世界展现土库曼人不可分割的文化传承，宣传古老文化精神在土库曼民族起源中的重要作用，提升当代土库曼人的文化自信，为土国经济社会的发展积蓄精神力量。

二、古丝绸之路的文化积淀

土库曼斯坦自独立以来就推行的复兴古丝绸之路国家文化战略寄托着土库曼人重振民族文化，复兴民族国家的梦想。21 世纪，土库曼斯坦想借助复兴古丝绸之路这个历史悠久的文化概念，以及该概念中所蕴含的贸易繁荣、友好和平等积极元素，再次发挥土库曼斯坦在欧亚大陆的交通、贸易和文化枢纽作用，实现文化强国和文化兴国。今天土库曼斯坦各大官方

---

① 胡振华：《中国史书上的尼萨、乌尔根奇和马雷》，《中国穆斯林》，2021 年第 2 期。

媒体都在反复强调古代土库曼人在伟大的古丝绸之路的兴起和繁荣中所发挥的重要作用，以及现代土库曼斯坦在开放和运营最大的欧亚能源运输项目方面所作出的积极贡献。

为恢复古丝绸之路这条连接东西方的贸易运输交通走廊，土库曼斯坦政府在古梅尔夫、阿穆尔、库尼亚－乌尔根奇、尼萨等遗址附近，布局了交通运输路线和通信基础设施发达的现代产业集群与城镇。土库曼斯坦不仅大力支持保护和研究古丝绸之路上的伟大文化和历史遗产，还积极参与和支持欧亚大陆在复兴丝绸之路理念框架下的经济和贸易一体化合作。

三、文化软实力突出

土库曼斯坦人口数量在中亚五国中最少，80% 的领土被卡拉库姆沙漠所覆盖，经济形式较为单一，主要依赖油气资源的出口，但是土库曼斯坦的古丝绸之路文化遗产却是全区域最丰富的。马尔吉亚纳青铜时代文明区、为东西文化交流做出过巨大贡献的安息古国、被誉为 "世界城市之母" 的塞尔柱帝国首都——梅尔夫古城，这些历史古迹是这片土地光辉历史的证明。历史上有很多长距离的贸易走廊，但没有一条可以与古丝绸之路相提并论。这条长 6500 公里的贸易商道连接了 40 多个国家，在土库曼斯坦国家历史中留下了不可磨灭的印记。土库曼斯坦现有的 2000 多处历史古迹中很多都是有关古丝绸之路的。它们对研究中亚乃至世界历史都具有重要意义。这些土库曼人民引以为荣的文化遗产提升了土库曼斯坦在国际社会的文化软实力，有利于其在国际舞台上发挥更大的影响力。

四、中立的历史文化渊源

土库曼斯坦坚定不移地奉行和平外交政策，不加入任何带有军事性质的集团，不加入任何需要选边站的政治组织，始终在和平友好的基础上发展和其他国家的关系。确立中立国策之初，土库曼斯坦政策制定者们就试图从土库曼斯坦古老的丝绸之路文化遗产中去寻求历史文化积淀和思想根源，谋求国民对"中立"的历史文化的认同与支持。土库曼斯坦土地上众多的聚居地曾是丝绸、盐、糖、香料、象牙、宝石等的繁华交易市场，而为数众多的著名古城遗址则是多样文化与宗教交流的沃土。在公元 3—7 世纪的萨珊王朝时期，梅尔夫古城多种宗教并存，成为不同宗教信仰和不同民族的大熔炉，东方与西方文化在这座历史重镇上一度和谐相处、共生共存。安息帝国首都尼萨古城也见证了古丝绸之路的和平与繁荣，经历了东西方友好往来的伟大历程。这些蕴含着和平、人道、交往、繁荣关键词的古丝绸之路文化遗产，为土库曼斯坦制定以和平和发展为基础的中立国策夯实了历史文化基石。

五、爱国主义教育的摇篮

丝绸之路文化是土库曼斯坦最鲜明、最有彰显力的文化，而历史文物古迹是最好的爱国主义教育素材。土库曼斯坦曾被誉为古丝绸之路上的"千城之国"。作为古丝绸之路的重要交通枢纽，这里孕育出了繁华的城市与先进的工艺。文物古迹是生活在这块土地上的先辈们技术和文化的结晶，也是土库曼人民悠久历史的最好见证和珍贵史料。对古丝绸之路文物的合理利用，对其历史价值、科研价值、教育功能和形象功能的充分开发，有助于土库曼斯坦经济社会的和谐发展与进步。土库曼斯坦政府呼吁人民珍视本国璀璨的历史文化遗产，进一步了解本国的历史文化遗产，增加民族自豪感，培养年轻人的爱国热情，重视先辈们留下的丰厚遗产，爱惜蕴藏在其中的厚重的土库曼文明。保护和推广这些文物古迹就是尊重祖先、尊重历史、尊重本民族文化，也是爱国主义的教育的一种切实可行的路径，有利于促进土国人民凝心聚力，为推动经济社会的发展作出贡献。

第九章

土库曼民族音乐与舞蹈

　　土库曼人大多数生活在荒漠边的绿洲，这种生存环境铸就了土库曼人开朗、乐观、豪放，还略带一些忧郁的民族性格，激发了这个民族热爱音乐和舞蹈的天性。土库曼人通过这些艺术形式展示本民族的精神和传统。几乎所有的土库曼人都知道如何唱歌或弹奏一种特殊的两弦乐器。"哪里有帐篷，哪里就有歌声"，即使在严寒中，也能听到帐篷里传来的音乐声，帐篷中高朋满座，人们或躺或坐在演奏者周围，裹上皮草外套，直到音乐停止。音乐舞蹈艺术的表演者在土库曼人中极受尊敬，享有特别荣誉。无论艺术大师们走到哪里，人们都张开双臂迎接他们，将他们奉为上宾，最先为他们送上茶具和烟斗。在土库曼斯坦，最负盛名的是巴赫希艺术、都塔尔、库什德普提歌舞、吉奥罗格雷史诗等。

第一节　土库曼传统民族音乐与舞蹈

一、巴赫希

巴赫希艺术是指在中亚等广大地区的传统民间口头说唱艺术表演形

式。它借助传统乐器伴奏，以说唱的形式讲述历史和英雄史诗，类似中国的陕北说书、山东快板、京东大鼓等艺术形式。巴赫希是发扬土库曼斯坦传统，传承土库曼斯坦价值观，记载土库曼斯坦历史、文化、宗教和伦理的重要形式，在土库曼斯坦民间艺术中具有独特、崇高的地位。

"巴赫希"一词来源于波斯语，既有知识渊博之士的含义，又有老师、师傅之意。由于巴赫希艺术一般是师生通过传统的面对面教授方式进行传承，所以土库曼斯坦不少地区设立了专门的巴赫希学校。表演者可以是单人，也可以由双人和多人进行表演。如果是单人表演，艺人连说带唱，通常会抱着都塔尔琴作为伴奏乐器。

巴赫希曲目承载了土库曼斯坦的民间传说、故事、神话、历史、传奇、宗教、史诗与土库曼人的生活智慧和理念。因此，巴赫希艺术家的表演超越了单纯的故事讲述，具备了一定的社会功能。历史上的土库曼人就曾经将他们视作法官、调解人和治疗师。今天，巴赫希已经深深渗入到了土库曼民族生活的方方面面中，特别是在广大农村和牧区举办的节日、婚礼等聚会场合中，都少不了巴赫希大师们的表演。在各级政府和机构举办的各种节日庆典上，巴赫希表演艺术也是不可或缺的节目。巴赫希表演通常还伴有舞蹈，身穿艳丽传统服饰的男女老少们随着音乐和说唱翩翩起舞。

土库曼人对巴赫希表演者尤其尊敬。19世纪，法国人古利伯夫·德·布洛克维尔对土库曼特克部族的日常生活进行了为期十四个月的田野考察。他在笔记中写道：如果人们想请巴赫希们帮忙，仅仅口头通知是绝对不够的。通常会有两三个人骑着马去拜访他们，并请巴赫希们赏光一起过夜，人们会专门安排一匹马用来接送，也会提前准备庆祝活动和宴会迎接巴赫希们的到来。村庄里每场巴赫希表演都能吸引成千上万的人，表演一般会在下午五六点开始，一直到第二天早上八九点结束。通常，巴赫希艺术家会由一位了解他的习惯且道德高尚的助手陪伴。土库曼斯坦政府十分肯定巴赫希说唱艺人的崇高地位，技艺高超的大师们会被国家授予"土库曼巴赫希"的荣誉称号，由土库曼斯坦总统亲自颁奖。

二、都塔尔

民族乐器是文化遗产的重要组成部分，是历史信息的宝贵来源，反映了传统音乐的诞生和发展历程。民族乐器的演变、发展也反映了整个民族的发展、传承与变迁。

都塔尔是一种弹拨乐器，可用于独奏、合奏和伴奏，土库曼民族音乐的传统类型和形式就是由巴赫希艺人手持都塔尔进行表演。从远古时代起，都塔尔就一直是土库曼文化的一个组成部分。都塔尔可用于土库曼音乐和演唱的所有场合。它轻巧便于携带，深受游牧民族的喜爱。都塔尔来源于波斯语，"都"意为"二"，"塔尔"是"琴弦"之意，所以，都塔尔的字面意思为"两条琴弦"，指两条弦的乐器。传统的都塔尔，结构和弹布尔差不多，外形像一个安装了长柄的葫芦水瓢，由共鸣箱、琴头、琴杆、弦轴、琴马和琴弦等部分组成，原材料一般要选用干燥的桑木、杏木、核桃木。琴头上有短短的两个弦轴，以前多用羊肠制作，现在多为尼龙弦。演奏时，演奏者左手持琴按弦，右手持拨片弹拨发音。

都塔尔是土库曼斯坦音乐的灵魂。在土库曼斯坦，没有民间音乐家拿着都塔尔表演巴赫希的婚礼和节日庆典是不完整的。备受世人尊敬的巴赫希表演者一直是主角，而都塔尔则是他们最为珍贵的宝贝，一般被放置在特殊的软织物箱内，从不外借。在土库曼斯坦广泛流传着一位名叫舒库尔的都塔尔琴手的故事。据说这位身怀绝技的民族音乐家，曾借助他非凡的都塔尔表演技艺，阻止了祖国与邻国即将爆发的激烈战争。

听着都塔尔曲目时，土库曼人仿佛能感受到广阔无垠的卡拉库姆沙漠上空的烈日，听到山间河流悦耳的奔腾声、海浪的拍打声和鸟儿的鸣叫声，看到恋人柔情脉脉的双眼。都塔尔琴音对于土库曼人来说，是一种灵魂的旋律、一种精神世界的声音、一种自然的呼唤。

都塔尔

三、库什德普提歌舞

库什德普提歌舞艺术是土库曼民族独有的传统歌舞艺术形式。考古发现和一些文字记载表明，该舞蹈传统已有上千年的历史渊源。有人认为，在发掘安息帝国首都尼萨时发现的角状杯上就有库什德普提舞者的形象。由于其独特性及悠久的历史，2017 年 12 月，在韩国济州岛召开的第十二届政府间非物质文化遗产保护会议保护委员会上，库什德普提被列入联合国教科文组织非物质文化遗产代表作名录。

库什德普提作为土库曼民族精神文化的一个组成部分，讲述了人与自然的关系。歌舞通过不断增强的音乐节奏和舞蹈语言，揭示人类生命的无尽循环、爱与新生命孕育的奇迹等主题。

库什德普提歌舞在里海沿岸的土库曼部族中非常受欢迎。传统的库什德普提舞由旋转组成，而且旋转次数随着舞蹈者的情绪高涨逐渐增加。该舞蹈要求舞者步伐整齐，配合音乐节奏保持一致。如果有舞者没有跟上节奏，则会导致整个舞群混乱，失去舞蹈的美感。因此，要想跳好库什德普提舞，舞者必须从小练起。优秀的库什德普提舞者可以转各种圈后融入整个舞群，而不破坏其他舞者的节奏。

库什德普提舞包括七个舞蹈动作，分别是拍手、踢地、弯腰、转头、跳跃、坐立和转身，以此表现人与自然和谐统一。其中，拍手象征着鸟儿为船员们扇动翅膀，仿佛在帮助船员们找到回家的路。库什德普提舞深受土库曼人民的喜爱，"上天赐予库什德普提舞者健康"的俗语在土库曼人中广为流传。

如今，古老的库什德普提舞也融入了时代特色，常被年轻人搬上文艺演出的舞台，也是当代土库曼人各种节日庆典和婚礼中不可缺少的节目。人们在跳库什德普提舞时，经常辅以民谣、俏皮话及演唱，有时候舞者边舞边说唱。在婚礼上，年轻小伙子和姑娘们边跳边进行诙谐幽默的对唱，表达对新人美好的祝福，为婚宴增添更多的欢庆气氛。

库什德普提舞表演

四、吉奥罗格雷史诗

吉奥罗格雷是这部史诗的主要人物，他是一名勇敢的战士，同时也是一名多情的诗人和音乐家，关于他的传说在中亚流传了几个世纪。该史诗通常在音乐的伴奏下表演。史诗是以歌谣和传说的形式从中世纪流传下来的，所以几乎没人能够将吉奥罗格雷史诗完整地记下来。出生在达绍古兹州的音乐家帕尔凡熟记了最多的吉奥罗格雷史诗章节。根据他的复述，1937年语言文学研究所的工作人员记录了这部史诗的12个章节。卡里耶夫教授认为："吉奥罗格雷史诗是集多民族、多代人的作品，它超越了历史和民族的界限，具有故事情节、视觉效果、故事编排和叙事原创等特点。"

　　史诗以吉奥罗格雷和他的四十名勇敢追随者为祖国独立而反抗压迫者的武装斗争为主题。吉奥罗格雷有一种不寻常的力量，他受圣人的庇护，拥有魔法武器——一把由天空金属制成的剑。他还拥有一匹长着翅膀的大马——吉拉特，在许多版本中，马的荣耀等同于战士本人的荣耀。根据传说，吉奥罗格雷一半的力量来自他的马。英雄自己还有一把独特的伊斯法罕弓。吉奥罗格雷成年后杀死了残暴的可汗，并在山中建造了一座坚不可摧的城堡——羌迪比尔，他和他的战士们在那里顽强地抵抗侵略者。史诗中的吉奥罗格雷保持了普通人的特点，并没有被过分理想化，同所有的凡人一样，吉奥罗格雷也会犯错误，还会发脾气，喜欢玩，享受美食和音乐。他有时过分自信，也会懊悔自己的行为，并试图纠正自己的错误。卡里耶夫教授认为，因为史诗中的某些情节是在19世纪以前产生的，因此这部史诗不仅反映了一个世纪的事件，考虑到土库曼民族的故事讲述者会增加故事情节，所以可以肯定地说，这部史诗中也反映了18世纪土库曼人与外国侵略者之间的残酷斗争。

　　这部史诗不仅讲述了为祖国的荣誉和自由而战的土库曼勇士们的英雄事迹，更书写了那个时代的道德准则。土库曼巴赫希表演者们用他们动听的歌曲给听众讲授生动的道德课。史诗中的忠告、动人的歌曲、感人的独白和经典的对话，教育了一代又一代土库曼人，教给了他们诸多的生活理念，比如对朋友忠诚和对敌人仇恨等。

如今，土国首都阿什哈巴德的一条主要街道和达绍古兹州的一个城市以吉奥罗格雷命名。他的形象也出现在土国现代绘画和雕塑中，二十马纳特货币上也有吉奥罗格雷的形象，史诗也被大量出版。大约180年前，法国作家乔治·桑地被勇敢、快乐、公正和足智多谋的吉奥罗格雷形象深深吸引，随即将这部英雄史诗翻译成法语。1843年，史诗的一部分发表在巴黎的《独立杂志》上，桑地称吉奥罗格雷为游牧部落的拿破仑，并强调了天才的吉奥罗格雷代表了当时国家的道德准则，其形象是土库曼人心理的人格化。

吉奥罗格雷形象

第二节　土库曼民族乐器、音乐与舞蹈保护政策

一、民族歌舞、乐器"申遗"

1999 年 11 月联合国教科文组织执行委员会决定设立"宣布人类口述和非物质遗产代表作"计划后，土库曼斯坦积极对本国的非物质文化遗产——巴赫希、都塔尔和库什德普提歌舞进行申报。2017 年，土库曼斯坦民间歌舞艺术库什德普提被列入联合国教科文组织人类非物质文化遗产代表作名录。2020 年 11 月，土库曼斯坦教科文组织国家委员会第一届会议审议了将巴赫希艺术和都塔尔制作工艺列入人类非物质文化遗产代表名录的草案。2021 年 12 月 13 日至 18 日联合国教科文组织保护非物质文化遗产政府间委员会第十六届会议一致通过将土库曼民族都塔尔制作工艺和巴赫希传统音乐表演艺术与歌唱结合列入联合国教科文组织非物质文化遗产代表作名录。

二、传统音乐和歌舞的推广和宣传

进入全球化时代后，商业文化日益泛滥，人们有了更多的娱乐选择和更为先进的知识传承手段，巴赫希这种古老说唱艺术在城市的影响力日渐衰退。人们对巴赫希这样独特和伟大的艺术的关注和兴趣也不断降低。为了使这种传统的文化遗产重新焕发生机，保护和发展这种文化遗产，土库曼斯坦很多地方都设立了专门的巴赫希学校，儿童们以大师和学徒传统的面对面的方式学习这种珍贵的艺术。此外，土库曼斯坦政府在各种国家传统节日，比如丰收节、甜瓜节、阿拉拜犬节、中立日、独立日，以及各种庆典的开幕式、闭幕式，都会组织以巴赫希为代表的民族文化表演节目，

并使用线上和线下各种方式广泛宣传。

土库曼斯坦总统别尔德穆哈梅多夫还著有《安宁、友谊与兄弟情谊之乐曲》和《巴赫希——人民幸福的先声》等书，向全世界人民推广土库曼传统音乐和歌舞艺术。

三、全国性的民族传统歌舞音乐和表演大赛

2021 年 4 月，在土库曼斯坦国家文化中心穆卡姆宫，土库曼斯坦文化部和马赫图姆库里青年组织中央委员会联合举办了"都塔尔制作工艺、都塔尔演奏艺术和巴赫希比赛"。这项全国性比赛的主要目的是推广土库曼斯坦历史和文化的宝贵遗产——巴赫希艺术，完善都塔尔的制作工艺，并在选手中交流专业知识。众多土库曼斯坦音乐院校的师生，文化馆、剧院的工作人员和业余表演者参加了比赛演出，观众们反响热烈。比赛分为都塔尔制作、都塔尔演奏和巴赫希艺术三个类别。最佳都塔尔制造者和巴赫希大师由评审团裁定。

四、吉奥罗格雷史诗国际科学会议

别尔德穆哈梅多夫总统在纪念吉奥罗格雷史诗的国际科学会议上向与会者强调，国际化的吉奥罗格雷史诗在世界文化交流中发挥了重要的作用，土库曼人特别尊重多样的文化遗产、精神和道德传统，为人类文明的宝库贡献了自己的力量。

吉奥罗格雷史诗不仅是土国人民进行爱国主义教育的学堂，更是土库曼民族无穷无尽的智慧海洋。史诗中的世界观、价值观，宣扬对人性、高尚和团结的探求，不仅为土库曼人，也为全世界人民所理解，唤起了人们对土库曼民族所确立的原则和愿景的普遍关注、深入研究。这也是土库曼

斯坦政府举办吉奥罗格雷史诗国际科学会议的主旨。国际学术会议的召开推动了国际社会对吉奥罗格雷史诗在世界文化中的作用的研究，促进了史诗在国际社会中普及和推广。

第三节 土库曼斯坦保护民族音乐和舞蹈的动因

土库曼斯坦的民族音乐和舞蹈有着鲜明的特征和独创性，反映了土库曼民族特性、本土语言、生活方式、传统习俗和数百年以来的价值观，这些也是人类文化的重要组成部分。土库曼斯坦的民族音乐和舞蹈担当了保护和传播民族文化的特殊角色，将土库曼斯坦的历史和文化用音乐和舞蹈的形式表现出来，守护着土库曼人的宝贵精神财富，塑造了现代土库曼人的精神世界、道德准则、心态和艺术品位，广受人民喜爱。

在当代土库曼社会中，土库曼民族音乐和舞蹈秉承着与土库曼人民共同发展的精神原则，与土库曼斯坦当代流行文化一道，成为土库曼人现代生活中不可或缺的组成部分。

一、中立国策促进民族文化发展

土库曼人认为，以和平对话、互信与建设性合作为原则的中立国策是向以巴赫希音乐等为代表的民族传统所蕴含的和平友爱精神的回归。在发展什么样的国际关系、如何面对各种威胁和挑战，以及确定何种外交形式等问题上，土库曼人从传统的民族音乐和舞蹈中找到了问题解决之道。

在土库曼斯坦有一个流传很广的关于巴赫希艺术大师的故事：传奇大师舒库尔·巴赫希的一个兄弟被外国可汗俘虏。如何解救他？村民们的意见不一，年轻的勇士们建议直接攻打该国，占领其领土，而年长者们则建议支付赎金。但舒库尔·巴赫希却这样思考：如果发动袭击，许多人会因此丧生，而支付赎金有可能使村民们一贫如洗。最后这位年轻的音乐家决定另辟蹊径：带着他的都塔尔去找可汗，用美丽动听的音乐去说服他。可汗同意释放他的兄弟，但有一个条件，那就是舒库尔的表现必须超过自己国家的音乐家加桑。舒库尔·巴赫希的表演充满了勇敢精神、人道主义、对家人兄弟的忠诚和深深的爱。舒库尔·巴赫希毫无悬念地战胜了加桑，可汗也被他动人的表演所打动，欣然释放了他的兄弟。后人评价说，舒库尔·巴赫希的两首歌为他赢得了整个世界。

巴赫希音乐折射出了土库曼人传统的生活哲学，人文精神价值高于一切，它在塑造土库曼民族文化身份方面发挥了重要作用。土库曼人认为用都塔尔演奏出来的柔和音乐也反映了土库曼人民和国家的心态，即选择中立作为实现和平与繁荣的途径。土国突破性地借助传统民族音乐进行对外国际交流，协调与周边国家间的关系，并与之开展人文交流和人道主义合作。

二、弘扬民族音乐和舞蹈文化——民族文化复兴战略

巴赫希和库什德普提的表演艺术反映了土库曼民族的精神道德观。巴赫希曲目中具有强烈的对生命的礼赞，敦促人们去从事正义的事业，去行善事。比如反映德斯坦的巴赫希曲目中既表达了英雄人物交织复杂的情感体验，又蕴藏着丰富的民间智慧和深厚的道德观。这些民族音乐和舞蹈中蕴含的传统价值和道德观为土国政府治理国家提供了丰富的思想文化养料和精神源泉。土库曼斯坦政府致力于历史文化遗产的研究和保护，并积极

强化它们在世界文化中的地位，对民族传统音乐和舞蹈的保护和弘扬是其重要一环。

文化是民族的，是国家的，也是世界的，土库曼斯坦加强对民族音乐和舞蹈的精神基础建构，并将其作为推进民族文化复兴战略的具体举措，旨在提高本国的国际声誉和软实力，为土库曼斯坦的政治稳定和经济繁荣服务。

第四节　土库曼斯坦著名巴赫希音乐家

一、阿什·艾丁·皮拉

阿什·艾丁·皮拉生活在 11—12 世纪。据史料显示，他的真名是阿苏格德·迪恩·希哈比丁·奥马尔。据说他在 1100—1115 年间出生，活了一百多岁。他被称为酋长，拥有罕见的天赋，多才多艺、知识渊博，他也是东方许多传说和神话中的英雄，就连统治者和政治家也会经常听取他的意见。他撰写了各种不同主题的杰出著作，留下了许多手稿，也是一名才华横溢的表演者和演讲者。

今天，许多土库曼人把他视为土库曼民族音乐——巴赫希的守护神之一。皮拉为崇高事业献身的精神，以及他纯洁的思想和他对音乐者的祝福、祈祷，深深吸引了现代土库曼传统音乐爱好者们。他的陵墓现已成为许多诗人、歌手、艺术家和旅行者的朝圣之地。皮拉在国外也久负盛名。1993—1994 年，土库曼斯坦政府在皮拉的安眠之地举行了国际歌曲和音乐节。来自许多国家的艺术家和文化界人士、流行创作团体和代表团，以及土库曼斯坦各州的巴赫希演奏者、音乐家、诗人、舞蹈团和成千上万的观众参加了这次活动。为了纪念这位伟大的巴赫希音乐家，土库曼斯坦还在他的陵墓旁建立了一座独特的都塔尔纪念碑。

二、巴巴·甘巴尔

巴巴·甘巴尔是土库曼传说中最著名的民间音乐家之一，被誉为土库曼的歌曲和音乐守护神，其出生年代不详。据传说，他用一种超凡的力量教会了后来的巴赫希大师们用桑木制成都塔尔，并用丝绸制成琴弦。

最早在14世纪初的土库曼古老神话中，就出现了甘巴尔的形象。传说中的巴巴·甘巴尔能演奏治愈人们心灵的旋律。土库曼人坚信，音乐演奏者的旋律会无形地影响听众。在古时候，音乐被认为是治愈灵魂和身体的良药。巴巴·甘巴尔也是梅尔夫绿洲最早的民间音乐家之一，他聪明又有趣。现在土库曼斯坦年轻的巴赫希音乐家们都视甘巴尔为音乐祖师，并渴望得到他的祝福。传说中，巴巴·甘巴尔在哪里，音乐保护神就在哪里。如果哪位音乐家的声音失控，他们会说："音乐守护神巴巴·甘巴尔忘记了我！"当代土库曼音乐家都会到甘巴尔的安息之地朝圣，他们认为那里有一棵从他的都塔尔上砍下一部分而长成的树。在土库曼文化中，巴巴·甘巴尔还有一颗同名的星星。

三、马赫图姆库里·卡尔雷耶夫

马赫图姆库里·卡尔雷耶夫于1889年出生在卡艾哈金地区的安北吉村。卡尔雷耶夫是土库曼民族音乐的传奇和骄傲，他向世人证明了每个人都拥有自己的天赋。土库曼人尊称他为楚瓦尔·巴赫希。楚瓦尔在土库曼语中的意思是一个能装各种东西的大袋子。因为卡尔雷耶夫能演奏各式音乐和歌曲，所以人们将这位音乐家比喻成楚瓦尔。他拥有惊人的天赋，从小就喜欢音乐，并拜各位巴赫希音乐家为师。15—20 岁时，卡尔雷耶夫就开始在婚礼上独立表演，人们逐渐熟知了这位才华横溢的巴赫希音乐家。

1926 年，与萨帕尔·贝基耶夫的会面对卡尔雷耶夫来说是人生中的重要时刻。从此以后，两人成为忠心的朋友和志同道合的伙伴，在近 30 年的时间里，他们一起表演，共享成败。1936 年，土库曼斯坦的音乐家在莫斯科的一间录音棚录制了 14 首卡尔雷耶夫的歌曲。1937 年，卡尔雷耶夫始在达绍古兹州音乐和戏剧院工作，在那里组织土库曼民族乐器合奏团，并在全国各地巡演。卡尔雷耶夫于 1957 年去世，他在土库曼音乐文化中留下了不可磨灭的烙印。他不仅是一位杰出的奉献者，还是一个快乐的人，他实现了为音乐服务的人生目标。达绍古兹州艺术学校以他的名字命名。伟大的杜哲巴若夫·巴赫希曾经说过："楚瓦尔·巴赫希是个绝对配得上他的名字。"

四、波利·萨里耶夫

波利·萨里耶夫 1900 年出生在巴玛的阿哈尔村。他的父亲是著名的音乐家萨拉·巴赫希。萨里耶夫是才华横溢的音乐家和教育家克尔·巴赫希的学生，他继承了演奏复杂曲目的高超技能。1933—1934 年，萨里耶夫与图曼扬共同创建了一个民族乐队。图曼扬为首席指挥，萨里耶夫为该乐队的艺术总监。他与格奥尔基·阿拉基利安合作，改编了土库曼斯坦、阿塞拜疆、乌兹别克斯坦、亚美尼亚、塔吉克斯坦的民间音乐，丰富了乐团的曲目。在塔什干科学研究所工作时，萨里耶夫改进了都塔尔和吉贾克，将其引入民间乐团。

除领导乐团外，萨里耶夫还一直参与演唱，并为著名音乐家和巴赫希音乐家巴赫希·塔克曼迈特·苏汉格里耶夫、加拉·巴赫希、马汀古拉·格里耶夫、萨贾·杰巴罗夫等人伴奏。波利·萨里耶夫将他以作曲家身份创作的第一部作品献给了父亲，这是他对父亲的美好回忆和祝福。这个作品被命名为《奉献》。1939年，萨里耶夫在莫斯科举行的全苏人民音乐家大会上获得了一等奖。后来，萨里耶夫参加了教科书《都塔尔音乐训练手册》的撰写工作。1961年，他和其他作曲家一起为马赫图姆库里的诗歌创造都塔尔旋律。2020年，在萨里耶夫120周年诞辰，土库曼斯坦国家音乐学院举行了富有创意的纪念活动和音乐会。

五、巴什姆·努拉里

巴什姆·努拉里于1900年出生，是土库曼斯坦第一位人民艺术家、诗人兼歌手。他多才多艺，对土库曼民族乐器都塔尔和吉贾克进行了改良，在土库曼民族艺术史上留下了鲜明的印记。

巴什姆·努拉里从小就喜欢音乐，他会演奏两种乐器——吉贾克和都塔尔。巴什姆·努拉里年轻时去市场上售卖牛奶，遇到一个拿着画册教授绘画艺术的教师，他来自阿什哈巴德的一所学校。巴什姆·努拉里的命运就此改变，成了这位教师的学生。这位天才艺术家未参加入学考试就被莫斯科高等艺术学院录取。毕业返回家乡后，他与著名的巴赫希大师萨伊·哲帕诺夫、米利·塔赫木拉多夫共同研制了新的都塔尔和吉贾克。巴什姆·努拉里多才多艺，一生能演奏约40种土库曼民族乐器，创建了第一个基于现代都塔尔和吉贾克演奏的实验乐团。他的诗歌"都塔尔声，悲伤声，笑声。我看到，那天的晚上和草原，那太阳，灼热着，天堂，我突然听到了鸟的声音"也成为土库曼人的精神食粮。2020年，努拉里120周年诞辰，土库曼斯坦国家文化中心博物馆专门举办了巴什姆·努拉里的乐器展览。

六、杜尔德穆拉特·别德耶夫

杜尔德穆拉特·别德耶夫被尊称为乌穆特·巴赫希。他是一个语言大师、杰出的音乐家和歌手。他才华横溢，留下了大量民间叙事诗——德斯坦和其他诗歌作品。他的声音不仅在马雷和阿哈尔州的城市里回响，也在偏远的乡村飘荡。他能使用各种形式的当地语言，设法引起听众的兴趣。从早年开始，别德耶夫就开始倾听普通人生活中的各种故事和村里长者们的有趣传说，学习马赫图姆库里的诗歌。后来，别德耶夫决定从事创作活动，将土库曼人的生活与艺术联系起来。

别德耶夫培养的一名学生雅兹穆拉·特巴赫希是全联盟音乐节冠军。别德耶夫与学生一同创作的歌曲《比查尔》，在很长一段时间里，于土库曼斯坦的电台循环播放，成为该国最著名的巴赫希曲目之一。

第十章

土库曼妇女发展

　　妇女是推动社会发展和进步的重要力量，没有妇女的解放和进步，就没有人类的解放和进步。在土库曼斯坦，随着社会发展和进步，女性受教育程度不断提高，女性的地位也不断提升。土库曼社会认为女性具有与生俱来的优秀品质，要确立和尊重女性在社会和家庭中的地位。土库曼妇女在土库曼民族历史上留下了浓墨重彩的一笔，为土国独立后的建设作出了积极贡献，她们积极参与国家政策的制定和社会问题的解决工作，成为促进土库曼斯坦社会稳定、经济发展、文化繁荣、公民健康的重要推动因素之一。土库曼斯坦政府认为保护妇女权益，确保妇女们有尊严的生活，扩大她们在社会政治领域的作用是土库曼斯坦社会、经济、文化可持续发展的关键条件之一。

　　当代土库曼社会，有很多妇女在政府、国企和公共组织中担任高级职务，并在国民经济的许多部门取得了非凡的成就，也为土国正在进行的广泛改革作出了巨大贡献。土国政府支持女性在职场上充分发挥自己的潜能，也支持她们抚育子女和照顾家庭的愿望，保障女性在现代教育、全面发展、职业发展和幸福生活方面的权利。

　　不论在土库曼历史中还是当代社会，妇女都是民族艺术作品中的中心人物，是人们尊重的对象和艺术家们灵感的源泉。在土库曼文艺作品里，诗人、散文家、音乐家和艺术家将女性无与伦比的美比作天上的太阳和月亮，将她们比作完美无瑕的迷人花朵，赞美她们那一双双深邃的迷人眼睛。

在土库曼斯坦，人们普遍认为妇女的精神、智力和道德潜能对于完成土库曼社会经济发展任务和维护土库曼传统文化至关重要。土库曼斯坦独立后的两任总统都曾表示，母亲是神圣的，她们不仅是家庭团结和幸福的捍卫者，也是国家统一和社会和谐的支柱。土库曼斯坦政府一直将推动妇女儿童事业的发展，为多子女家庭提供全方位的支持和帮助作为国家妇幼工作的重要组成部分。

第一节 提高妇女地位的举措

一、两性平等计划

土库曼斯坦一直在积极努力完善有关性别平等的国家政策。土库曼斯坦正在着手制定《2021—2025 年第二个两性平等国家行动计划》。在联合国人口基金会的支持下，土国于 2015 年通过了《第一个两性平等国家行动计划》，防止性别歧视。为确保《2021—2025 年第二个两性平等国家行动计划》能够顺利制定实施，2019 年土库曼斯坦政府邀请联合国人口基金会对其国家计划的实施效果、可行性和其他参数进行评估并推断其可持续发展潜能，将评估结果用于指导该计划的制定和实施。

土库曼斯坦还设立了确保履行国际人权义务的跨机构专家工作小组，该小组由 17 个国家部委和组织的代表组成，其中包括土库曼斯坦劳动和社会保障部、土库曼斯坦国家民主和人权研究所、土库曼斯坦妇女联合会、青年组织等。土库曼斯坦国家宪法中规定：“男子和妇女享有平等的权利和自由以及行使这些权利和自由的平等机会。”土库曼斯坦政府颁布了对侵犯性别平等行为的惩罚措施。土库曼斯坦于1996年加入了联合国《消除一切形式歧视妇女公约》，并在2009年签订此公约责任议定书。

二、宣扬母亲社会地位

别尔德穆哈梅多夫总统在2018年出版的著作《敬拜母亲——敬拜神圣的人》（该书有土库曼语、英语和俄语版）中强调，母亲自古以来就被土库曼人视为一种神圣的身份。她是家庭团结和幸福的捍卫者，是土库曼民族传统精神、道德和家庭价值观的守卫者，是培养有责任心、爱国和崇高道德的公民的基础，也是国家统一与社会和谐的支柱，而土库曼斯坦民众有义务和责任将这个光荣传统一代一代地传递下去并发扬光大。

这本书用许多土库曼人家喻户晓的寓言和古老传说，讲述了该民族中的亲子关系、视母亲为土库曼民族庇护所的传统民族心理、土库曼民族祖先留下的有关养儿育女的明智经验和精神遗产等内容，揭示了在土库曼历史文化传统中，母亲在民族和精神价值形成中的关键作用。现代土库曼社会中，母亲在培养身心健康、和谐发展的年轻一代，在巩固家庭价值观方面，承担着特别重要的作用。

三、为杰出女性举办盛大庆典

土库曼斯坦每年都会为各个行业的杰出女性，如艺术家、诗人等举办盛大庆典活动，以表彰她们在本职岗位上为民族文化传承，为国家事业发展所作出的杰出贡献。

2021 年，土库曼斯坦政府为著名女诗人、人民作家、马赫图姆库里国际奖得主阿曼戈泽尔·沙古丽耶娃和苏丽古恩·霍贾古列耶娃举行了盛大庆典。

土库曼斯坦政府为阿曼戈泽尔·沙古丽耶娃在阿什哈巴德举行了庆祝其 80 周岁生日的盛大庆典。沙古丽耶娃的每一部诗集都反映了她对人生旅程、时间和人生目的、生命的意义和艺术的转化力量等的思考。别尔德穆哈梅多夫总统为这位杰出女性 80 周岁生日拟定了贺词，并为她献上了礼物和鲜花。

为苏丽古恩·霍贾古列耶娃举办的庆典活动是庆祝其 70 岁生日。苏丽古恩·霍贾古列耶娃是纺织手工艺者，从事土库曼挂毯制作。她制作的挂毯巧妙地反映了土库曼斯坦的动植物、历史、民间传统、传奇故事等。她还是著名的画家，以描绘土库曼妇女世界的绘画作品而闻名。她的画作主题全部来源于生活，她用画作反映自己日常所见所感。她画中的母亲为家人做餐饭、做手工、打扫房子、为孩子唱摇篮曲。霍贾古列耶娃的作品反映的不是一个家庭的普通生活，而是整个民族的日常生活。霍贾古列耶娃还鼓励她的丈夫与她合作创作艺术价值极高的挂毯。她的丈夫安纳库利·霍贾古列夫也是土库曼斯坦著名的民间艺术家。她的作品曾在伊朗、土耳其、俄罗斯展出，受到了世界各地艺术家的热烈欢迎。

四、"英雄母亲"荣誉称号

土库曼斯坦的传统观念认为精心养育子女是父母应尽的职责，将每个孩子培养成真正的公民是一项令人敬重的、幸福的使命，也是一份伟大而又神圣的工作。

土库曼人的传统观念认为生育和养育子女是妇女的神圣使命，土库曼斯坦政府采取鼓励生育的政策。养育八名及以上子女的母亲会被土库曼斯坦政府授予"英雄母亲"的荣誉称号，国家为其提供免费住房。这是土国政府对土库曼妇女为土库曼民族的命运和下一代人的养育作出重大贡献的表彰。

五、隆重庆祝三八国际劳动妇女节

国际劳动妇女节是世界各国妇女争取和平、平等、发展的节日。土库曼斯坦政府每年 3 月 8 日都会隆重举行一系列庆祝国际劳动妇女节的活动，包括颁奖仪式、造型艺术和实用装饰艺术作品展、音乐会、戏剧演出、文艺沙龙等。敬畏母亲、尊重女性是土库曼人民根深蒂固的民族传统。给英雄母亲颁奖的传统仪式是土国最令人印象深刻的节日庆祝活动之一。2019 年就有 200 多名妇女获得了"英雄母亲"的荣誉称号。

此外，在每年的国际劳动妇女节之际，土国政府部门会为育有多名子女，需要帮助的大家庭提供支持，改善他们的住房条件。入住仪式上通常会上演土库曼传统的歌舞表演和乐器演奏。为庆祝三八国际劳动妇女节，土库曼斯坦总统还签署命令，土库曼斯坦女性国民不分年龄大小，每人在"三八"节前夕均可获得总统颁发的 40 马纳特的现金奖励。土库曼斯坦向妇女发放现金作为"三八"节礼物的传统始于尼亚佐夫时代。2001 年尼亚佐夫颁布法令将妇女节日期从 3 月 8 日改为同月下旬，与土国传统的纳乌鲁斯节一同庆祝。2008 年 1 月，别尔德穆哈梅多夫总统决定恢复"三八"节在 3 月 8 日庆祝的传统。

六、妇女和儿童福利政策

保护妇女和儿童是土库曼斯坦国家政策的优先事项之一。在这一政策框架内，土国执行了数十个国家级的妇幼保护发展项目和行动方案。其中大多数项目和方案的目标是进一步发展和改进医疗保健系统，加强立法基础，多措施并举支持家庭生活，刺激出生率上升，提高土库曼斯坦公民的生活质量。目前土库曼斯坦首都和各个州都建立了现代化的妇幼医疗和保健设施。

土国政府还采取措施调整妇女儿童保健行业的方向，大力加强对疾病的预防工作。土库曼斯坦也为妇幼普及健康生活方式和生产生活创造必要条件，比如《土库曼斯坦劳动法》规定：禁止解雇在职的孕妇；禁止孕妇加班；雇主要为孕妇提供更为简单的工作，包括灵活的工作时间和兼职工作；为育儿家庭提供社会保障，让有工作的母亲有时间抚养孩子。

第二节　提高妇女地位的动因

一、妇女对家庭的重要意义

历史上，土库曼人曾过着传统游牧生活，游牧经济的流动性和严酷的自然环境，要求女性必须同男子一道逐水草而居，从事各种繁重的生产活动，还要在家庭生活中承担主要角色。土库曼妇女在长期的社会实践中形成了勇敢顽强、坚韧不拔、吃苦耐劳、敬老爱幼、团结助人等美好品质。现代社会中，这些美好品质在稳固家庭、教育子女、赡养老人等方面发挥着不可替代的作用。

土库曼女性在养育下一代的过程中，传递了社会文明与道德准则，维护了社会道德风气，强化了土库曼人神圣的家庭传统和价值观念。土库曼人认为女性是家庭团结和幸福的捍卫者，是国家统一与社会和谐稳定的支柱，她们的精神、智力和道德潜能对于维护社会安定、传递良好社会风尚和传统文化价值观至关重要。在当代土库曼社会，土库曼妇女在恶劣的自然环境和艰苦的日常生活中所养成的孝顺父母、敬老爱幼、助人为乐等品质也成为民族道德标准和精神传统，得到普遍遵循。妇女的行为和道德观念会深深影响丈夫、子女等家庭成员的思想行为，而家庭是社会的细胞，也是社会和谐的基础。土库曼人认为，提高妇女地位对土库曼民族文化的复兴具有十分重大的意义。

二、维持社会稳定、公正与平等

土库曼斯坦在多个国际场合庄严承诺要落实联合国《2030 年可持续发展议程》，支持执行《内陆发展中国家 2014—2024 年十年维也纳行动纲领》。可持续发展目标已经被纳入了《土库曼斯坦 2019—2025 年社会经济发展计划》。社会的公正和两性平等有利于社会的可持续和健康发展。一个公正的社会，必然要求维护社会稳定和社会和谐，必然是一个人人享有同等机遇和权利的社会，也必然是一个注重男女公平、平等、和谐发展的社会。男女应该具有同等的人格和尊严、同等的权利和地位。

土库曼斯坦政府把男女平等同权作为促进其社会发展的一项基本国策，这也是国家发展和社会全面进步的客观要求，是保持社会安定有序、稳定、可持续发展的必然要求。土库曼斯坦政府保障妇女的地位，构建两性平等的社会，充分发挥妇女在维护社会稳定中的作用。

三、守卫妇女儿童和青少年权益

土库曼斯坦作为"二战"后唯一通过联合国大会决议承认的中立国，坚决拥护和贯彻联合国在人权和自由方面的条款和决议。土库曼斯坦是人权和自由国际法律公约和条约的缔约国，颁布了《2021—2025 年国家人权行动计划》，旨在加强人权保障，保护人权自由，履行国家在特定领域的国际义务，扩大与国际组织在人道主义领域的合作。土库曼斯坦国民议会人民委员会成立了保护人权和自由委员会，负责强化对本国妇女儿童和青少年的权利与自由的保护，监督履行人权与人道主义方面的义务，监督青少年全面和谐地发展，监督保护妇女儿童权益的政策是否落实等。

四、维持人口的健康可持续增长

土库曼斯坦劳动力严重缺乏，对国家经济社会的发展造成了影响。人口数量与国家的核心竞争力相关，人口实力决定经济、科技、军事等实力。为推动社会经济发展，土库曼斯坦政府多年以来一直推行鼓励生育的政策，致力于提高妇女的福利待遇，为养育八名及以上子女的母亲颁发国家级的荣誉称号，免费提供住房。土库曼斯坦政府今后也将进一步推动妇女儿童事业的发展，保护妇女儿童的权益，维持人口的健康可持续增长，推动社会全面进步。

第十一章
土库曼民族文化四大国宝

阿哈尔捷金马、阿拉拜牧羊犬、土库曼地毯和甜瓜被公认为是代表土库曼民族文化的四大国宝，其中阿哈尔捷金马和阿拉拜犬是土库曼民族千百年来倾注心血和智慧驯化出来的优良物种，土库曼地毯反映了土库曼民族的历史文化和审美情趣，而甜瓜则见证了土库曼人民的勤劳朴实，也是土库曼这块古老土地被祝福的象征。这四大国宝如今已成为现代土库曼民族的文化名片，是现代土库曼民族的身份标志。

第一节　阿哈尔捷金马——汗血宝马

阿哈尔捷金马，别名汗血宝马、天马、大宛良马，产于土库曼斯坦科佩特山脉和卡拉库姆沙漠间的阿哈尔绿洲，捷金是该地区部族的名字。阿哈尔捷金马是经过三千多年培育而成的世界上最古老、人工饲养历史最长的马种之一。该地区凭借沙漠和大山的阻隔，侥幸地逃脱了频繁军事占领和征服。阿哈尔捷金马体型优美，头细颈长，四肢修长，体态匀称，神态威严，步伐轻盈，力量大、速度快、爆发力及耐力强。阿哈尔捷金马能忍受极端恶劣的气候条件，非常耐渴，即使在 50 摄氏度的高温下，一天也只需饮一次水，特别适合在中亚半荒漠地带长途跋涉。因为皮肤较薄，奔跑时，隐约可见血液在血管中流动，枣红色或栗色的马，出汗后给人以"流血"的错觉，所以被我国称为"汗血宝马"。中国人也十分喜爱汗血宝马，将之誉为"天马"。早在 2000 多年前，天马就穿越古老的丝绸之路，不远万里来到中国。中土建交以来，土方先后三次将汗血宝马作为国礼赠送中方，汗血宝马已经成为中土和平和友谊的使者、两国人民世代友好的见证。

阿哈尔捷金马是土库曼民族国宝，是土库曼人民的骄傲和荣耀，也是享誉世界的优良马种。德、俄、英等国的名马大都有阿哈尔捷金马的血统。土库曼人喜爱汗血宝马，将其形象绘制在国徽和货币上。

土库曼斯坦有着浓郁厚重的马文化。土库曼有成千上万关于马的谚语和俗语，马也是巴赫希说唱艺术中的主角和英雄。土库曼俗语云："早上起来先去给父亲问安，然后去给我的宝马问安。"形象地反映了马在土库曼家庭中的地位和土库曼人对于国宝的态度。可以说马已经深深融入土库曼人的血液之中，成为他们生活的一部分。

在土库曼斯坦别尔德穆哈梅多夫总统所著的《天马飞翔》扉页上写着："汗血宝马是土库曼的一切。"马作为土库曼家庭成员之一，受到人们细心的照顾和无比的喜爱。小马驹出世后，像孩子一样被正式命名，因此每匹阿哈尔捷金马都有自己的名字和传承谱系。

近年来，土库曼政府致力于向世界推广和宣传阿哈尔捷金马及其悠久的马文化，也曾多次将其作为国礼赠送给他国。在阿什哈巴德，以汗血宝马为主题的雕塑随处可见。别尔德穆哈梅多夫总统马术精湛，同时也是优秀的骑手、教练员和马匹育种专家，他先后撰写了《天马飞翔》《阿哈尔捷金马——土库曼斯坦的骄傲与光荣》等著作，向全世界宣传土库曼宝马文化。

阿哈尔捷金马

一、土库曼斯坦对阿哈尔捷金马的保护和宣传政策

1. 成立世界汗血宝马协会

为保护汗血宝马、发展汗血宝马饲养业，宣传土库曼人的马文化，别尔德穆哈梅多夫总统于 2011 年在首都阿什哈巴德市倡议成立了世界汗血宝马协会，并亲自挂帅，担任协会主席。该协会在国际上享有广泛的影响力。协会共有成员国、观察员国 60 个，中国马业协会也是首批会员之一。国家元首亲自担任世界汗血宝马协会会长表明了土库曼人对汗血宝马的深厚敬意，以及汗血宝马在土库曼人心目中所占据的重要地位。世界汗血宝马协会大会在每年 4 月的阿哈尔捷金马节期间举办，协会的成员国、观察

国的元首或代表，以及全球的汗血宝马爱好者都会莅临大会。阿哈尔捷金马节期间将举行各种各样与汗血宝马相关的活动。

2. 出版和推广相关书籍

别尔德穆哈梅多夫总统酷爱骑马和骑马旅行，是阿哈尔捷金马的崇拜者和忠实的粉丝。作为一名杰出的骑手和资深的阿哈尔捷金马鉴赏家，他身体力行、积极参与保护并提高阿哈尔捷金马知名度的各类活动。别尔德穆哈梅多夫总统撰写了"天马"系列专著：《阿哈尔捷金马——土库曼斯坦的骄傲和光荣》《天马飞翔》《马——忠诚和幸福的象征》《赛马的快步》。这些书籍讲述阿哈尔捷金马的发展历程、土库曼人民为发展养马业所采取的综合措施、马在土库曼人生活中所扮演角色等，从多个角度介绍土库曼民族的国宝，为全世界阿哈尔捷金马鉴赏家和爱好者提供了一个了解阿哈尔捷金马的权威渠道和机会，让读者获得更多有关土库曼民族和阿哈尔捷金马的信息。

别尔德穆哈梅多夫总统在《阿哈尔捷金马——土库曼斯坦的骄傲与光荣》中将阿哈尔捷金马视为温顺、美丽优雅和风驰电掣的代名词，在《天马飞翔》中把小马驹的降生比喻成付出努力后取得重大成功的预兆。这些著作被翻译为多种语言在多国出版，例如《马——忠诚和幸福的象征》就有阿拉伯语版、德语版及土耳其语版。

3. 成立土库曼斯坦赛马协会和国际育马协会

1991 年，独立之初的土库曼斯坦就成立了土库曼斯坦赛马协会，2010年又成立了国际阿哈尔捷金马育马协会，该协会总部设立在阿什哈巴德，致力于培育和推动优质土库曼赛马走向国际舞台。众多育马专家们凭借多年积累、代代相传的育马经验，付出巨大心血，培育出了大量血统纯正的阿哈尔捷金马，恢复了土库曼民族的马术传统。这些协会聚集了世界著名的专家学者，不同国家的马匹饲养员、爱好者和鉴赏家，每年都会举办很多活动，吸引大批国外育马专家前来交流。创建与阿哈尔捷金马有关的协会，不仅加强了对阿哈尔捷金马的研究培育工作，还构建了国内外马匹饲养员的互助桥梁，有助于提升土库曼阿哈尔捷金马的世界知名度。

4. 设立国家节日

土库曼斯坦在 1992 年设立了阿哈尔捷金马暨赛马节，规定每年 4 月的最后一个星期日为阿哈尔捷金马节。马节当天及前后，土库曼斯坦首都阿什哈巴德和全国各州都会隆重地举行以阿哈尔捷金马和国际育马等为主题的各种庆祝和交流活动，比如世界汗血宝马协会会议、土库曼马和世界育马艺术国际科学论坛、阿哈尔捷金马国际选美比赛、国际马匹专业展览、40 公里赛马马拉松比赛、跳马比赛、青少年骑师比赛、阿哈尔捷金马最佳视觉创意竞赛等。节日期间，世界各地的科学家、育马专家、马匹商、宝马爱好者和记者们齐聚一堂，庆祝该节日。节日中最为引人注目的活动非赛马莫属。除了马的速度外，其他一些因素也影响着比赛最终结果，比如跑完全程后，要求马匹没有汗水，整体状态良好，甚至严格规定了马的脉搏每分钟不能超过 64 次。

阿哈尔捷金马视觉创意竞赛则将展出以阿哈尔捷金马为主题的艺术品，包括绘画、摄影、雕塑、珠宝、地毯、挂毯等。创意比赛的优胜者会收到别尔德穆哈梅多夫以总统名义颁发的奖励。在最近一次的创意竞赛奖中，土库曼艺术家阿达·古特利耶夫夺得桂冠。他创作的宝马主题的地毯，饰有精心设计的装饰织物和故事图案，赢得了 3000 美元奖金。土库曼斯坦国家艺术学院的教师按照斯布鲁里古老习俗，设计了一套含有现代装饰元素的马具，获得了 2000 美元的奖金。来自艺术学院的帕拉哈特·加潘恰耶夫的马术肖像画别出心裁地融合古典风格与山水诗意风格，获得了 1500 美元的奖金。土库曼斯坦国家艺术院年轻的雕塑家、俄语报纸《中立土库曼斯坦报》的摄影记者以及 Turkmen Ovazy 电视频道运营商也分别获得了 1000 美元的奖金。马节期间，土库曼斯坦还会播放阿哈尔捷金马相关的纪录片。

5. 恢复国家马戏艺术

阿哈尔捷金马是土库曼民族的骄傲和国家象征，为进一步扩大繁育规模和阿哈尔捷金马的美誉度，土库曼斯坦相关部门恢复了民族传统马术和马戏运动，致力于引领世界马术界时尚。阿什哈巴德和地方马术中心定期组织马术比赛，号召广大群众积极参与。2007 年土库曼斯坦成立了国家马戏团，旨在宣传土库曼文化、阿哈尔捷金马与赛马传统。土库曼斯坦国家马戏团于 2013 年莫斯科国际马戏团艺术节首次亮相。该马戏团战果累累，曾一举夺得"黄金偶像"奖杯以及其他大大小小的奖项。土库曼骑手们高超的马术技能和阿哈尔捷金马的优异表现，为土库曼斯坦推广阿哈尔捷金马和马术艺术作出了杰出贡献。

阿哈尔捷金马马戏表演

土库曼斯坦政府近年来对国家马戏团表演大厅进行了全面的整修，增添了现代设备。近年来，土库曼斯坦政府还努力提升阿什哈巴德市郊育马场的硬件设施，为想一睹阿哈尔捷金马风采的参观者提供更棒的体验。该育马场始建于 1922 年，前身为里海养马厩，1992 年改名为尼亚佐夫总统育马场。育马场占地超过 50 公顷，是中亚最大的马场，也是土库曼斯坦国家赛马协会所在地。育马场拥有最适合阿哈尔捷金马的生存环境系统，配备了世界级的先进设备和兽医实验室，几百匹纯种阿哈尔捷金马在这里纵横驰骋。

6. 组织选美比赛

为了促进国内育马事业的发展，宣传阿哈尔捷金马，土库曼斯坦政府在每年的阿哈尔捷金马节上组织阿哈尔捷金马国际选美比赛。土库曼斯坦政府认为优质的阿哈尔捷金马作为土库曼斯坦的象征，展现了世世代代土库曼人的优良品质、辉煌成就和勤劳协作，不但是土库曼斯坦人民的宝贵财富，而且是人类文明的宝贵财富。2020 年 4 月，别尔德穆哈梅多夫总统在阿什哈巴德专门签署了《关于阿哈尔捷金马国际选美比赛和艺术人员比赛的决议》。总决赛中，十匹经过层层筛选的阿哈尔捷金马将被带到演示台，以华丽姿态展示其外表和训练成果，每匹马需在评委面前展示两次。第一次无马具，第二次装备全套马具，着盛装、配马鞍。最终结果由土库曼斯坦本国和外国专家、马匹饲养员组成的评审团公布。

在 2021 年的选美比赛上，一匹名叫阿伊格特利的栗色马被选为 2021 年度"最美汗血宝马"，它能力卓越、模样俊美、线条完美、比例匀称，其饲养员谢伊斯恰雷耶夫获得奖杯、荣誉证书以及一辆汽车。

2021 年度"最美汗血宝马"

7. 申报非物质文化遗产

2020 年，土库曼斯坦政府与联合国教科文组织密切合作，完成了土库曼斯坦民族非物质文化遗产提名前的准备工作。土库曼斯坦政府计划把土库曼斯坦特有的阿哈尔捷金马和阿拉拜犬的培育方法申请列入联合国教科文组织非物质文化遗产代表作名录，以促进对这些土库曼国宝的保护和宣传工作。

8. 推进文化溯源工作

为了进一步夯实阿哈尔捷金马在土库曼斯坦文化中所占据的重要地位，土库曼斯坦政府近年来通过对其境内多个文化遗址的挖掘和研究，推进对阿哈尔捷金马的历史文化方面的溯源工作。土库曼斯坦考古工作者们发现了众多描绘或雕刻有阿哈尔捷金马形象的古代艺术品，这些艺术品可以证明土库曼斯坦作为阿哈尔捷金马故乡的年代非常久远，土库曼先民驯养阿哈尔捷金马的历史非常悠久。

9. 开展文化外交

阿哈尔捷金马被誉为世界上最好的马，也是世界上最古老的马种之一，由土库曼人辛勤培育而成。土库曼人有向贵客赠送宝马以表示特殊尊重或好感的传统。我国汉朝时期，被称为汗血宝马的阿哈尔捷金马就穿越遥远的丝绸之路来到中国。中土建交以来，土方先后三次将汗血宝马作为国礼赠予中方。在土库曼斯坦每年举行的阿哈尔捷金马节上，土库曼斯坦政府都会邀请来自世界各地的科学家、骏马爱好者、企业家和记者们聚集一堂，开展国际育马和马文化交流。土库曼斯坦驻多国使馆还通过研讨会、推介会的形式，将本国总统所著的包括《天马飞翔》在内的很多马文化方面的著作介绍给其他国家的民众，推广土库曼斯坦的宝马文化。

在不同国家和地区举办土库曼斯坦赛马日，也是土国政府扩大其马文化软实力的重要举措之一。比如，2017 年 4 月，土库曼斯坦驻华大使馆在中国湖北武汉的东方马城举行了一场"土库曼斯坦赛马日"，为中国马迷们奉献了一场风味十足的土库曼民族马文化歌舞盛宴。土国总统在出访科威特、阿拉伯联合酋长国等国家期间，也不遗余力地推广阿哈尔捷金马。

10. 阿哈尔捷金马徽章

在数个世纪的历史中，阿哈尔捷金马一直是土库曼人忠实的朋友和伙伴。它们不是宠物，而更像是土库曼人的家庭成员。阿哈尔捷金马速度快、耐力好、通人性、姿态优雅，与骑手们相互信任，为维护古丝绸之路的和平和繁荣作出了贡献。鉴于阿哈尔捷金马的特质、优秀品质与历史贡献，2017 年土库曼斯坦政府将其形象用作第五届亚洲室内与武道运动的会徽，旨在加强爱国主义教育，发展体育和志愿活动，传承土库曼民族遗产。阿哈尔捷金马的超凡能力、惊鸿之美、敏捷与耐力、风驰电掣的速度和一马当先的气质也与奥林匹克顽强拼搏、勇于争先、开拓进取、追求更快更高更强等体育精神完美匹配。对于土库曼人来说，阿哈尔捷金马不仅是阿什哈巴德亚洲室内与武道运动会的象征，也是土库曼斯坦国家和人民的象征，还是时代精神的象征。

二、土库曼斯坦对阿哈尔捷金马保护和宣传的动因探究

1. 增强民族认同感

土库曼人保护和宣传推广阿哈尔捷金马和马文化，有利于唤醒并加深土库曼人民对本国文化、民族的认同感。土库曼人是马背上的游牧民族，古代土库曼人生活、征战都离不开马，阿哈尔捷金马是土库曼民族的骄傲和国家象征。现代土库曼人有着深厚的"天马"情结，象征着自由与独立的阿哈尔捷金马被刻画在土库曼斯坦国徽中。位于首都阿什哈巴德市中心的十匹马公园是该市标志性建筑之一；在创吉尼斯纪录的奥古兹汗音乐激光大喷泉最高处，伫立着奥古兹汗骑马雕塑；土库曼总统府挂着巨幅骏马油画；五星级总统饭店大厅的两侧分别挂着总统像与骏马的画像；在市场里马的雕塑、马状饰品、马鞍、马鞭、马镫等物件琳琅满目。土库曼人民对阿哈尔捷金马的热爱不仅仅停留于视觉，更发自精神和心灵。天马精神代表了当代土库曼斯坦积极向上的民族精神，承载了土库曼人对社会经济快速发展的希望。

2. 彰显土库曼人的道德素养

阿哈尔捷金马是土库曼人智慧以及国家形象和荣誉的象征。阿哈尔捷金马的杰出品质表现在其美妙和谐的外观——优雅敏捷、威风凛凛、步

伐轻灵优雅、发达的肌肉、健硕的肌腱以及内在的忠诚。土库曼人认为阿哈尔捷金马，美丽、优雅、敏捷、忠诚……阿哈尔捷金马特别适应中亚荒漠和半荒漠的恶劣气候条件，长途跋涉一整天也只需饮水一次。阿哈尔捷金马近乎完美的外形和内在的吃苦耐劳特质常常让土库曼人赞叹不已。土库曼人希望自己能和阿哈尔捷金马一样内外兼修，外观优雅且富有内涵，惹人喜爱。土库曼斯坦有个古老的传统——在男孩长出乳牙之前，让他骑在马上，这样他的牙齿就会健康又结实，就像土库曼斯坦国宝阿哈尔捷金马的一样。在土库曼人看来，土库曼小伙们的腿应和阿哈尔捷金马四肢一般——修长笔直又有力量。

3. 和平繁荣、包容互鉴的丝绸之路精神

两千多年前横跨欧亚、绵延万里的伟大丝绸之路将中国的丝绸、茶叶、瓷器等源源不断地运往波斯、大食等地，西域的丰富物产也通过丝绸之路古道流入中国的千家万户，贸易为丝绸之路沿线各国带来了空前的繁荣。丝绸之路不仅是一条经贸之路，更是一条文化之路。包容互鉴的精神发展了世界文化的多样性，各国人民、各种文化在这条古老的丝绸之路上共同谱写出千古传诵的友好篇章。阿哈尔捷金马作为丝绸之路上重要的交通运输工具之一，维护着丝绸之路的繁荣与和平。阿哈尔捷金马自古以来都被土库曼人视为最珍贵的国礼赠给外国国家元首。今天，土库曼斯坦领导人向国外领导人赠送象征着土库曼斯坦悠久历史文化、见证了古丝绸之路和平繁荣、诉说着土库曼人对外交往的友好亲近心愿的阿哈尔捷金马，不仅强调了土国的自由和独立，也彰显了土国人民为复兴丝绸之路顽强拼搏的决心，同时也表达了土库曼斯坦人民在平等的基础上与世界各国友好交往的愿望。

第二节　丝绸之路上的保护神——阿拉拜犬

阿拉拜犬，又称土库曼咬狼犬或土库曼牧羊犬，是最古老的大型犬种之一，已在地球上生存了 4000 多年。它分布于从里海至中国、自南乌拉尔到阿富汗之间的广袤区域，通常被认为是藏獒的后代，一直是游牧民族的护卫犬，被用以保护主人生命财产和居家安全，是土库曼人挚爱的忠诚朋友。

阿拉拜是土库曼语，"阿拉"和"拜"分别指黑白色斑点和富有，阿拉拜意寓土库曼斯坦人民美好富足的生活。土库曼人把阿拉拜犬视为大自然的恩赐，对其加以保护和培育。在土库曼斯坦，人们为了保证阿拉拜犬的血统，一般都将它与其他品种的狗分开饲养。此外，土库曼斯坦东南部相对隔绝的地理环境——这里西邻里海，南接科佩特山，北有卡拉库姆沙漠，与其他地方相分隔——也使阿拉拜犬的血统更加纯正。

成年阿拉拜犬身高至少有 70 厘米，体重一般可达 50 千克，有记录的最大阿拉拜犬重达 130 千克。阿拉拜犬体格结实，背部肌肉强壮有力，四肢骨骼粗壮，毛短而浓密，额头和口鼻之间没有明显的分界线。长期同猛兽搏斗和恶劣的自然环境塑造了阿拉拜犬威风凛凛的体态和勇猛自信的性格。阿拉拜犬对人类友善，对主人十分忠诚，对财产和领地具有强烈的保护意识，面对外来威胁毫不畏惧，且极具攻击性。

很难想象的是，高大威武的阿拉拜幼犬时期竟是一副憨态可掬、虎头虎脑的样子，当人们触碰它细软的绒毛，盯着它黑葡萄般水汪汪的眼睛时，就想将它抱在怀里。

游牧时代，土库曼人主要的财富就是牛羊，牧羊人把羊群赶到遥远的牧场，远离人类住所，如果没有狗作为朋友、帮手、后卫和保镖，牧羊人难以生存。阿拉拜犬的祖先在古代帮助牧羊人看护羊群，它们忠诚、勇敢和善战，保护牧羊人和牲畜免受狼群的袭击。即便是在缺乏食物和水源的情况下，阿拉拜犬依然可以生存很长时间。历经数千年的沧桑，阿拉拜犬用忠诚通过了考验，繁衍不息，绵延至今，是土库曼人的好朋友，也是小朋友们活泼可爱的玩伴。作为土库曼人最受欢迎的宠物，也是友谊、勇敢和力量的象征，在 2017 年在阿什哈巴德举行的第五届亚洲室内与武道运动会上，阿拉拜犬成为官方吉祥物被介绍给全世界的观众。

一、阿拉拜犬与土库曼人的亲密关系

土库曼人与阿拉拜犬的感情十分深厚。在孤寂荒原上的无数个白天夜晚里，土库曼人与阿拉拜犬在一起共患难，视彼此为家人，将彼此当作可以为之付出生命的互相信赖的最忠诚的伙伴。阿拉拜犬很聪明，它们警惕地守卫着领地边界，不允许任何人随意进入。但如果阿拉拜犬看到主人在和某人交谈，它会立即记住这个人。下一次，它不是用可怕的咆哮，而是用响亮的吠声来迎接客人，好像是在通知主人他朋友的光临。

残酷的年代已经过去了，但阿拉拜犬的战斗精神和性格——忠诚、尊严、勇气和自信——却保留了下来。经验丰富的饲养员知道，养育阿拉拜犬时，绝不可使用惩罚。主人必须先赢得它的尊重，它才会成为其真正的朋友。因为尽管阿拉拜犬具有高度的警觉性、动作迅速、身体强壮等潜质，但它不愿服从于冷冰冰的驯犬指令，而更愿与人类进行感情交流，全心全意守护和陪伴主人。现在土库曼斯坦首都阿什哈巴德的大街上很少能见到阿拉拜犬，因为它们体型高大、活泼好动，城市内的居住环境不能满足它们的活动需求，它们更适合在土库曼斯坦农村饲养。在那里，它们承担着自己最初的使命，保护主人、牲畜和家居安全。正如土库曼斯坦一位冠军阿拉拜犬的主人在接受媒体采访时所述："如果我的孩子病了，我会让妻子请医生；如果我的阿拉拜犬病了，我会不吃不喝地陪着它，什么时候它康复了我才有心思吃喝！"[①]

二、阿拉拜犬的保护和宣传政策

1. 阿拉拜犬的历史渊源

根据土库曼斯坦科学家和考古学家的观点，阿拉拜犬的历史最早可追溯至青铜文明时期。在土库曼斯坦最古老的聚落遗址就有大型犬的踪迹。例如，在位于阿哈尔州的哲通聚居点，土库曼斯坦考古学家发现了一处埋葬着大型犬的遗址，这处遗址可以追溯到公元前4000年。这表明，6000年前，当地就可能已经开始培育大型犬了。在阿尔廷古城和哥诺尔古城等著名聚落的考古遗址上，考古人员发掘出了耳朵和尾巴都被剪短的狗俑，其形状和现代阿拉拜犬极为相似。考古人员在哥诺尔皇家墓地发现了阿拉拜犬坟墓；在马尔吉亚纳青铜时代文明的另一个聚落和原始琐罗亚斯德教遗址中，考古人员还发现了可能参与了某种宗教仪式的大型犬遗骸和墓葬。世界上没有其他宗教像琐罗亚斯德教那样尊重狗，在琐罗亚斯德教的圣经《阿维斯塔》中，狗被视为神圣的动物，被冠以许多崇高的称号。土库曼斯坦考古学家解释说，由于阿拉拜犬被认为是勇士，所以古代的马古什人以英雄的礼遇安葬它们。这些无所畏惧的斗犬一直与人类一起保卫着领土边疆，所以它们也被作为真正的英雄埋葬。

阿拉拜犬形象早已融入人们的日常生活，在尼萨古城中发现的一幅安息帝国时代的绘画中描绘了一只巨大的淡白色狗。不仅如此，尼萨出土的来通杯上也可辨认出阿拉拜犬形象。人们在马雷州吉亚乌勒城堡遗址中发现了公元2世纪的容器碎片，复原后的容器上逼真地再现了一只耳朵竖立、

---

① 任寒飞：《阿拉拜犬，土库曼斯坦人的"守护神"》。

嘴巴巨大、额头布满皱纹的大型犬的形象。土库曼斯坦国家历史文化古迹保护、研究与修复司考古小组在马雷州的丹丹纳坎中世纪聚居点挖掘出土了一件精美彩陶艺术品，它真实再现了土库曼阿拉拜犬的形象，和现代阿拉拜犬的特征几乎完全一致。

2. 现代阿拉拜犬繁殖中心

2020 年，土库曼斯坦政府在首都阿什哈巴德新建了阿拉拜犬种繁育中心，该阿拉拜犬种繁殖中心拥有良好的配套设施，旨在培育阿拉拜犬品种、保存阿拉拜犬基因。优秀的阿拉拜犬正是通过数千年来不间断的自然和人工选择培育出来的，因此其培育方法也成为土库曼民族独特的文化遗产。土库曼人会将幼犬和羊群们一起赶去牧场，使幼犬向成年阿拉拜犬学习如何应对各种突发情况。例如，遭遇野狼攻击，阿拉拜犬应该站在羊群中心。随着阿拉拜犬慢慢成长，牧羊人就开始留心观察它们的能力与特质，如勇敢、耐力、判断力等，表现良好的幼犬将被选择进行育种。

3. 总统立著介绍阿拉拜犬

2019 年 9 月，别尔德穆哈梅多夫总统的专著《土库曼斯坦阿拉拜犬》举行首发式，多国使节受邀出席新书首发活动。总统讲述了阿拉拜犬在土库曼人民生活和命运中的重要作用，总结了该犬品种起源和发展的历史和文献资料，该书以土库曼语、英语和俄语三语出版，使国际社会有机会全面了解在土库曼民族历史上占有重要地位的阿拉拜犬。书中写道：阿拉拜犬是土库曼民族的好朋友与守护者，所有见过它的人无不惊叹于它俊美的外表、勇敢的性格、健壮的身躯、敏捷的反应、忠诚的本性和冷静的判断。经过数百年土库曼牧羊人的筛选，现在的阿拉拜犬都是最勇敢果断的，是当之无愧的战王。它们的使命是保护与驱赶羊群，与任何觊觎其主人财产的危险猛兽一决高下。《土库曼斯坦阿拉拜犬》一书还记录了与阿拉拜犬相关的土库曼民族口口相传、代代相传的神话以及传说和寓言等，比如敌人入侵，阿拉拜犬留下来与村民们共存亡的故事，阿拉拜犬促成一对青年情侣结为夫妻的故事等。这本书不仅向人们介绍了土库曼人的国宝——阿拉拜犬，也是阿拉拜犬文化现象的解读和研究的总结，有利于提高土库曼阿拉拜犬在世界上的知名度。

4. 国际阿拉拜犬职业协会

2020 年，土库曼斯坦宣布成立"国际阿拉拜犬职业协会"，旨在保护和普及土库曼斯坦国家历史文化遗产，促进世界各国专家在阿拉拜犬培育方面的合作与交流，协会总部设在土库曼斯坦首都阿什哈巴德。来自亚美尼亚、比利时、白俄罗斯、格鲁吉亚、伊朗、俄罗斯、土耳其、乌兹别克斯坦、乌克兰、法国等国的约 200 名代表，参加了首届协会会议。会议决定调整土库曼斯坦国内阿拉拜犬协会和建立阿拉拜犬国际协会，在阿什哈巴德和全国各地区设立分会。会议还发布了阿拉拜养犬协会制作的《阿拉拜犬杂志》，意在提高阿拉拜犬在国际上的广泛声誉。会议计划定期举办会议、展览、土库曼阿拉拜犬选美比赛等国际性活动，并进行相关科学研究。

鉴于近些年世界各地喜爱土库曼阿拉拜犬的人越来越多，该协会的成立不仅将支持欧亚各国牧羊犬专家在繁殖、训练等方面的合作，还将进一步推广和普及阿拉拜犬这一独特品种。目前，该协会还在阿哈尔地区建立了检疫中心，在巴尔坎州、达绍古兹州、列巴普州、马雷州和阿什哈巴德市建立了土库曼阿拉拜犬繁殖中心。

5. 第五届亚洲室内与武道运动会吉祥物

2017 年 9 月，白色阿拉拜犬被定为在土库曼斯坦首都阿什哈巴德举行的第五届亚洲室内与武道运动会的吉祥物。土库曼斯坦人将纯种阿拉拜犬视为大自然的恩赐之物和国宝。在土库曼人民心中，阿拉拜犬永远是守卫家园和忠于人类的好朋友。阿拉拜犬的勇敢、无畏、强壮、顽强、刻苦和坚韧精神与运动员的优秀品质高度契合，因此被选为第五届亚洲室内与武道运动会的吉祥物，体现了土库曼人民对参赛运动员的鼓励和美好祝福。[①]此举可以增强世界人民对阿拉拜犬的认识，有利于广泛传播土库曼民族文化遗产。

第五届亚洲室内与武道运动会吉祥物

6. 阿拉拜犬节

2020 年，土库曼斯坦政府为阿拉拜犬专门设立了一个国家新节日——"土库曼阿拉拜犬节"，旨在提高土库曼阿拉拜犬的国际知名度，发展和改进国家养犬业。该节日于每年 4 月的最后一个周日与阿哈尔捷金马节共同庆祝。别尔德穆哈梅多夫总统还签署法令，法令规定：由土库曼斯坦农业和环境保护部与国际阿拉拜犬职业协会联合举办阿拉拜犬节，各部委、

---

① 任寒飞：《阿拉拜犬，土库曼斯坦人的"守护神"》。

州政府和阿什哈巴德市为隆重庆祝阿拉拜犬节提供支持。之后，土库曼斯坦农业和环境保护部与司法部起草并向内阁提交了根据该法令对相关立法进行修正和补充的建议。2021 年 4 月 25 日，土库曼斯坦首次庆祝阿拉拜犬节。在当天举办的阿拉拜犬评选大赛中，从事边防工作的阿拉拜犬勇夺桂冠。土库曼斯坦副总理亲自为获奖选手颁发了奖品。阿拉拜犬节期间还会举办阿拉拜犬艺术大赛，艺术家、雕塑家、地毯艺术家、摄影师、各大电视台等围绕阿拉拜犬进行创作。

7. 大型阿拉拜犬金色雕像

2020 年 11 月，阿什哈巴德市中心的主干道上竖起的一座阿拉拜犬金色雕像由别尔德穆哈梅多夫总统亲自揭幕。该阿拉拜犬金色雕像由土库曼斯坦政府出资建造。雕像竖立在阿什哈巴德市中心，这座阿拉拜犬雕像高达 15 米，是用青铜制成，全身上下都被金箔覆盖，在太阳的照耀下熠熠生辉。

阿拉拜犬金色雕像

8. 联合国教科文组织非物质文化遗产

2020 年，土库曼斯坦政府与联合国教科文组织合作，完成了土库曼斯坦非物质文化遗产提名前的准备工作，其中包括阿哈尔捷金马和阿拉拜犬的繁殖和培育方法。阿拉拜犬是土库曼斯坦不竭的金矿，世世代代的土库曼人为培育它们付出了细致耐心、艰辛专注的劳动。土库曼斯坦将其培育方法申报为联合国教科文组织非物质文化遗产代表作名录，希望谨慎地保护和推广阿拉拜犬，并把它作为宝贵的遗产留给子孙后代，就像土库曼人的祖先所做的那样。

9.《阿拉拜犬杂志》

在庆祝土国独立 29 周年之际，国际阿拉拜犬职业协会出版了第一期《阿拉拜犬杂志》，旨在支持土库曼阿拉拜犬在世界范围内的广泛普及，支持阿拉拜犬种的保护和发展，并向读者介绍该协会的活动。这本杂志的第一期由国家元首为土库曼阿拉拜犬所作的特约稿开刊。每期杂志都包含了大量介绍性文章，这些文章便于读者了解到有关阿拉拜犬的诸多信息，比如阿拉拜犬在土库曼民族的命运，在土库曼民间传说、文学，以及在土库曼哲学中所扮演的重要角色。该杂志还刊登犬类育种的理论和实践知识，推广现代阿拉拜犬的培育方法。

10. 土库曼阿拉拜犬艺术大赛

近年来，土库曼斯坦政府每年都会举办阿拉拜犬艺术大赛。参赛者从不同角度和不同地点对阿拉拜犬进行全方位展示——休息和奔跑状态下、在大自然中、在狩猎时、在训练中、在乡村里、在它们所保护的孩子和羊群旁边。参赛者们以新颖的形式展现了阿拉拜犬的强壮、耐力、可靠、勇敢、忠诚、乐于分享以及对所有家庭成员友善等优秀特质。他们用精美的地毯、陶瓷、金属、石头、木材和其他素材活灵活现地展示外观漂亮的阿拉拜犬。每一件作品都以其独特的方式表达了对威武而勇敢的阿拉拜犬的钦佩和尊重。土库曼斯坦著名的艺术大师和初学者们都会参加该项比赛，激烈地角逐反映阿拉拜犬形象的最佳绘画奖、最佳雕刻奖、最佳印刷作品奖、最佳装饰照片设计等奖项。

三、土库曼斯坦对阿拉拜犬保护和宣传的动因探究

1. 阿拉拜犬的象征意义

忠诚、勇敢、无畏、强壮的阿拉拜犬是土库曼斯坦这个年轻国家塑造民族自豪感和认同感的重要来源之一。土库曼阿拉拜犬或许并没有阿哈尔捷金马那样声名远扬，但是阿拉拜犬却拥有比阿哈尔捷金马更久远的历史，最早可以追溯到 6000 年前，是世界上最古老的犬种之一。长久以来，作为土库曼人的最忠实的朋友和最勇敢的斗士，阿拉拜犬一直帮助卡拉库姆荒漠里的牧羊人保护羊群、骆驼和其他财产。恶劣的沙漠环境锻造了土库曼阿拉拜犬勇敢作战的良好品质，磨炼了它的性格。别尔德穆哈梅多夫总

阿拉拜犬与主人

统对阿拉拜犬赋予极高的使命感，他称阿拉拜犬彰显着土库曼人的民族性格，是"成就和胜利的象征"。

2. 文化外交使者

阿拉拜犬不仅是土库曼斯坦的国宝，还是土库曼斯坦外交政策的有力推动者。2017年，在俄罗斯总统普京65岁生日之际，土库曼斯坦总统别尔德穆哈梅多夫为其送上祝愿，并送给普京一只阿拉拜犬幼犬作为贺礼。收到礼物的普京对其爱不释手，他将小狗抱在怀中亲昵地亲吻，还为这条小狗取名"韦尔尼"，即俄语中的"忠诚"之意。亚洲室内与武道运动会期间在阿什哈巴德的大街上随处可见活泼可爱的阿拉拜犬的生动形象，它们正热情洋溢地欢迎着来自不同国家的客人。作为小亲善大使的阿拉拜犬憨态可掬，展现了土库曼人民亲善友好的民族性格，宣扬了该国在和平和友爱的基础上发展与邻国友好关系的对外政策。

3. 阿拉拜犬的重要地位

阿拉拜犬是土库曼人民最忠诚的保护者与朋友。土库曼斯坦有句谚语，"丈夫必须强壮，牲畜必须饱腹，阿拉拜犬必须勇敢。"阿拉拜犬与土库曼人建立了特殊的深厚联系。阿拉拜犬通晓人性，在艰难困苦的年代，阿拉拜犬仍旧尽心尽力地守护家畜，与主人一同挨饿，一刻也不离开自己的主人。阿拉拜犬已经是土库曼斯坦国家文化遗产的重要组成部分，与土库曼人民的命运与历史息息相关。保护和推广阿拉拜犬，就是对土库曼民族优秀文化的继承和传播。土库曼民族的历史经验和优秀文化传统是土库曼斯坦经济社会进步的可靠基础，而阿拉拜犬及其所蕴含的勇敢无畏、忠诚善良等文化含义在当今显得弥足珍贵。它激励着土库曼人向祖辈们学习，因为正是先辈们的辛勤工作才留下了诸如阿拉拜犬这些宝贵的财富。

第三节 土库曼地毯

一、土库曼地毯简介

地毯是土库曼斯坦的第三大国宝。土库曼地毯用优质细羊毛编织，以美丽的图案和色彩以及精湛的工艺誉满世界。地毯对于土库曼人来说不仅是商品，更是一种生活方式，一种文化的传承和智慧的结晶。早在几千年前，土库曼人就已经编织出地毯。可以说地毯包罗了土库曼人生活的方方面面，是一部土库曼民族发展的"活化石"。土库曼斯坦有句俗语："宝马是我们的翅膀，地毯是我们的灵魂。"当人们踏上"地毯王国"——土库曼斯坦的土地，就会发现"地毯"随处可见，不仅所有的大厅、走廊和房间都铺着地毯，就连迎风飘扬的土库曼斯坦国旗上、首都阿什哈巴德各种建筑的大门上、书本和地图上都有地毯的图形。土库曼民族的生活和文化与地毯紧密相连，土库曼斯坦人民更是因地毯而自豪。

在土库曼斯坦，"地毯"不仅指代字面意义上"铺在地上的毯子"，实际上，更泛指土库曼人制作的各类毯子。地毯在土库曼人的传统毡帐里无处不在，有着广泛而重要的用途。来到土库曼毡帐前，人们最先看到的是毡帐门上挂的地毯，它既是毡帐主人的脸面，也表达着土库曼人接人待客的礼节。传统毡帐的门是没有锁的，当门上的地毯垂挂时，意味着帐里无人或者不方便见客。只有当门上地毯高高卷起，才意味着家里有人、客人能够进入毡帐。毡帐外围还会围上一圈长方形的地毯，古时只有有钱人家能够用白色的长方形地毯绕毡帐一周。帐内，三块大地毯将毡帐区分成奏乐区、纺织区和会客区，一般而言，都是男子奏乐、女子纺织。毡房墙上也总是装饰着巨大的壁毯。壁毯既可以挡风遮雨、保温隔热，又有极好的装饰效果。当然，聪明勤劳的土库曼人还会运用地毯工艺制作垫子、被盖、牲畜背上的垫盖、旅行用的褡裢等用具。

随着历史的发展，土库曼地毯出现了两种类别。一类是最传统的图形地毯，颜色以红色、绿色为主，有少量橘色和白色，图案主要由重复排列的图形和符号组成；另一类则是后来发展、创新而成的情景地毯，颜色更加丰富，图案主要是风景、人物或反映故事情节的图案。土库曼图形地毯，以分别象征着土库曼斯坦五个州的标志性地毯为代表。历史上土库曼斯坦有五大部族，今天土库曼斯坦五个州的地域行政规划也基本上是按照五大部族的历史活动领域进行划分的。五大部族编织的地毯分别用自己部族的名字命名，即特克、尤穆德、萨雷尔、乔多尔和埃尔萨拉地毯。这五个州的地毯图形可以说是土库曼斯坦最普遍的图案，无论是国旗上、政府部门办公楼里，还是寻常百姓家里，都能看见它们的影子。

五个州的地毯图形各具地方特色：阿哈尔州的地毯有十二只鸟的形象，这十二只鸟围成一圈，平均分布在四个区块中，代表十二个月和一年四季的更迭，区块的颜色有深色和浅色两种，交替排列，意味着黑夜与白昼交替出现。[1]该地区地毯的特点是绒头少，绒面柔软，密度高。土库曼北边的达绍古兹州的地毯中则有雪花状图案，而在靠近里海的巴尔坎州的地毯中则以船只、船锚、海浪和鱼的图案为主，该州尤穆德部族和乔多尔部族地毯的构成图案以结合了锚、锯齿和梳状等复杂菱形图案为主，糅合了多种风格和装饰元素，在深红色和砖红色的背景下，浅红色、深棕色、蓝色和奶油色交替出现。沙漠腹地马雷州的地毯上有蛇的图案，该州萨雷尔部落还保存了古代创造的民间地毯八角星形和有规律重复的三角形装饰图案的经典设计，这些设计图案几乎影响了所有的土库曼地毯。居住在土库曼东北部列巴普州的埃尔萨拉部落的地毯则由几何图案和植物图案组成。

---

① 沈弋琳：《"地毯王国"土库曼斯坦》。

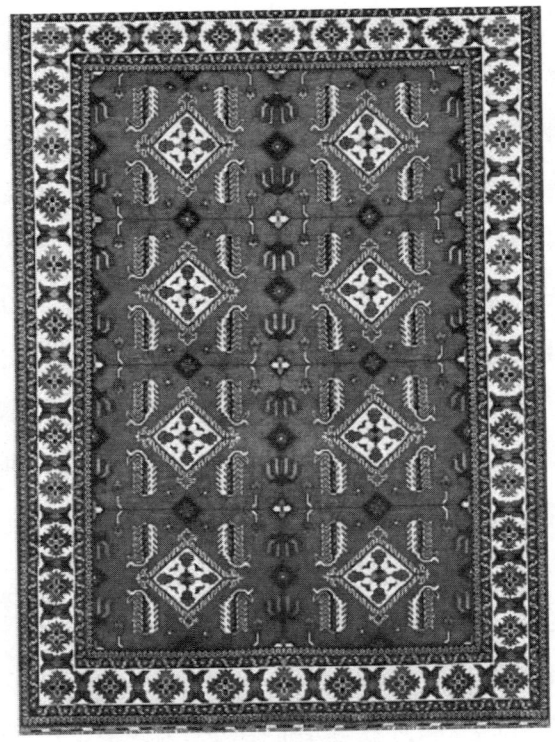

传统土库曼地毯

　　情景地毯就像油画一样，在内容和颜色上比起图形地毯丰富许多，汗血宝马、城堡要塞、欢庆节日场景、著名战役场面，还有土库曼斯坦伟大的民族诗人、文学家和思想家都可以用作素材。世界上盛产地毯的国家并不少，但只有土库曼斯坦把地毯作为国家符号印制到国旗和国徽上。

　　早先，编织土库曼地毯是在水平机梁上进行的，这是一种比较独特的织毯方式，适合游牧的牧民。随着地毯生产的工业化，个体和作坊生产逐渐走向了大规模工厂生产，生产设备由原来的水平机梁改成了垂直机梁，机梁的材质也从木头升级为钢管。在土库曼斯坦，只有女性才能从事土库曼地毯制作，她们要先拜师学艺半年，在熟练掌握编织技术后，经过严格考试方能正式编织地毯。编织地毯要有丰富的想象力、极大的耐心及合作精神。

独立以后，土库曼斯坦的民族织毯业发展迅速。土库曼斯坦在注重对传统手工技艺保护的同时，也大力推动纺织行业的机械化生产进程。该国纺织工业已成为继油气工业后土库曼斯坦又一重要经济支柱。

二、土库曼斯坦对土库曼地毯的宣传和保护政策

1. 设立土库曼地毯节

为了让土库曼地毯这一国粹发扬光大，2003 年，土库曼斯坦政府确定，将每年 5 月的最后一个星期日定为土库曼斯坦国家地毯节。

每年节日期间都有大量来自中国、英国、奥地利、美国、德国、法国、沙特阿拉伯、土耳其、阿富汗、乌兹别克斯坦等国的专家学者与嘉宾游客前来观赏和参加地毯节庆祝活动。在地毯节当天，土库曼斯坦总统会亲自为优秀的地毯手工艺者颁发荣誉奖项，并授予其荣誉称号，以表彰对方为发展地毯编织艺术、宣传土库曼地毯文化所做出的巨大贡献。地毯节期间，在博物馆边搭建的展棚内，技艺高超的编织大师们当场染色和编织，在观众的惊叹声中编织出一个个美丽惊艳的地毯图案。

2. 建立国家地毯博物馆

1993 年 3 月，土库曼斯坦在首都阿什哈巴德市中心建造了专门的土库曼国家地毯博物馆。作为展示土库曼地毯最权威的机构，馆内所收藏展示的琳琅满目的地毯，不仅记载着土库曼民族的发展史，也反映了这个民族丰富的想象力。博物馆面积 1178 平方米，陈列着不同时期的各种图形地毯、情景地毯、门毯、挂毯共 1000 余件。巨型地毯展厅的墙上悬挂着三幅巨型地毯，其中最大的一幅名为《黄金时代》，是为纪念土库曼斯坦独立 10

周年，由 40 名女工在 8 个月内编织而成的，重 1.2 吨，面积 301 平方米。该地毯已入选世界上最大地毯吉尼斯世界纪录。[①] 该博物馆内还有一幅编织有中国龙传统形象的地毯，其编织工艺精湛、颜色搭配独特，可以说是中土文化交流的象征。

土库曼地毯

3. 土库曼地毯编织艺术保护"申遗"

土库曼人从降生在地毯上起，就同地毯结下了终生难以割舍的情缘。在土库曼斯坦，地毯编织是一项传统技艺，主要通过口头及实际操作代代相传，一般编织地毯的姑娘们要先拜师学艺半年。没有文字记录、只凭借口口相传的地毯编制艺术面临消失的风险。土库曼斯坦政府积极将土库曼地毯制作艺术申报为联合国教科文组织人类非物质文化遗产代表作名录，对其独特的地毯文化进行保护和宣传。2019 年 12 月，土库曼斯坦地毯编织艺术被正式列入人类非物质文化遗产代表作名录。"申遗"成功对深入研究土库曼民族精神和文化遗产、保护和丰富古老编织传统、大力发展土

① 沈弋琳：《"地毯王国"土库曼斯坦》。

库曼地毯编织艺术、升级地毯制造业的基础设施以及普及推广土库曼地毯具有非常重要的价值。

土库曼地毯编织艺术入选人类非物质文化遗产代表作名录证书

4. 成立世界土库曼斯坦手工地毯爱好者俱乐部

为了让地毯这一国粹发扬光大，将土库曼地毯文化推向世界舞台，土库曼斯坦政府于 2001 年 8 月成立世界土库曼斯坦手工地毯爱好者俱乐部，俱乐部成员包括土库曼斯坦国内外知名地毯工匠、从事地毯贸易的著名商界人士、地毯珍品收藏者和研究地毯的学者，俱乐部每年组织和举办地毯主题的国际研讨会。该俱乐部与土库曼斯坦国家地毯公司的工匠们共同努力，经过多年悉心钻研，已使多种古老的地毯图案重见天日。此外，工匠们还进一步完善了地毯的手工编织技术和天然颜料染色工艺。来自阿什哈巴德的地毯修复作坊的工匠们掌握了古老地毯的修复技术，能生产世界著名的古代地毯的手工仿制品，每年都有大量来自英国、法国、奥地利、美国、德国等国的顾客来土库曼斯坦购买定制的地毯。

三、土库曼斯坦对土库曼地毯保护和宣传的动因探究

1. 传承民族文化

蕴含着土库曼斯坦丰富历史文化遗产的土库曼地毯是土库曼人的灵魂。土库曼人用地毯直观地记录了自然美景、社会风情、宗教信仰、英雄史诗、土库曼人的日常生活与部族历史。地毯早已成为土库曼民族文化的标志之一。古老地毯既是土库曼人生活中不可或缺的日常生活用品，也是其民族历史发展的"活化石"。土库曼地毯艺术蕴含着土库曼民族的审美情趣，从多角度展示了土库曼斯坦装饰与实用艺术的发展以及民族艺术的深厚根基与悠久历史，展现了土库曼斯坦民族艺术家们杰出的艺术技能、独到的艺术语言，诠释了土库曼人浪漫而淳朴的内心世界。加强对土库曼地毯文化的保护，就是在传承土库曼民族文化精粹和民族智慧，有利于增强土库曼人对民族文化的认同，进而实现文化自觉，提升文化自信。

2. 夯实国家精神基础

土库曼地毯是土库曼各部族数千年文化艺术的结晶，它反映了土库曼各部族的审美取向和道德观念。土库曼地毯编织有着悠久的历史和独特的艺术传统，作为土库曼民族文化的重要载体，土库曼地毯不仅在土库曼人的物质生活和精神生活中起着重要作用，它还是土库曼民族古老历史文化的见证，它作为古老的民族文化符号，有着丰富的文化内涵，反映了"土库曼精神文化的独特性"。[①] 在土库曼斯坦独立后的国家文化重建与民族

---

① 赵晓佳：《土库曼地毯：土库曼人历史和心灵的书卷》，《黑龙江民族丛刊》，2015年第6期。

传统文化复兴中，这种民族传统实用艺术在民族文化体系中获得了特殊地位，成为土库曼斯坦国家精神的一种象征。

第四节　土库曼甜瓜

提起土库曼斯坦，人们首先会想到闻名世界的土库曼地毯、价值连城的阿哈尔捷金马和憨态可掬的阿拉拜犬。然而，很多人对于土库曼斯坦人民为之自豪的"第四宝"——"金香甜瓜"却知之甚少。

土库曼斯坦是世界公认的甜瓜故乡，这里的人们把"金香甜瓜"称之为"第二面包"。目前，土库曼斯坦已培育了200多个甜瓜品种，世界上已注册的1600种甜瓜中有近400种在该国种植。当地人们不断通过选育和杂交，培育出了许多新品种。[①]金香甜瓜因含有易消化的糖、淀粉、蛋白质、维生素、纤维、果胶、有机酸和各种矿物质，在土库曼斯坦的瓜类种植品种中一直处于领先地位。在土库曼人民的餐桌上，人们通常会把它与面包一起食用。土库曼人一年四季都能品尝到美味的甜瓜。大大小小的圆形或椭圆形甜瓜在土库曼斯坦的市场上随处可见。土库曼斯坦甜瓜相关的加工业发达，每一代种瓜人都继承了古老的选育传统，并运用现代科学方法，使甜瓜品种的多样性得以保存和增加。

为了将土库曼人的金香甜瓜推向世界，成为土库曼斯坦又一著名的文化名片，1994年，土库曼斯坦设立了甜瓜节。在这个"甜蜜的节日"期间，土库曼斯坦会举行异彩纷呈的街头娱乐、文艺演出等各类庆祝活动。土库曼甜瓜是土库曼人的民族名片，是土库曼农民勤劳的见证，被视为土库曼

---

① 岳文良：《土库曼斯坦人民的"第二面包"——"金香甜瓜"》。

土地被祝福的象征。

一、土库曼斯坦对甜瓜的宣传和保护政策

1. 设立土库曼甜瓜节

土库曼斯坦的甜瓜节为每年 8 月的第二个星期日。该节日也被土库曼人民称为"甜蜜的节日"。每年甜瓜节，全国各地的居民都会在公园、城市广场举行大规模巡游活动和文艺演出，人们载歌载舞庆祝甜瓜丰收。每年甜瓜节前夕，总统都会发表讲话，向全国人民表示祝福。节日中最主要的庆祝活动在首都阿什哈巴德的独立公园举行，这里将举办展览会、音乐会等系列活动。人们可以免费品尝到香甜的甜瓜和西瓜。甜瓜节的庆祝活动将在全国范围内持续数天。这段时间里，土库曼斯坦各个州都要举办优秀瓜农评选活动，获胜者将获得最受人尊敬的"优秀瓜农""育种大师"等称号和一定的物质奖励，"金瓜奖""最大西瓜奖""最大南瓜奖""神奇葫芦科产品奖"等奖也会在这一时期揭晓。

土库曼甜瓜

2. 优选培育

土库曼甜瓜美味营养的秘诀不仅在于土壤、气候特征和灌溉技术，还在于瓜农们世世代代流传下来的瓜种选育技术，他们成功培育出了适应干旱地区气候条件的甜瓜品种。目前，一些珍稀的土库曼甜瓜瓜种在市面上并不流通，因为这些瓜种已经成为土库曼斯坦国家宝贵遗产的一部分，由土库曼斯坦专家加以保存和研究，再用于种植实践。

除了艰苦地选育以外，土库曼斯坦政府也引入现代的农业科学技术，将现代技术与传统种植文化有效结合，力图培育出质量更优、口感更好、营养更丰富的甜瓜。

第十二章
土库曼斯坦节日中的民族文化蕴意

  人人参与的集体庆祝活动，可建立、巩固、延续公众的精神信仰和价值观念，而传统节日不仅能保存民族历史记忆，传承民族文化，凝聚民族情感，增强民族认同，还能促进社会文化和经济发展。和中亚其他国家相比，土库曼斯坦和本国传统文化习俗与文化遗产相关的全国性节日最多，如丰收节、阿哈尔捷金马节、阿拉拜犬节等，意在延续民族历史，增加民族凝聚力，提高国家的文化软实力。这些与土库曼民族传统文化相关的节日，也成为土库曼民族文化的重要标志。

  土库曼斯坦有着悠久的历史文化，传统节日形式多样，内容丰富。土库曼民族传统节日和文化遗产的形成过程也是土库曼国家历史文化长期积淀凝聚的过程。有些节日是从远古时期发展过来的，从一些流传至今的风俗里，还可以清晰地看到土库曼先辈们社会生活的精彩画面，比如纳乌鲁斯节中原始的火崇拜等。还有一些历史文化人物被赋予永恒的纪念色彩，比如今天的马赫图姆库里节。所有这些有关民族的历史和文化记忆都融合凝聚在今天的节日活动里。代代相传的民族伦理观念、哲学理念、信仰、审美意识等构成了土库曼人独特的精神内涵和特质。

  传统节日习俗所蕴含的文化内涵还具有淳风化俗的道德教化价值。传统节日中的仪式活动与社会经济、政治和思想意识形态有着千丝万缕的联系，往往可起到调整生产、生活，增进人们之间感情的作用。土库曼社会主流的伦理道德等价值观念通过节日中一系列文化传承仪式和民族娱乐活动得到传播，比如节日中的祭祀、拜神、集体娱乐等活动。传统文化和价值观念在带有仪式感的节日活动中得到肯定和继承。青少年在文化习俗示范中获得成长。通过节日保留下来的道德习俗承载着民族独特的文化记忆，帮助人们形成世代相传的良好道德习惯，有利于社会和谐。

土库曼斯坦政府通过重现传统民俗和文化遗产节日等国家历史文化成就，来构建民众的民族认同感，促进年轻一代形成国家身份意识，激发民众对民族文化的热情，塑造社会价值观念。这些节日往往还伴随着各种活动，比如传统艺术和图书展览、音乐会、民族歌舞表演、主题会议、马戏表演、戏剧演出等。

土库曼斯坦众多节日所蕴含的丰富文化内涵、精神意义与时代价值，提高了土库曼民众对本民族文化的自信心，增强了各部族的文化认同感，是社会稳定发展和人际关系和谐发展的基础与保障，也是现代社会的重要组成部分。土库曼斯坦政府目前还在深入挖掘各部族地区深厚的文化内涵，持续提升节日活动的影响力和吸引力，力求更好地传承与发展传统节日文化，使其在维护政权的稳定与促进经济社会发展中发挥更大的作用。

第一节　土库曼春节——纳乌鲁斯节

每年的 3 月 21 日，是土库曼人一年一度的纳乌鲁斯节。纳乌鲁斯节，也被称为土库曼春节，是土库曼民族历史最悠久的传统佳节，也是最受土库曼人喜爱的节日。"纳乌鲁斯",起源于古代波斯,在波斯语中,"纳乌"即"新","鲁斯"即"日"。"纳乌鲁斯"意为"新的一天"。

在纳乌鲁斯节期间,土库曼斯坦各州和各大城市都会组织丰富多彩的文艺演出、娱乐活动和民俗活动,包括巴赫希演奏、库什德普提歌舞、马术表演等,各种具有土库曼民族风情的趣味活动轮番上演。土库曼人还会在自家门前或街头点起篝火,从火堆上跳过,以消灾避邪,乞求丰收,妇女们也会抱着婴儿越过篝火,希望摆脱不幸,免受邪灵的侵扰,谓之"跳火"。火殿内还会燃烧起熊熊圣火,百姓围绕着圣火载歌载舞。

纳乌鲁斯节保留着琐罗亚斯德教的一些传统。比如,古代的琐罗亚斯德教徒们会将小麦和大麦的种子放入容器中,倒入水,等到它们发芽的时候再将其带回家中放置到特殊的地方。如今,土库曼人也保留着这样的习俗:在纳乌鲁斯节前夕一定要在碗里撒一些小麦的种子,等到临近春分,根据种子发芽的情况来判断庄稼的收成。

在纳乌鲁斯节这一天,土库曼人会在餐桌上摆满各种各样的民族美食。按土库曼人的传统说法,在纳乌鲁斯节的餐桌上摆满丰盛食品能够保佑一家人全年衣食无忧。土库曼传统大饼、抓饭、哈密瓜、葡萄、石榴、梨、苹果、橘子、柿子、葡萄干、杏干、哈密瓜干、无花果干、开心果、椰枣、鹰嘴豆等对于纳乌鲁斯节的餐桌而言必不可少。而最重要的纳乌鲁斯节食物,是麦芽粥。因为在土库曼传统文化中,麦芽粥是大自然肥沃丰饶的象征,吃了麦芽粥,才能像大自然一样生生不息,永远充满活力。节日这一天,家人团聚在一起,围坐在餐桌旁,分享过去一年里珍贵的快乐回忆,一起憧憬美好的未来。

节日前夕,人们还会收拾自己的院落和房屋,精心装扮房间,扔掉旧餐具,做好辞旧迎新的准备。土库曼人也会在纳乌鲁斯节前拜祭祖先和去世的亲人,为他们诵念经文,请求神明宽恕他们的罪过,祝愿他们享有永恒的平静。

一、纳乌鲁斯节保护政策

1. 推动设立"国际纳乌鲁斯节"

2009 年 9 月 30 日，土库曼斯坦纳乌鲁斯节庆典传统和习俗被列入联合国教科文组织非物质文化遗产代表作名录。2010 年 2 月，在"世界文化"议程中，土库曼斯坦再次推动第 64 届联合国大会通过《关于确立每年 3 月 21 日为"国际纳乌鲁斯节"的特别决议》。根据这个决议，纳乌鲁斯节获得了全球认可的国际地位，土库曼斯坦、伊朗、阿富汗、乌兹别克斯坦、阿尔巴尼亚、阿塞拜疆、土耳其、吉尔吉斯斯坦、印度、巴基斯坦、塔吉克斯坦、哈萨克斯坦，以及俄罗斯联邦达吉斯坦共和国、鞑靼斯坦共和国、巴什科尔托斯坦共和国等地共同庆祝纳乌鲁斯节。纳乌鲁斯节成为与中国的春节、基督教的圣诞节、伊斯兰教的古尔邦节一样的国际性节日。此后，土库曼斯坦积极响应联合国设立的国际性节日的要求，保护和发展纳乌鲁斯节的文化和传统，努力提高民众对纳乌鲁斯节的认知，并组织年度节日庆祝活动，加强对这一节日的起源和传统的研究，传播纳乌鲁斯节文化，热情邀请国际机构、国际和区域的组织、非政府组织参加在土库曼斯坦举办的纳乌鲁斯节的庆祝活动。

2. 纳乌鲁斯节庆祝活动

每年 3 月 21 日，土库曼斯坦举国上下欢庆纳乌鲁斯节，在土库曼斯坦各地，人们穿着鲜艳的民族服饰，举行各种庆祝活动，包括民俗歌舞表演、巴赫希音乐会、篝火仪式、传统马术、摔跤、斗鸡、大型秋千、跳绳、抛球等活动，人们也可以欣赏各式各样的手工艺品以及各村各寨的丰收成果。最著名的文化活动之一还是土库曼民族传统的库什德普提歌舞，因为它表达了生命周而复始、太阳赋予世界以光明等主题，与纳乌鲁斯节的精神完美契合。

每年纳乌鲁斯节最重要的典礼在阿什哈巴德的纳乌鲁斯山谷举行。纳乌鲁斯山谷位于阿哈尔山脚下，土库曼人的部分先民们正是在这里成功培植出小麦。

二、庆祝纳乌鲁斯节动因探究

1. 对外交流的最佳平台

纳乌鲁斯节是一个跨越民族、地域的共同节日，是多国民众共享的文化空间和国际交流平台，也是中亚国家向外部世界展示国家历史、文化和传统的舞台。[①] 土库曼斯坦更是有意将纳乌鲁斯节打造成加强国际人文交流合作的平台、展示土库曼斯坦中立国家形象的文化品牌。

2013 年 3 月 21 日，在首都阿什哈巴德隆重举办了第四届国际纳乌鲁斯节庆祝活动，别尔德穆哈梅多夫总统和阿富汗、伊朗、巴基斯坦、塔吉克斯坦等国总统以及来自土耳其、阿塞拜疆、俄罗斯、哈萨克斯坦、吉尔吉斯斯坦和乌兹别克斯坦等国的高级代表团应邀出席。时任联合国秘书长潘基文向国际纳乌鲁斯节组织委员会致贺信，并派代表赴土库曼斯坦出席庆祝仪式。土库曼斯坦还曾作为联合主办方在巴黎联合国教科文组织总部组织纳乌鲁斯节系列活动。

共同欢庆纳乌鲁斯节的民族和国家可增加彼此天然的亲近感，有利于加强相互之间的联系和交流。这种与其他国家之间和平的、友好的、积极的交流和联系，对于奉行中立国策的土库曼斯坦来说弥足珍贵，有助于其拓展国际交流的空间，进一步加深国际间的经贸往来、人文交流。纳乌鲁斯节象征和平与和谐，这与坚持睦邻友好、中立外交的土库曼斯坦的需求

---

① 马强:《文化与政治场域中的纳乌鲁斯节: 以中亚国家为例》,《欧亚人文研究》, 2020年第2期。

不谋而合。土库曼斯坦政府将纳乌鲁斯节作为宝贵外交机会，借助节日外交让土库曼文化走向世界，增进各国人民间的情谊。纳乌鲁斯节成为土库曼斯坦展示其文化政策，进行民间文化外交、增强国家影响力的重要手段。

2. 民族传统精神的回归

纳乌鲁斯节影响了土库曼人传统精神和价值观的塑造。纳乌鲁斯节，对于土库曼人而言，不仅意味着春天的到来，还蕴含着土库曼先祖的生命哲学，更象征着土库曼民族传统精神文化的回归。别尔德穆哈梅多夫总统曾表示："隆重的庆祝活动表明，我们继承古老的民族传统，确保社会的团结和统一。在现代条件下，纳乌鲁斯节不仅没有失去其意义，反而正在不断充实其内涵。"纳乌鲁斯节让土库曼人古老节日中代代相传的传统风俗习惯和文化遗产在 21 世纪的今天得到延续和保护。

纳乌鲁斯节体现了诸多积极的文化和历史价值，比如它象征着生命力、富足、团结、互助，有益于增强家庭成员间的亲情，也是友谊和睦邻关系的纽带。新时代背景下，重建纳乌鲁斯节蕴含的民族文化可以促进民族自觉意识的复兴。民众收获了快乐，社会也更加和谐，纳乌鲁斯节的人文价值也得到了体现。

3. 推动古丝绸之路复兴

今天，所有庆祝国际纳乌鲁斯节的 20 多个国家和地区全部集中在丝绸之路经济带中亚和东欧沿线。纳乌鲁斯节中的各种传统和仪式也反映了这些国家和地区的古老文明和习俗，表达了这些地区的人民对天人和谐与人人和谐的追求。这种人与大自然和谐的价值取向，映射出庆祝该节日的各民族对生命与自然怀着关爱和尊重的态度。纳乌鲁斯节使分属中亚和东欧不同区域、民族、宗教、语言的人们联合起来，彼此尊重和了解各自的价值观和愿望，这与丝绸之路包容互鉴、和平合作的精神是完全相通的。

土库曼斯坦希望借助国际性节日外交，与庆祝该节日的丝绸之路沿线国家保持亲密的情谊，让纳乌鲁斯节在加强中亚和东欧关系，建立相互尊重、和平及睦邻友好的外交关系方面发挥重要作用。如今的纳乌鲁斯节已经成为中亚和东欧一些国家的文化符号，中亚五国都将纳乌鲁斯节定为国家节日，并作为法定假日。这个存在了几千年的古老节日，在团结各个民族、巩固土库曼斯坦和其他国家之间的和平关系，促进国家间友谊和追求全人类的共同发展方面发挥着重要作用，为土库曼斯坦复兴古丝绸之路奠定了坚实的文化基础。

4. 构建民族国家认同

土库曼斯坦热衷于探寻本国与纳乌鲁斯节的历史联系，将庆祝纳乌鲁斯节的传统追溯到远古时代。土库曼斯坦考古学家声称，从历史起源和考古资料分析，与纳乌鲁斯节渊源颇深的琐罗亚斯德教最早的火神庙、水神庙就在今天土库曼斯坦境内的马尔吉亚纳青铜时代文明遗址上，哥诺尔古城就是该节日的发源地之一。新独立的土库曼斯坦面临着构建国家认同、民族认同、巩固国家政权等民族国家最为紧迫的任务。主体民族的起源、民族历史的延展、传统文化和古老习俗的延续、民族共同体的构建，成为独立后的土库曼斯坦政府公信力的核心组成部分。共同的传统文化节日在时间维度上有助于回溯民族文化的渊源，在空间维度上有助于团结不同部族和不同民族的人民。传统节日复兴是民族国家构建国家认同、巩固其政权合法性的重要手段之一。在所有庆祝该节的国家中，土库曼斯坦是较早恢复纳乌鲁斯节传统，将其纳入国家节假日体系的国家。在土库曼斯坦政府的推动下，纳乌鲁斯节得到了全球土库曼人的广泛认可。

5. 纳乌鲁斯节寓意

古时，纳乌鲁斯节象征土地的苏醒、自然的复兴、灵感的迸发；现在，在土库曼斯坦人看来纳乌鲁斯节寓意着希望、光明和成就。纳乌鲁斯节正值春分，象征着春回大地、万物复苏，人们对其寄予诸多美好希望。人们用欢歌笑语表达对自然、对国家的热爱和关怀。土库曼斯坦政府鼓励人民为祖国的美好未来忘我工作，力争在来年取得更大成就，从而早日实现民族复兴的愿景。

土库曼斯坦纳乌鲁斯节庆祝活动

第二节　土库曼斯坦新年

　　每年1月1日是土库曼斯坦的新年，这个节日是土库曼斯坦一年内最盛大的节日之一。新年前夕，特别是除夕，是土库曼人一年中最忙乱的时候，他们忙着挑选礼物、制定节日菜单、搭配衣服、列出心愿清单。

　　在土库曼斯坦，人们每年的新年活动大致如下。

装饰枞树： 土库曼斯坦家庭迎接新年最简单的方法是装饰枞树。枞树作为土库曼斯坦新年的主要标志之一，时时提醒着土库曼人新的一年的到来。新年期间，土库曼人沉浸于节日氛围中，用纸做的雪花、拉花及彩屑来装饰枞树，将涂色小木牌挂在上面，最不起眼的小装饰也能调动节日氛围。孩子们兴致勃勃地围着挂满玩具和饰品的枞树蹦蹦跳跳，充满童趣。每年，在该国首都新年枞树附近举行的庆祝活动都会吸引来自全国各地的大量游客，而按照惯例，国家元首每年都会在国家首都的新年枞树附近观看年轻艺术家们准备的精彩跨年表演。庆祝活动中，孩子们还会邀请总统和他们一起绕着新年枞树跳舞。

逛新年集市： 在土库曼斯坦，最有新年氛围的地方莫过于跳蚤市场。市场上，装饰品闪闪发亮，叫卖声此起彼伏，行人熙熙攘攘，热闹非凡。在节日前夕，商店和集市上的玩具和纪念品各式各样、琳琅满目，人们常常纠结于如何选择最称心如意的礼物。

吃橘子： 橘子是最能代表土库曼斯坦新年的水果，橘子剥开后香甜的气息飘荡至家里的每个角落，可以勾起土库曼人举办活动的兴致。该风俗的由来有几个版本。其中一个说法认为，用橘子庆祝新年的传统是在公元前 1000 年左右诞生于中国的。古汉语"一对金橘"听起来与"金"相似。因此，客人来访时会送给主人一对金橘，以示招财进宝之意，在离开时，主人也会送他们另一对金橘作为回礼。还有一种更合理的说法认为，橘子树喜温，长于南方，在高加索地区 12 月方可成熟。土库曼斯坦国内的橘子供应地主要是阿布哈兹和格鲁吉亚。当橘子翻山越岭、千里迢迢到达土库曼斯坦时正值新年前夕。如此一来，新年集市的货架上就堆满了这种富含维生素的礼物。

家人朋友团聚： 在土库曼斯坦，新年作为传统节日已经有了一套固有的模式——家人齐聚一堂吃团圆饭，在钟声里许愿，互赠礼物。也有土库曼家庭选择提早庆祝节日。土库曼人也向朋友同事分发糖果，给孩子们安装电子游戏，邀请朋友一起看贺岁大片、一起做慈善等。

参加庆祝活动： 12月31日夜里，土库曼斯坦各地会举行庆祝活动。在首都广场上，流行歌手和艺术乐队会带来精彩的新年表演。成千上万的阿什哈巴德居民和游客们参加在大街上举行的大规模活动，条条街道上灯火通明，电影院、剧院和首都的公园里也增加了灯光和音乐表演。人们穿戴一新，一同聚在高大蓬松的新年枞树周围，欣赏灯光表演，以及由舞台大师、年轻的流行歌手和艺术乐队带来的精彩表演。

土库曼斯坦新年活动

节日游行： 市民们同严寒老人和雪姑娘从塔斯拉姆街和马赫图姆库里大道的十字路口开始他们的节日游行，他们途经新建城区、"居尔兹明"购物中心和阿拉拜犬金色雕像，走向"阿莱姆"广场。

各州视频连线共祝庆典： 在除夕，全国各州在线参加在阿什哈巴德举行的新年庆祝活动。各州行政中心的广场上也会举行丰富多彩的新年庆祝活动。阿哈尔州、巴尔坎州、达绍古兹州、列巴普州、马雷州、首都阿什哈巴德市都分别呈上各自精心准备的歌舞表演和诗歌朗诵。

总统祝词： 土库曼斯坦总统每年都会在奥古兹汗宫建筑群向土库曼斯

坦人民发表新年致辞，总结该国过去一年在经济、社会、文化、外交、卫生、体育、科学、教育等各方面取得的重大成果，并阐述未来一年的重要经济社会活动规划、国家进一步发展的具体方向和目标等。致辞最后在对土库曼斯坦全体公民的新年美好祝愿中结束。

第三节　独　立　日

1991 年 10 月 27 日，土库曼斯坦宣布独立。独立是土库曼斯坦建成强大国家不可侵犯的基石，是土库曼人民幸福生活坚不可摧的基础。独立是一个神圣的概念，它给予土库曼人民进行创造和建设的力量，并激励土库曼人民实现伟大的目标。而后土库曼斯坦政府所实行的一系列内政与外交政策，都是为了促进土库曼社会和经济发展，提高土库曼斯坦国家实力，最终达到其主要目标——全面巩固国家的独立。

从 2018 年起，土库曼斯坦政府决定将庆祝活动提前一个月，将独立日改为 9 月 27 日。每逢独立日，土库曼斯坦将在阿什哈巴德市中央广场举行盛大的阅兵仪式和群众游行活动，由国家电视台现场直播每次庆祝活动。

土库曼斯坦独立日庆祝活动中，传统的阅兵式是最重要的环节。阅兵式对外展示了土库曼斯坦的国防力量，有助于提升国家凝聚力和民族自信心。阅兵式直观地展示了土库曼政府对加强独立和中立的土库曼斯坦的国防能力、国家武装力量现代化建设，以及土库曼斯坦捍卫中立、独立的决心。

第四节 丰 收 节

　　每年 11 月的最后一个星期日是土库曼斯坦的丰收节，这一天土库曼斯坦会举办大规模庆典以庆祝丰收节。按照传统，首都阿什哈巴德是节日活动的主要场所，各地农场的代表都将前往首都庆祝丰收节。丰收节在土库曼斯坦具有深远的意义，这一传统的起源也有着悠久的历史，象征土库曼人民辛勤劳动、乐观生活的精神，也反映了他们的生活智慧。这一天，土库曼人民向艰苦劳作的农民表达深深的敬意，为他们的丰产而自豪，为肥沃的土地而喜悦。

丰收节活动

庆祝活动包括丰富多彩的各项儿童运动和民族游戏，各种牲畜和土地耕作传统讲解，不同的民族菜肴烹饪展示，以及一系列丰收节专题会议、节日艺术展览及赛马、摔跤等活动。库什德普提等歌舞活动也是节日庆典上必不可少的组成部分。土库曼斯坦政府也会在每年大规模庆祝丰收节之际召开总结会议，展示农业现代化进程的阶段性成果。总统也会向全国人民表示衷心感谢，感谢劳动者辛勤的付出、为发展农业而无私奉献，并祝愿他们不断收获，造福国家。

丰收节象征着土库曼斯坦土地的多产和物产的丰饶，展现了成就之景、丰收之色、务农者之间的亲切之情。对土库曼斯坦来说，丰收节是一个重要的节日，是土库曼人民凝心聚力进行国家建设和努力创造繁荣经济的重要体现。每年丰收节，土库曼斯坦会举办各种庆祝活动，对每年的农业经济活动加以总结，展望未来的发展以促进农业发展。

农产品的生产凝结着无数劳动者的辛勤劳作，积淀着广大劳动者的血汗。丰收节体现了土库曼斯坦对广大劳动者及其辛勤劳动的尊重。大力弘扬与践行劳动创造价值理念，也是对诸多土库曼传统美德，如勤劳朴实的继承、发扬与回归。

第五节　古尔邦节

古尔邦节主要集中在 7—9 月。节日期间，土库曼斯坦全国各地将举行为期三天的庆祝活动，每年具体的庆祝日期由土库曼斯坦政府确定。伊斯兰教于公元 8 世纪随着阿拉伯人征服中亚时传入土库曼斯坦，11 世纪初在当地得到进一步发展。来自于伊斯兰教的古尔邦节也逐渐发展成土库曼民族的传统节日。古尔邦节又名"宰牲节"。这一天是穆斯林隆重的节日，穆斯林宰牲以表示奉献，并将肉食分给需要的人。古尔邦节也成为土库曼人坚持祖辈所传承下来的人文和精神道德习俗的见证。古尔邦节在土库曼人心目中还是一个团圆的节日。人们互相祝福，互赠礼物，也会邀请亲属、朋友和邻居前来做客，并准备传统美食，青年也会去荡秋千。

在传统的古尔邦节期间，大家走亲访友，接待客人，献上祭品，家家户户都要铺上豪华的桌布，来庆祝这个充满希望的节日。除此之外，土库曼人民还会准备丰富的文化节目、搭建帐篷和秋千。在首都和各地区的公园、文化和娱乐中心都会举行古尔邦节庆祝活动和音乐会。在庆祝会上可以看到各式各样的杂技和骑马表演，所有人都可以参与到传统游戏中来，展示自己，也可以通过拔河、赛马等展示自己的力量。节日增强了土库曼人之间的亲近感、团结力和凝聚力。

第六节　文艺工作者日暨马赫图姆库里诗歌节

每年6月27日是土库曼斯坦的文艺工作者日暨马赫图姆库里诗歌节。土库曼斯坦史上最著名的哲学家、思想家和伟大诗人马赫图姆库里号召建立一个自由、具有人文情怀的主权国家的愿景一直备受土库曼人的推崇。马赫图姆库里的诗歌智慧深邃，内容丰富，一直激励着土库曼青年热爱祖国，鼓舞着土库曼人勤奋工作、实现理想抱负。马赫图姆库里的诗意世界早已成为土库曼斯坦文艺工作者创作的典范和灵感来源。马赫图姆库里的文学艺术作品也被认为是土库曼人哲学、理想和世俗观点的结晶。土库曼人特别重视对马赫图姆库里丰富的文学遗产的研究与推广普及，将文艺工作者日与马赫图姆库里诗歌日合并为一个节日进行庆祝，就是对马赫图姆库里及受到其思想指引的文艺工作者为土库曼斯坦经济社会发展所做贡献的高度认可和尊重。土库曼斯坦政府目前也正在实施诸多文艺领域的改革，意在推动国内文化沿着马赫图姆库里指明的发展道路前行，并不断推陈出新，丰富土库曼民族文化创作，激励文艺工作者，创作更多优秀文艺作品。

第七节　睦　邻　节

每年 12 月的第一个周日是土库曼历史上传统的睦邻节。现在的中亚五国中只有土库曼斯坦庆祝这个传统节日。

土库曼语里睦邻节被称为"冈什厄奥卡尔"，意思是"邻居家的碗"，土库曼人认为"远亲不如近邻"，"爱朋友要胜过爱自己"。

时至今日，土库曼斯坦人在庆祝睦邻节的时候，基本上也是按照传统，彼此之间互赠盐和面包，同时还要用传统菜肴、糕点和水果来宴请宾朋，人们见面打招呼时互致"欢迎"。

土库曼人喜欢营造一种宽容、友好、和睦的气氛。睦邻友好传统至今仍深刻地影响着土库曼当代社会。独立后的土库曼斯坦多次为解决国际冲突向国际宣传"邻居家的碗"的理念。如今"邻居家的碗"也成为土库曼斯坦中立政策理论的基石之一，是土库曼斯坦中立政策的思想文化渊源。

第八节　宪法和国旗日

土库曼斯坦宪法和国旗日为每年的 5 月 18 日。节日当天，土库曼斯坦全国各地都举行隆重的庆祝活动。

土库曼斯坦宪法和国旗日是独立、中立与人民团结的永久象征。土库曼斯坦第一部宪法于 1992 年 5 月 18 日通过，规定土库曼斯坦为民主、法制和世俗的国家，实行三权分立的总统共和制。宪法为土库曼斯坦民主、法律、政治、社会、经济、文化等发展奠定了基础。1995 年 12 月，土库曼斯坦修改宪法，将永久中立国地位写入宪法。2003 年，土库曼斯坦通过第二部宪法，规定人民委员会为常设最高权力代表机构。此后，土库曼斯坦逐步向市场经济过渡，土国的社会政治与经济生活也发生了根本性变化。2016 年，土国通过了新版宪法。新版宪法参考了人权领域国际公约的标准，写入了人权事务全权代表的责任内容，以保护公民的权利和自由，明确规定国家权力机构、地方行政当局和官员应尊重和遵守这些权利和自由。新版宪法还取消了总统候选人年龄上限，将总统任期由 5 年延长至 7 年。在 2019 年 9 月 25 日的土库曼斯坦人民委员会历史性会议上，土国宣布进入宪法改革的新阶段。

宪法作为土库曼斯坦的根本法，反映了土库曼斯坦的社会制度和国家制度的基本原则、土库曼斯坦公民的基本权利和义务，还规定了国旗、国歌等其他重要事项，涉及国家生活的各个方面，为土国内政外交和社会经济发展指明了基本大方向。

第十三章
土库曼斯坦珠宝艺术文化

    土库曼珠宝艺术文化是土库曼人日常生活、节日庆典和民族仪式的重要组成部分。土库曼首饰制作历史悠久，考古学家在科佩特山脚、穆尔加布河流域、尼萨和梅尔夫古城等多个原始聚落的考古遗迹中均发现了首饰碎片。土库曼斯坦首饰艺术的发展得益于不同部落、民族间广泛的文化融合，既饱含本国传统文化元素和本土特征，又吸收了西方和东方的艺术养分。土库曼珠宝艺术是土库曼民族文化不可或缺的一部分，它不仅在土库曼民族文化遗产中占有重要地位，同时也丰富了世界艺术宝库。

    土库曼斯坦珠宝以其风格形状独特、装饰精美复杂、品位高雅、忠于民族传统而著称。几十代的珠宝大师悉心保存着这门艺术，一代代传承，并不断改进。土库曼珠宝首饰包括各种形状和工艺的女性手链、项链、胸饰、护身符、女性和少女专用头饰、手袋饰品、吊坠、耳环、婚礼颈饰等。这些物品都是用玛瑙、银和金等制成。土库曼珠宝伴随土库曼人从出生到死亡，是土库曼民族的一种文化象征。一个有趣的事实是，许多杰出的土库曼人都曾是珠宝大师，其中最著名的非土库曼最伟大的哲学家、思想家与诗人马赫图姆库里莫属。

土库曼人珍爱珠宝，并将之与人的年龄、家庭和财产相联系。直到 20 世纪末，珠宝仍然是由男性制作。珠宝制作大师们也喜欢重复这个笑话：只要世界上至少还有一个女人，我们就不会失业。除了妇女、女孩和儿童佩戴的饰品，大师们还用珠宝制作其他物品，比如马具马饰、军刀刀柄、剑鞘等。

英国旅行家伯恩斯的书让世界第一次了解了土库曼珠宝。他在书中插入了描绘土库曼女孩所穿戴的珠宝的手稿图。英国人马上察觉到了璀璨珠宝饰品背后的原创性，其珠宝艺术和制作工艺明显不同于欧洲的作品。伯恩斯还在书中强调了土库曼人的日常生活和历史文化对珠宝首饰的影响。从 19 世纪末开始，东方学家巴尔托尔德、萨莫伊洛维奇等人首先开始了对土库曼珠宝艺术的研究——主要聚焦首饰的多样性和其象征意义。19 世纪末访问过梅尔夫的旅行者阿瓦尔斯基回忆说："几乎所有梅尔夫的女人都以戴着银饰为傲。她们戴着若干只沉重的手镯、耳环和其他装饰品，从远处看，似乎是一件镶着玛瑙的银链盔甲。"现在，土库曼珠宝多次参加中国、美国、澳大利亚、俄罗斯、乌克兰等国举办的各类艺术展，许多珠宝鉴赏家给予其高度评价。土库曼银饰还为众多博物馆和珠宝爱好者所收藏，声名远播，成为土库曼民族的骄傲。

第一节 土库曼珠宝首饰中的银饰

银是土库曼人制作珠宝首饰的主要原材料，镶嵌各种宝石的银饰在土库曼斯坦最为流行。银之所以在众多材料中脱颖而出，既与其金属特性相关，也有深刻的历史原因。就材料本身而言，银具有防腐、抗菌、消炎的功效，游牧民族多在炎热的草原、沙漠上不断迁徙，医疗条件有限，银饰可以辅助药物，防止伤口在高温天气下恶化。古时中亚地区贵金属开采工艺落后，金银开采量不足，土库曼人遂将在日常生活中流通使用的银钱币和银块熔造为首饰，也常请工匠师傅将式样过时的老旧银饰回炉改造。在千年的历史发展进程中，土库曼银饰早已不仅仅是单纯的装饰品，而成为根植于民族土壤中的文化复合体。土库曼银饰一方面显示佩戴者的富有和美丽；另一方面则具有更深的社会含义：作为部族的标志，起到维系群体的作用。在土库曼斯坦，同一部落的同一支系的人们佩戴同样的银饰为身份标志，同一祖先的子孙就这样紧密地凝聚在一起。

　　造型规整、纹饰对称、线条简单、用料协调，经常镶嵌有红玉髓、珊瑚、松石、琥珀、翡翠等珠宝，是土库曼银饰的突出特点。每一件银饰的造型、宝石排列方式、用料配比、花纹式样等都大有讲究。银饰制作者需要兼具纯熟的手艺和良好的艺术修养。古时，制作工艺"传男不传女"，由父亲

土库曼传统银饰

传承给儿子或者由叔伯传给侄子，以此方式在家族内部世代相传。20 世纪初，土库曼珠宝制作工艺的传承方式发生了变化，师傅会为前来学艺的年轻人无偿提供食宿，整个学习过程持续 5 年左右，直到学徒通过考核，能独立制作出一件银饰方可出师。目前，土库曼斯坦的珠宝制作师傅中也不乏女性。

土库曼妇女喜爱佩戴银饰。她们认为，银饰的光芒能够很好地与深红色或者深绿色传统民族服装搭配，头饰、项链、项圈、耳环、胸针、护身符、手链、手镯等银饰和传统长裙完美结合、相得益彰。

土库曼人爱马，视马为平等的家庭成员，为体现对马的尊重和爱护，他们也会为马匹量身打造银制首饰和马衣，这种传统一直流传至今。

第二节 土库曼斯坦红玉髓首饰

在土库曼斯坦，红玉髓很受欢迎，它被认为是一种神奇的石头。在古代，土库曼人的部分先民们就认为红玉髓能给主人带来幸福和繁荣，保护家庭的壁炉，还能使人有一双明亮美丽的眼睛。在土库曼斯坦，人们可以发现各种各样由这种神奇的石头制成的珠宝饰品。

红玉髓为陨石撞击矿区时于高温高压中产生的，颜色为橙色至红色，红色是铁氧化物杂质所致，它是红宝石的姐妹石，品质以半透明为佳，色如霞凝，柔润美丽。红玉髓颜色鲜艳，自古以来就吸引了人们的注意力。在古埃及，红玉髓是献给伊希斯女神的宝石，富有的埃及人头戴着象征女神的宝石扣，形状像三叶草，象征着他们受到"众神之母"的保护。红玉髓是制作土库曼珠宝最常见的半宝石，土库曼人尊其为宝石，将它的地位置于钻石之上。根据土库曼传说，红玉髓能给人们带来幸福，保佑家人平安，家庭幸福美满。土库曼人还认为红玉髓有治愈病痛的作用，而现代医学也证明了它的医用价值。有考古资料显示，红玉髓很早就在该地区广受欢迎。它被制成各种形状的珠子，镶嵌在项链、手镯等首饰上，扮演着护身符的角色。

　　工艺精巧、美丽大方的红玉髓首饰与传统土库曼服装和著名土库曼地毯的色彩完美地融为一体。土库曼女性，尤其是姑娘们，喜爱佩戴镶嵌着红玉髓的头饰、额饰、耳饰、胸饰、手镯和戒指等，儿童民族服饰也常用红玉髓进行装饰。婚俗文化是土库曼民族文化的重要组成部分，而土库曼新娘的婚服也用大量红玉髓装饰。红玉髓不仅用于装饰土库曼传统民族服装，还用于装饰土库曼人的忠实朋友、闻名于世的阿哈尔捷金马。

红玉髓装饰、首饰

　　红玉髓早已成为土库曼民族文化和精神信仰的载体，各种设计精致、造型美观的红玉髓珠宝既是土库曼民族自豪感的体现，又是土库曼民族必不缺少的情感纽带，蕴含着土库曼民族的创造精神和审美情趣。

第十四章

土库曼斯坦服饰文化

土库曼民族服饰是历史的一面镜子，折射出土库曼人的审美观念、心理身份、时代精神和生活方式，每一代土库曼人都为民族服饰的独特性贡献了自己的力量，使其各具时代特色。今天，土库曼斯坦国家博物馆里陈列着大量反映土库曼人民悠久服饰历史的藏品，从中可观察到土库曼民族服饰的各种元素。

土库曼男性民族服装多为用黑色、白色和褐色羊皮缝制的毛茸茸的高筒帽（在高温的沙漠地区，戴这种帽子冬暖夏凉），领口经过精心修饰的长衬衫，肥大的裤子和东方男式长袍。土库曼女性往往穿着由红、绿、紫、蓝等颜色鲜艳的布料缝制的长及脚踝的长裙，在领口、胸前、腰间、袖口镶有精美刺绣。土库曼姑娘还喜爱戴头巾、编辫子并在发梢缀有各种装饰物。银首饰是土库曼斯坦女子穿着民族服装时不可缺少的装饰物，未出嫁的姑娘还戴项链、金银戒指、金银手镯。土库曼女性服饰的颜色有不同的讲究：初嫁姑娘以红色为主，生育之后以蓝色、黑色为主，中年女性以黄色为主，60岁以上女性以白色为主。此外，上中小学的女生通常穿绿色裙子，女大学生则多穿红色长裙。姑娘们出嫁前，大都头戴无边小帽，梳一对长长的麻花大辫子，有的发梢缀有饰物，或者发辫上别有发带（用金、银缎制作），而已婚妇女会把头发扎到五颜六色的传统头巾里。土库曼新娘的装饰以独具特色和纷繁复杂著称，通常这些饰物用金、银、铜、铁等金属打造，其中较为重要的有头饰、额饰、发饰、胸饰、腕饰和戒指。土库曼斯坦政府还规定，国家公职人员男士着西装，女士着民族长裙。

第一节　土库曼传统服饰与民族文化渊源

据考证，土库曼民族服装起源于远古时代。20 世纪末，在土库曼斯坦发现了可以追溯到帕提亚时期（公元前 3—公元 2 世纪）的女神雕像。该女神所穿着的服装庄重大气，简约经典又不失时尚。雕像上的头饰与现代土库曼妇女婚后所戴的头饰几乎没有区别。土库曼妇女的另一种头饰——在婚礼上佩戴的一种加宽并饰有很多银垂饰的头饰，也让人想起出土的古梅尔夫时期的女神雕像上的头饰。古代近东浮雕上描绘的女神和女性统治者的衣着，也能够在现代土库曼女性服装上找到相似之处，比如长袍形状的披肩、假袖子设计等。土库曼女性最喜爱用丝绸缝制而成的领口、袖口，带有刺绣的漂亮裙子，其刺绣图案一般由三种颜色组合而成，而这种颜色的组合可以追溯到德耶顿文化遗址（公元前 6 世纪）出土的纺织类文物。该遗址至今保存着与传统土库曼地毯和毡垫类似的颜色交错的文物。土库曼女性服饰刺绣中的花卉、鸟类等图案设计很多都源自土库曼的部落时代。

第二节　土库曼塔哈帽

　　塔哈帽是土库曼民族的传统头饰，很多中亚民族都有戴塔哈帽的习惯。塔哈帽呈圆斗形，下檐大，上檐稍小，帽壁用各色丝线绣花。在土库曼斯坦，各个部族所戴塔哈帽的大小、风格和装饰各不相同。塔哈帽由各种面料缝制而成，简单的面料有缎纹面料、印花棉布，或是昂贵的天鹅绒等，也有美丽又昂贵的材料——丝绸。塔哈帽的主要功能是保护头部免受阳光照射，也可以作为头饰佩戴。但是土库曼人穿戴它还有另外一个目的，那就是土库曼人相信这些色彩斑斓的帽子具有魔力。远古时代，人们相信塔哈帽可以保护佩戴者免受厄运、疾病和邪恶的伤害。根据土库曼人的古代习俗，不能将旧的塔哈帽赠予他人或扔掉。

　　女孩和少女戴的塔哈帽绣有彩色丝线，而新娘的塔哈帽配有银色吊坠和一个小银圆顶。刚出生几天的婴儿的塔哈帽，多为亚麻织物制成。老年人的塔哈帽则是用白色粗麻布缝制的。

　　如今，土库曼塔哈帽上的图案仍与几个世纪前的一样，这是因为长久以来工匠们为了将装饰做到完美已经形成了固定的形式。和先辈们戴着相似图案的塔哈帽也是现代土库曼人向传统文化的致敬。男性塔哈帽与女性塔哈帽的设计风格迥然不同，男性塔哈帽装饰更简单，不张扬。然而，它也有自己独特的含义。在男性塔哈帽的整个表面有几层相邻的小三角形，它们象征着随时准备与敌人开战的士气高昂的骑兵。而穿过这些小三角形紧密相连的带子上的圆圈则象征着团结的土库曼人，他们准备齐心协力地抵抗敌人们的进攻。

　　今天，在土库曼斯坦，古老的塔哈帽正在经历着重生，作为刺绣艺术典范的塔哈帽仍然是土库曼年轻人服装中最能体现本民族文化意义的元素，深受年轻一代的喜爱。

土库曼塔哈帽

第三节　土库曼杜伊佩莉头巾

　　土库曼女性独特的杜伊佩莉头巾是土库曼妇女手工制作的传统头巾，也是土库曼民族独特的工艺品。多彩多样的头巾也是土库曼女性民族自豪感的来源。这些图案丰富的杰作为土库曼妇女的传统民族服饰增光添彩。杜伊佩莉头巾可以说是土库曼斯坦最为独特的服饰文化象征之一，几乎每个土库曼家庭都拥有一条用爱心和精湛的技艺制作而成的、由祖母传下来的异常珍贵的杜伊佩莉头巾。

在土库曼各部族中，特克人手工编织的杜伊佩莉头巾最具特色。它尺寸、重量较大，以红色的居多，呈三角形，所以也被称为重头巾。特克人的杜伊佩莉头巾由多达八条织物缝在一起制成，图案相当大，长度可超过3米。头巾上有织布机上编织的多排图案，并有彩色的丝绸流苏镶边，使外观更加独特与优雅。

时尚潮流往往周而复始。今天，杜伊佩莉头巾似乎又开始在土库曼斯坦流行了。年轻人对头巾和传统服饰又有了新的兴趣。传统的民族服饰流行起来，复古元素和配饰被成功地重新引入现代服装，传统的装饰图案在新的服饰中得到了复兴。

作为土库曼民族伟大的创造之一，杜伊佩莉头巾不仅仅是一种服饰，它还是有着传统图案的精致美丽的民间艺术杰作。可以说，杜伊佩莉头巾是土库曼民族习俗、女性传统和精神价值的重要组成部分，是土库曼传统文化不可分割的一部分。土库曼先辈们创造了这件美妙而珍贵的礼物并传承给了当代土库曼妇女，她们非常自豪地佩戴着杜伊佩莉头巾，并将其作为民族特色礼物送给外国友人。土库曼斯坦政府目前正在考虑将杜伊佩莉头巾传统手工艺及其特有图案申报列入联合国教科文组织人类非物质文化遗产代表名作名录。

土库曼杜伊佩莉头巾

第四节　土库曼妇女民族包袋

　　早在游牧文明产生的初期，各种袋子就已成为游牧民族迁徙过程中的必需品。随着时间的推移，袋子演变为长筒状，土库曼斯坦每一个部族都按照其部落传统来设计袋子。今天，带有土库曼本民族色彩的包袋特别受到年轻人的喜爱。一些阿什哈巴德的孩子从小学起学习制作袋子。后来，这种兴趣逐渐转化为一种正式的工作，他们专门生产具有土库曼民族风情的、带有土库曼民族花纹饰品的包袋。

　　土库曼民族包袋样式大小不一，但是每种包袋都很容易搭配服饰。包袋制作需要各种材料——华达呢、天鹅绒、皮革等。在心灵手巧的土库曼工匠手中，平凡无奇的布料可以制成精美的包袋。现在，比起塑料袋，布包更受土库曼民众的喜爱，不仅仅是因为它独特的民族风情，也是因为它更加环保，可重复使用。土库曼包袋工匠正努力将民族元素与现代气息相结合，让历史与现实相碰撞，将编织、刺绣、贴花技巧都运用到包袋的制作过程中，还设计出带穗的包袋。优雅而实用的民族包袋深受土库曼妇女的偏爱。

土库曼妇女民族包袋

第十五章

土库曼传统民俗文化

第一节　土库曼孩子的第一颗牙

在土库曼斯坦，孩子长第一颗乳牙时有各种各样的仪式，比如，人们要送礼物给刚刚长乳牙的婴儿。以前在土库曼斯坦，邻居和朋友们看到门上挂着篮子和装满玉米的网兜，就知道这家的婴儿要长乳牙了。人们普遍认为，如果婴儿喝了新婚夫妇的仪式饮品——甜雪葩（一种类似于冰激凌的甜点），他们就会很快长大，牙齿也很容易长出来。在女婴长出乳牙之前，让她骑在小羊上，"这样她的牙齿会又小又漂亮"；男婴长出乳牙之前，让他骑在马上，这样他的牙齿就会又健康又结实，就像土库曼斯坦的国宝——汗血宝马的一样。在长牙之后，婴儿的家人们会庆祝这件虽小但很重要的事情，庆祝仪式的焦点就是孩子。

庆祝仪式上，土库曼人把婴儿放在一块白布中间，在上面撒满玉米片、糖果和土库曼炸角（土库曼人用面团做成的美食）。玉米片撒好了，祖母则说："第一颗乳牙显现后，其余的牙齿也会长出来，像这些玉米片一样又白净又漂亮。"祖母一边把玉米片撒在孙子或孙女身上，一边说："往后余生，愿你幸福美满。希望你的牙齿长得如珍珠一样白。"坐在婴儿旁边的孩子们则收集碎玉米片和糖果。

此外，人们还说，如果乳牙掉了，不能随意扔掉，要用沙子埋在不会被踩踏的地方。据说，如果把孩子换下的乳牙埋在马厩或者有马蹄印的地方，婴儿长大后将拥有一口像汗血宝马那样健康的牙齿。如果把孩子换下的乳牙埋在羊圈里或者有羊蹄印的地方，牙齿就会像小羊羔的牙齿一样，既整齐又漂亮。

第二节　土库曼人的名字

土库曼人相信，名字决定一个人的命运，所以取名是每个土库曼家庭特别重要的一件事情。新生儿的名字体现了父母们对家庭新成员的期望——坚强、诚实、公平、善良。正如土库曼谚语所说："Yagshy adamdan govy at galar."（好人留下好名声。）

通常，父母希望自己的孩子看起来健康、名字读起来朗朗上口，希望孩子以后的生活幸福、好运、富裕。诸如 Dovlet（财富）、Aman 和 Esen（健康和繁荣）、Eziz（亲爱的）、Begench 和 Guvanch（喜悦）、Bagty（快乐）、Komek（帮助）、Akjemal（美丽）等名字在土库曼斯坦很常见。

在土库曼斯坦，如果一个家庭中女孩先出生，父母会给新生儿取一个类似于男孩的名字，如 Ogulgerek（需要男孩）、Ogulshat（欢迎男孩）、Ogulbayram（男孩出生时的假期）等。如果一个家庭中没有男孩出生，女孩的数量越来越多，父母有时会给女儿起 Besdir（停止，这就够了），或者 Gyzsony（女孩们别来了）等名字。

名字里倾注着父母对孩子的期望——长大后，变得坚强、勇敢和美丽，所以土库曼斯坦的男性名字，多为 Batyr（英雄）、Arslan（狮子）、Guych（力量）等，女性的名字多为 Gozel、Ovadan、Jemal、Sona 等。"美"这个词还经常加上一些其他词，形成一个复杂的名字，比如一个女孩在春天出生，她可能叫 Yazdzhemal（春天的美人）。

在土库曼斯坦，表示家庭中的长子名字的有 Akmurad、Akmamed、Aknur、Aknabat、Akgul。与植物相关的名称也很受欢迎，很多女孩叫 Ejegul（母亲的花）、Byagul（玫瑰）、Gulnar（石榴花）和 Guncha（花蕾）。

有些名字也与有趣的故事和神话传说相关，比如 Humai 是土库曼斯坦神话故事中鸟的名字。一些女孩的名字与月亮有关，体现着土库曼人对月亮的崇拜，如 Aygozel（月球美女）、Aydzhahan（月亮 - 宇宙）、Aysoltan（月亮 - 苏丹）、Aidzhan（月亮 - 灵魂）等。

有时父母会用宝石或贵金属来称呼他们的孩子，比如 Altyn 和 Tylla（金）、Kumysh（银）、Govher（钻石）。

如果一个男孩是在假期出生的，那么他通常叫 Bayram（假日），或 Bayramgeldy（假期已经到来），女孩则叫 Bayramgul（节日花）。

有时，孩子的名字来源于时间或天气。如果一个男孩出生时正逢日出，父母会为他取名为 Gundogdy，如果他刚好月出时出生，父母则可能为他取名为 Aydogdy；如果一个男孩出生时正在下雪，就可以取名为 Garyagdy，如果他出生时正下雨，则可以取名为 Nuryagdy。在春雨中出生的男孩，可以取名为 Yazdurdy（春天来了）。

在土库曼斯坦，最受欢迎的男性名字之一是 Parahat（和平）。这个名字反映了土库曼人对世界和平的渴望。

第三节　骆驼刺——土库曼人的植物护身符

在一望无际的卡拉库姆沙漠中，生长着一种有着较高的药用价值、名叫骆驼刺的植物，土库曼人称它为"沙漠女王"。当游牧的土库曼人徒步或骑骆驼穿越沙漠时，这种植物不仅可以供动物采食，还可以用作燃料。数百年来，土库曼人也形成了一个传统，把一束骆驼刺拴在"阿拉贾"（一种符咒）色彩斑斓的缎带上，挂在自家大门上。他们认为这种植物可以保护他们免受侵害，还能带来好运。

骆驼刺被认为是土库曼斯坦以及整个中亚最受欢迎的药用植物。土库曼人的祖先用骆驼刺来治疗各种疾病已经好几个世纪了。在各种土库曼民族仪式中，都会用到骆驼刺。

土库曼考古学家认为，在马尔吉亚纳青铜时代，祭司就使用了含有骆驼刺种子的饮料。

土库曼斯坦总统别尔德穆哈梅多夫所著的《土库曼斯坦药用植物》第一卷中详细介绍了骆驼刺，该书以多种语言出版。《土库曼斯坦药用植物》中提到世界上共生长着 10 种骆驼刺，其中有 4 种就在土库曼斯坦境内。其中波斯骆驼刺在 6 月到 9 月开花结果。这种骆驼刺能够分泌一种含糖液体，这种液体在干燥炎热的沙漠气候下会凝结成块，被人们称为玛娜（即天赐

骆驼刺

之物）。

骆驼刺蜂蜜在土库曼斯坦非常受欢迎，特别是产自卡拉库姆沙漠和乌斯秋尔特高原交界处的达绍古兹地区的骆驼刺蜂蜜尤为受人追捧。在土库曼斯坦销售的各种蜂蜜中，骆驼刺蜂蜜被认为是最好的花蜜之一，对口腔炎症、咽喉痛、胃炎、胃溃疡等都有疗效。土库曼斯坦国家科学院化学研究所的科学家们还开发出了骆驼蓬压块成形方法，并申请了土库曼斯坦财政和经济部国家知识产权局第 831 号专利"骆驼蓬压成形的方法"，使用这种方法可以更方便快捷地进行熏蒸。

值得关注的是，2020 年，土库曼人认为可以通过燃烧骆驼刺，利用该植物有效的消毒性来预防新冠肺炎病毒的蔓延。这种预防新冠的防疫措施被称为"甘草防疫"。当疫情来临的时候，土库曼人仍然借助于其祖先所使用的方法来预防疾病，可见骆驼刺对土库曼人的影响之深。

第四节　白色帐篷——团结的象征

游牧是土库曼人传统的生产生活方式，帐篷是土库曼先民们的传统民居。帐篷是土库曼人团结和睦的象征。

在土库曼斯坦的五个州的行政中心，一座座外观相似的圆形帐篷状白色宏伟建筑拔地而起，它们象征着全体土库曼人的团结与和谐。白色象征着土库曼斯坦独立后所取得的成就和思想的纯洁性。这些巨大的白色帐篷也成为土库曼斯坦各州具有教育性质和创新功能的文化生活和节日庆典中心，成为群众文化活动的主要场所。达绍古兹州的土库曼白色帐篷建筑圆顶高度为 40 米，直径为 80 米，建筑总面积是 21000 平方米。

从外部看，白色帐篷有着蒙古包的光滑轮廓和结构特点，建筑设计和装饰上蕴含着土库曼传统文化元素，如入口处地毯形式的挂毯。对于土库曼人来说，编织挂毯用来装饰住宅的入口是一种古老悠久的民族传统。

土库曼人在白色帐篷中举办各种大型活动，包括音乐会、国家各大马术团体的精彩表演、土库曼传统歌舞节目库什德普提、工艺品展览等。白色帐篷向外部世界展现了土库曼人团结、真诚和热情好客的品德，也是常驻在土库曼人心中特有的文化符号。

土库曼白色帐篷

后记

　　"驼铃古道丝绸路，胡马犹闻唐汉风。"绵亘数千里的古丝绸之路不仅是一条商贸之路，更是东西方文化交流之路、文明对话之路。土库曼斯坦处于古丝绸之路中枢地带，几千年来，亚欧各大文明在这里相互碰撞、交融，造就了其独特的发展轨迹，也为当代土库曼斯坦文化政策打下了深深的历史烙印。在这块古老的土地上，东西方文化交流使者络绎不绝，多种文明交相辉映，历史人文遗产星罗棋布，浩如烟海，本书涉猎有限，所谓挂一漏万，大抵如此。

　　"万物并育而不相害，道并行而不相悖。"文明的繁盛、人类的进步，离不开求同存异、开放包容，离不开文明交流、互学互鉴。开展文化交流和文明对话有助于夯实我国同"一带一路"沿线国家合作的民意基础和社会基础，也是开展经贸合作的前提和基础。"国之交在于民相亲，民相亲在于心相通。"中土文明交流源远流长，文明互鉴积厚流光。土库曼斯坦在中国读者眼中是略显神秘的中亚国度，其文化是人类文明宝库的重要组成部分。充分发掘土库曼斯坦深厚的文化底蕴、丝绸之路历史遗存和文化传承，探寻共同的历史文化记忆，将促进文明互学互鉴、增强相互理解，增进民心相通，弘扬全人类共同价值，推动构建人类命运共同体。

　　本书从资料收集到成书，将近二年之久。其间由作者统筹，组织中国地质大学（武汉）外国语学院蓝希君副教授，及 2019 和 2020 级硕士研究生张婷婷、张鸿阳、沈雅琪、楚梦琳、李梦丽、张茹、陈思铭、王武杰等人进行资料收集、编译工作，师生之勤勉与严谨，令人感佩。著书过程中困于一手文献和图片资料的获取，中国地质大学（武汉）国际教育学院赵阳平老师率众土库曼斯坦籍留学生予以协助，古道热肠，难以忘怀。本书获得中国地质大学（武汉）2021—2025学科培育计划项目（外国语言文学学科）资助，并收录于中国地质大学（武汉）"丝绸之路学院国别研究"丛书，在此一并感谢。

"志合者，不以山海为远。" 本书愿为中土两国人民继承和弘扬古丝绸之路精神，共同浇灌人类文明这颗参天大树，略尽绵薄。

2022 年 11 月 18 日

于南望山下